Peter Josef Senner (Hrsg.)
**Hochleistungsteams
formen und entwickeln:
Führungsprinzip COOPETITION**
Mit 14 ausführlich erläuterten
Basisfaktoren

Peter Josef Senner (Hrsg.)

Hochleistungsteams
formen und entwickeln:
**Führungsprinzip
COOPETITION**
Mit 14 ausführlich
erläuterten Basisfaktoren

Bibliografische Informationen der Deutschen Bibliothek

Die Deutsche Bibliothek verzeichnet diese Publikation in der Deutschen Nationalbibliografie; detaillierte bibliografische Daten sind im Internet über http://dnb.ddb.de abrufbar.

ISBN 978-3-7664-9686-7

Titelmotiv: © Corbis / Fotolia.com
Lektorat: Coaching Concepts
Satz und Layout: repecon Medienkonzeptionen, Würzburg
Druck: W. Kohlhammer Druckerei GmbH + Co. KG, Stuttgart

Copyright © 2012 Jünger Medien Verlag + Burckhardthaus-Laetare GmbH, Offenbach
Alle Rechte vorbehalten. Vervielfältigung, auch auszugsweise, nur mit schriftlicher Genehmigung des Verlages.

www.juenger.de

Peter Josef Senner

Vorwort

COOPETITION ! Erstmals begegnet ist mir der Begriff im Zusammenhang mit einem Artikel über die sogenannte „Mechanismus-Design-Theorie", für die im Jahr 2007 der Nobelpreis für Wirtschaftswissenschaften vergeben wurde. Seitdem hat mich der Gedanke an das gleichzeitige Auftreten von Kooperation und Wettbewerb nicht mehr losgelassen.

In der praktischen Arbeit mit Führungskräften unterschiedlicher Ebenen trat für mich in den vergangenen Jahren immer mehr in den Vordergrund, dass die Anforderungen an ein Mitarbeiter-Team ähnlich dual sind: in der „Fähigkeit zur Kooperation" und in der „Wettbewerbsfähigkeit".

Und parallel sticht jedem, der sich mit Führungskräfte-Verhalten und einer Typisierung von Führungskräften befasst, ins Auge, dass es den meisten ungeheuer schwerfällt, beide „Felder" gleichermaßen bei Mitarbeitern zu formen und zu entwickeln. Die Ursache dafür ist, dass eben die meisten typ- und erfahrungsbedingt zu der einen oder anderen Seite neigen.

Gleichzeitig spüren wir einen sehr großen Bedarf, Führung einmal NICHT komplex zu erklären, sondern klar und prägnant. Ein ehrgeiziges Ziel, denn Mitarbeiterführung ist nun einmal äußerst kompliziert.

Jedenfalls ist mir immer mehr klar geworden, dass der Schlüssel zu erfolgreicher Mitarbeiterführung eben in COOPETITION liegt. Eine Begriffsbildung, die wir hiermit abweichend von der bisherigen Verwendung zum Titel für das gleichnamige Führungsprinzip erheben.

Das Werk gibt eine Einführung in die Grundgedanken dieses Führungsprinzips COOPETITION, meine Co-Autoren – allesamt ausgewiesene Führungsexperten – beschäftigen sich tiefer mit 14 Basisfaktoren, die für COOPETITION allesamt relevant sind.

Türkheim, im Sommer 2012

Peter Josef Senner
(Herausgeber)

Inhaltsverzeichnis

Vorwort   5

Peter Josef Senner
Führungsprinzip COOPETITION

1.	Der Begriff „COOPETITION"	11
2.	Das Führungsprinzip	13
3.	Die Grundordnung des Führungsprinzips COOPETITION	16

Beate Hagedorn
Ganzheitlichkeit in der Führung

1.	Komplexität von Führung	35
2.	Orientierung im Führungsdschungel	36
3.	Exogene Einflussfaktoren	39
4.	Systemimmanente Einflussfaktoren	41
5.	Zusammenwirken von Führungskraft und Mitarbeitern	42
6.	Werte und innere Haltung	48
7.	Fazit	48

Sabine Wagner
Richtschnur Menschlichkeit

1.	Der Mensch – die wichtigste Ressource	51
2.	Empathie – Schlüssel zu mehr Menschlichkeit	53
3.	Menschlichkeit im Führungsalltag	57
4.	Führung ganz persönlich	61

Inhaltsverzeichnis

Kai Pörschke
Aktive Moderation von Veränderungen

1.	Change Management „Aktiv moderieren"	65
2.	Die Auswirkungen auf die Mitarbeiter	71
3.	Fazit	78

Alexander Dürr
Talent-Management als Führungsaufgabe

1.	Die Notwendigkeit des Talent-Managements für Führungskräfte	81
2.	Wie finde und rekrutiere ich als Führungskraft Talente?	84
3.	Wie entwickle ich Talente für meinen Erfolg?	86
4.	Das Halten von Talenten als Aufgabe der Führungskraft	88
5.	Neue Ansätze für das Talent-Management als Teil meiner Führungsaufgabe	90
6.	Zusammenfassung	92

Georg Kühler
Werteorientierung als Grundsatz

1.	Wertedebatte und Suche nach neuer Werteorientierung	95
2.	Werte, Kultur und Leitbilder	96
3.	Führen mit Werten als Unternehmensgrundsatz	101
4.	Zukunftssicherung durch Werteorientierung	105

Michael Weber
Nachhaltigkeitsfaktor Integrität

1.	Integrität im Führungs- und Unternehmensalltag: Selbstverständlichkeit, Modewort oder gar Luxus?	109
2.	Begriffsklärungen	111
3.	Spannungsfelder für integre Führung	113
4.	Das Leuchtturm-Modell: die Nachhaltigkeit der integren Führung	116
5.	Synthese: Nachhaltigkeitsfaktor Integrität	121

Michael W. Maier
Sicher in der Unsicherheit

1.	Willkommen in der Unsicherheit	125
2.	Unsicherheit im Führungskontext	126
3.	Evolution	130
4.	Neurowissenschaftliche Erkenntnisse	131
5.	Unternehmenswirklichkeit	133
6.	Persönlichkeit und Unsicherheit	135
7.	Schaffen einer zukunftsgerichteten Unternehmenskultur	142

Ulrich Rauterberg
Umgang mit Komplexität

1.	Komplexe Systeme verstehen	145
2.	Vernetzt denken	150
3.	Vom Sklaven zum Meister der Komplexität	151
4.	Handeln, aber wie	152
5.	Murphy's Law und das wahre Leben (Entscheidungen in Unsicherheit treffen)	156
6.	Was uns hilft zu überleben (Simulationen)	157
7.	Das Tun	158

Matthias Lux
Katalysator Gelassenheit

1.	Gelassenheit	161
2.	Mal anders entscheiden	164
3.	Aus Fehlern lernen	167

Gerald Fichtner
Fordern, Fördern und Motivieren älterer Mitarbeiter

1.	Demografischer Wandel als Chance für ältere Arbeitnehmer?	171
2.	Aufgaben von Führungskräften bei der Integration älterer Mitarbeiter	175
3.	Generationen-Management im Arbeitsleben	181
4.	Fazit: Ältere Mitarbeiter als Herausforderung für Führungskräfte	185

Gudrun Windisch
Ziele neu gedacht und formuliert

1.	Welche Art von Ziel hat die höchste Erfolgsrate?	187
2.	S.M.A.R.T.-Ziele in der Praxis	190
3.	1. Haltungsziel – 2. Handlungsziele	190
4.	Zielpyramide	191
5.	Wenn-dann-Pläne	192
6.	Motto-Ziele in der Praxis	193
7.	Gefühlsbilanz	193
8.	Wirksamkeitsstudie	195
9.	Ausblick	196
10.	Interview	197

Irmgard Theobald
Texten und Formulieren – der unterschätzte Faktor

1.	Texten als Handwerkskunst des Wörterwebens	203
2.	Der Tailor-made-Text	206
3.	Text, Rhythmus, Klang – s(w)ingende Tailor-made-Texte	208
4.	Schluss und Fazit	211

Rainer Schröder
Motivation durch Verlässlichkeit

1.	Motivation als Aufgabe von Führungskräften	213
2.	Die Reflexion	214
3.	Die Verbindlichkeit	217
4.	Die Verlässlichkeit	218

Volker Höhmann
Konstruktive Nachsichtigkeit

1.	Eine Betrachtung	227
2.	Entwicklung einer konstruktiven Fehlerkultur	228
3.	Die Anwendung einer konstruktiven Fehlerkultur	231
4.	Institutionalisierung konstruktiver Nachsichtigkeit	234
5.	Schlussbetrachtung	238

Quellenangaben und Literaturverzeichnis	240
Autorenverzeichnis	244

Peter Josef Senner

Führungsprinzip COOPETITION

1. Der Begriff „COOPETITION"
1.1 Die Erstverwendung der Wortkonstruktion

Raymond Noorda hat wohl die Wortschöpfung COOPETITION zum ersten Mal verwendet. Der Gründer des Netzwerksoftwareherstellers Novell und mit ihm die Autoren des gleichnamigen Buchs, Brandenburger und Nalebuff, benennen mit COOPETITION Situationen im Markt, bei denen eine Kombination von Kooperation und Wettbewerb das Handeln von Marktteilnehmern beeinflusst.
Als Beispiel seien an dieser Stelle die beiden Handelsmarken des Metro-Konzerns „Saturn" und „Media-Markt" genannt. Vordergründig erscheinen sie als Wettbewerber, da sie mit einem weitgehend identischen Produktspektrum die gleichen Zielgruppen bedienen. Genauer betrachtet beeinflussen dagegen beide seit langem trotz einer zweifelsohne bestehenden Wettbewerbssituation kooperativ das Kaufverhalten der Kunden, bezogen auf die Tiefpreisorientierung. Ebendiese Konstellation – mit dieser Preisstrategie – schreckt jetzt in ihrer Summenwirkung aber wirkliche Wettbewerber ab und hilft so Umsatz und Marge zu gestalten.

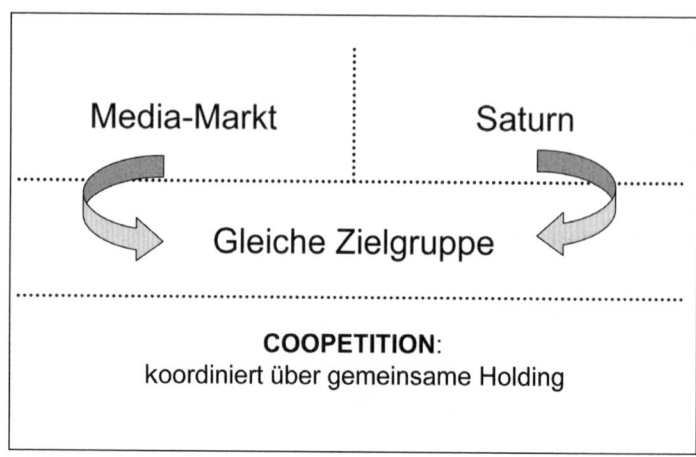

Saturn/Metro

Ein anderes Beispiel für COOPETITION findet sich in den Marktbeziehungen der bekannten Unternehmen Apple und Samsung. Einerseits knallharte Wettbewerber im Bereich Smartphones, profitieren beide zugleich von kooperativen Lieferanten-Konstellationen bei der Produktion. Und zwar bei der Produktion ebendieser Geräte, die auf dem Markt härteste Konkurrenten sind.

Brandenburger und Nalebuff leiten hieraus eine Methode ab, wodurch Geschäftspartner einschließlich ihrer Konkurrenten Ergebnisse im Marktverhalten erzielen, die beteiligte Unternehmen besserstellen und sogar weiterbringen als stupide Kooperation.

COOPETITION als Titel für das hier vorgestellte Führungsprinzip lehnt sich zwar in manchem an die Gedanken der Wortschöpfer an, hat aber mit der Erstverwendung des Begriffs durch Noorda oder Brandenburger/Nalebuff wenig zu tun.

1.2 Ein Blick in die Tierwelt und ins Fußballstadion

Betrachtet man das typische Verhalten von Wölfen, ist auch hier ganz schnell COOPETITION zu entdecken. Zwar sind Wölfe absolut egoistisch darauf gepolt „selbst satt zu werden", mindestens jedoch das größte Stück einer Beute zu fressen. Dennoch ergänzen sie sich eindrucksvoll im Rudel, wenn es darum geht, ein potenzielles Opfer intelligent und erfolgversprechend zu jagen und zu erlegen. Raben zeigen in abgewandelter Form, aber ähnlich erfolgreich, kooperatives Verhalten, ohne dadurch ihr Hauptziel aus dem Blick zu verlieren, nämlich möglichst viel Futter selbst zu ergattern.

„Fußball ist ein Mannschaftssport" hört man entsprechende Verantwortliche und Trainer immer wieder zum Besten geben. Dennoch wird keiner leugnen, dass zumindest in Profimannschaften knallharter Wettbewerb um die Stammplätze in einer Mannschaft herrscht. Und dies nicht nur, weil Fußballer gern „spielen" wollen, sondern weil sich dies unmittelbar und relevant aufs zu verdienende Einkommen auswirkt. Es scheint also einiges an kreativ-produktivem Potenzial in der Dualität von Kooperation und Wettbewerb zu liegen. Mein Kontext des Begriffes in diesem Themenbereich ist zwar ein etwas anderer; in Sachen „Inhalt" werden wir aber ebenso fündig.

COOPETITION im Mannschaftssport

2. Das Führungsprinzip
2.1 „Alter Wein in neuen Schläuchen"?

Zweifelsohne gibt es genügend Bücher über Führung. Das Thema wird aus gefühlt tausend verschiedenen Blickwinkeln betrachtet, analysiert und mit zahllosen mehr oder minder substanziellen Konzepten und Anleitungen zum „Glücklich-Werden" oder besser „Erfolgreich-Werden" versehen. Kann es denn dann mein Ziel sein, diesem Bücherberg einfach nur einen weiteren Begriff und eine weitere Publikation hinzuzufügen?

Nein, mit Sicherheit nicht. Ich trainiere und coache mittlerweile seit 20 Jahren Führungskräfte und habe in dieser Zeit mit unterschiedlichsten Unternehmen zusammengearbeitet. Mehr und mehr habe ich mir in dieser Zeit angewöhnt, menschliche Beziehungen „systemisch" zu betrachten, auch und gerade wenn es um das Thema Führung geht. Dabei ist mir jedoch eher intuitiv klar geworden: Wenn Führungskräfte systemisch führen wollen, gehen sie diese Aufgabe meist viel zu komplex an. Vielleicht habe ich auch trotz zahlreicher selbst besuchter Seminare und Symposien zu diesem Begriff nur noch nicht die richtige Person kennengelernt, die das „Systemische" griffig erläutern und auch noch in klare Handlungsempfehlungen umleiten kann. Dies gilt zumindest für den Bereich „Mitarbeiterführung". Konsequenterweise maße ich mir nicht selbst an, genau dies zu vollbringen.

Führung systemisch betrachten

Dazu kommt, dass ich die Erfahrung gemacht habe: Es werden klare und verständliche Konstruktionen gebraucht. Klare Analysen werden verstanden und daraus abgeleitete klare und verständliche Handlungsempfehlungen werden motivierter umgesetzt. Auch wenn durch eine solche Vereinfachung spezielle Situationen und Konstellationen im Sinne des ganzheitlichen systemischen Ansatzes nicht immer möglich sind.

Aha, und das schöne Wort COOPETITION macht's einfacher? Darüber lasse ich gerne den Leser und idealerweise den Anwender des Gelesenen urteilen. Allerdings bin ich der Überzeugung: COOPETITION als Führungsprinzip ist klar verständlich und liefert dem Manager den richtigen Ordnungsrahmen für seine Aufgabe. Kein alter Wein in neuen Schläuchen somit – sondern ein modernes Führungskonzept!

2.2 Beobachtungen im Führungsalltag
2.2.1 Das ignorante „Eindimensionale Führen von Individuen"

Zunächst einmal sollten wir uns immer wiederkehrende Situations- oder Verhaltensmuster bei der Mitarbeiterführung vor Augen führen. Diese gilt es mit grundsätzlich gültigen Gesetzen der menschlichen Persönlichkeit zu verbinden.

Niemand wird bestreiten, dass jeder Mensch in seiner Persönlichkeit einzigartig ist. Woraus automatisch folgt, dass jeder Mitarbeiter von seiner Führungskraft individuell behandelt und geführt werden sollte. Schon hier wird es problematisch; denn tatsächlich haben sich die meisten Führungskräfte im Laufe ihrer Tätigkeit ein „Persönliches Führungsverhalten" angewöhnt, wodurch mehr oder weniger alle Mitarbeiter „gleich" geführt werden.

Dieses „Persönliche Führungsverhalten" ist eine Mixtur aus eigener Persönlichkeit und vielfältigen Erfahrungen und Einflüssen wie zum Beispiel einem in der modernen Wirtschaftswelt immer stärker werdenden Zeit- und Ergebnisdruck. Insbesondere Letzterer lässt dem Manager gefühlt immer weniger „Luft" und führt dazu, dass Führungsverhalten gegenüber individuellen Persönlichkeiten vereinheitlicht wird. Ein Führungsprinzip, das aus einem solchen Dilemma herausführt, muss deshalb zuerst die Frage beantworten, wie dieser negativen „Eindimensionalen Führung" zu entkommen ist.

2.2.2 Die zwei immer wieder auftauchenden „Präferenzen"

Neigung zur Präferenz

Wer mit vielen Führungskräften in unterschiedlichsten Unternehmen zu tun hat, erkennt auch: Jede Führungskraft neigt typbedingt grundsätzlich dazu, entweder den sogenannten guten Team-Spirit zu fokussieren oder eben sein Hauptaugenmerk auf „Ergebnisse" zu lenken. Viele Leser widersprechen mir hier sicherlich. Weil sie der Meinung sind, dass sie ja jederzeit beides im Auge haben. Dennoch ist meine Erfahrung: Jede Führungskraft neigt entweder mehr Richtung Team-

Spirit oder Richtung Ergebnisse. Ein Phänomen, das sich in Anlehnung an C. G. Jung als eine Art „Präferenz" beschreiben lässt.

Ende der 90er Jahre arbeitete ich mit einem Unternehmen zusammen, in dem gleich zwei verschiedene Verkaufsbereiche „nach vorne gebracht" werden sollten. Alle Mitarbeiter hatten zu diesem Zeitpunkt schon mehrere kleinere Umstrukturierungen – bezogen auf Vertriebsregionen und Produktportfolio – hinter sich, sodass die meisten sich mal im einen und mal im anderen Bereich wiederfanden. Auch das Chancenprofil für Vertriebserfolge unterschied sich aus meiner Sicht nicht sonderlich voneinander. Außerdem hatten beide Verkaufsbereiche in den Jahren zuvor verschiedene Führungskräfte, da im Unternehmen bei den Verkaufsleiterpositionen ein häufiger Wechsel zu beobachten war.

Während sich die Mitarbeiterteams in beiden Bereichen somit nicht besonders unterschieden, konnte dies von den beiden Führungskräften nun wirklich nicht gesagt werden. Unterschiede, die schon dadurch deutlich wurden, dass beide an der Ausgestaltung der gemeinsamen Maßnahmen beteiligt waren und sinnvollerweise auch Einfluss auf die Art der Trainingsmaßnahmen nehmen konnten.

Wo beim einen Zusammenarbeit, Team Building und generelle verkäuferische Vorgehensweisen dominierten, wurden beim anderen konkrete Verhandlungssituationen und Abschlusstechniken immer wieder thematisiert und trainiert. Und unterhielt ich mich mit beiden, stellte sich in Wortwahl, Diktion und Themenschwerpunkt genau der gleiche Unterschied heraus: Die Neigung zum „Erfolgsschlüssel Kooperation" beim einen und die Fokussierung auf den „Erfolgsschlüssel Wettbewerbsfähigkeit" beim anderen.

Vielleicht war ja dieses Projekt die Keimzelle für mein heute vorliegendes Führungsprinzip COOPETITION; auch wenn ein solch einzelnes Beispiel natürlich nicht viel aussagt. Doch in unterschiedlicher Ausprägung fand und finde ich bis heute wieder und wieder das gleiche Muster: Eine Präferenz für das „Kooperative" oder eine Präferenz für das „Competitive". Unabhängig von Branche, aktueller wirtschaftlicher Situation eines Unternehmens und auch unabhängig von den generellen Aufgaben der jeweiligen Führungskräfte.

Die Präferenz als Muster

2.3 Konsequenzen dieser Beobachtungen

Ich habe bei meiner Zusammenarbeit mit Unternehmen festgestellt, dass weder COOPERATION noch COMPETITION dem jeweils anderen Bereich gegenüber im Vorteil ist. Sondern dass vielmehr beide Präferenzen idealerweise möglichst gleich stark ausgeprägt sein sollten.

Ziel:
gleich starke
Ausprägung

Mehr noch: Ich habe trotz äußerst interessierter Suche keine andere Beschreibung oder Definition gefunden, die die Grundanforderung an Manager einfacher und treffender beschreibt:
Entwickle die Fähigkeiten der Mitarbeiter zur Kooperation und zur Wettbewerbsstärke gleichermaßen gut.
Und zwingend als Voraussetzung dafür:
Identifiziere bei dir als Führungskraft deine aktuelle Präferenz und gleiche durch persönliche Weiterentwicklung das jeweils andere Feld an.

3. Die Grundordnung des Führungsprinzips COOPETITION

„Und was heißt das nun konkret?" Eine berechtigte Frage! Zunächst einmal möchte ich in Erinnerung rufen, dass ich trotz der Komplexität des Themas Führung eine klare, nachvollziehbare Konstruktion liefern will, worauf Manager ihre Mitarbeiterführung aufsetzen können. Kompliziertes zu „entkomplizieren" ist erklärtes Ziel!
Macht es Sinn, die Aufgabe der Führung zunächst einmal grundsätzlich in zwei Bereiche aufzuteilen: COOPERATION und COMPETITION? Ich denke ja, denn aus welchem Blickwinkel man Führung auch immer betrachtet, es tauchen zwangsläufig diese beiden Bereiche auf. Dabei ist es nicht sinnvoll, Führung in besonders komplexe Erklärungskonstrukte zu packen. Damit ist einem Manager auf der Suche nach klarer Orientierung nämlich nicht gedient.
Zunächst gilt es, noch die Bedeutung des Wortes Führungsprinzip in diesem Kontext zu klären. Ich definiere damit einen grundsätzlichen Ordnungsrahmen für Führung und entwerfe ihn in Form einer pyramidalen Struktur nach Barbara Minto. Die pyramidale Ordnung ist überhaupt ein ausgezeichnetes Konstrukt, weil es Sachverhalte transparent und verständlich macht.

Pyramidale Ordnung

Mit dem Führungsprinzip COOPETITION steht somit ein Ordnungsrahmen für die Betrachtung, aber auch für das Handeln in der Mitarbeiterführung zur Verfügung. An der Spitze der gedachten Pyramide steht somit in erster Ebene die Grundeinteilung in zwei Bereiche, COOPERATION und COMPETITION.

Für diese erste Ebene gilt:
- **Jede Anforderung an Mitarbeiter und die Anforderungen an ein Team insgesamt lassen sich einordnen in den Grundbedarf der**

Fähigkeit zur Kooperation untereinander in allen ihren Facetten sowie in den Grundbedarf der internen und externen Wettbewerbsfähigkeit.

- Beide Bereiche sind gleichwertig. Die jeweiligen Mitarbeiter sollten über die jeweils notwendigen Kompetenzen verfügen. Die Kompetenzen selbst leiten sich von Unternehmen zu Unternehmen unterschiedlich von den Gegebenheiten des jeweiligen Marktes ab.

- In der Praxis zeigt sich, dass jede Führungskraft mehr oder weniger Präferenzen für einen Bereich hat und somit zusätzlichen Entwicklungsbedarf beim jeweils anderen. Das Gleiche gilt für Mitarbeiter.

In der zweiten Ebene einer pyramidalen Anordnung definiere ich sechs sogenannte Wirkungsfelder. Diese Wirkungsfelder sind zentrale Sektoren, worüber eine so genannte „optimale Führung" und optimale Leistungssituation bei den Mitarbeitern angestrebt wird. Jedes Wirkungsfeld für sich – aber auch die jeweiligen Wechselwirkungen – kennzeichnet eine Art „Operative Ebene" bei COOPETITION.

Die dritte Ebene besteht aus so genannten Basisfaktoren. Jeder für sich ist bedeutend und allein stehend bezogen auf menschliche Beziehungen und Wirkungsmechanismen. Gleichzeitig üben sie großen Einfluss aus auf die Funktionsfähigkeit der sechs Wirkungsfelder von COOPETITION. Somit ergibt sich aus Sicht der pyramidalen Ordnung folgendes Bild

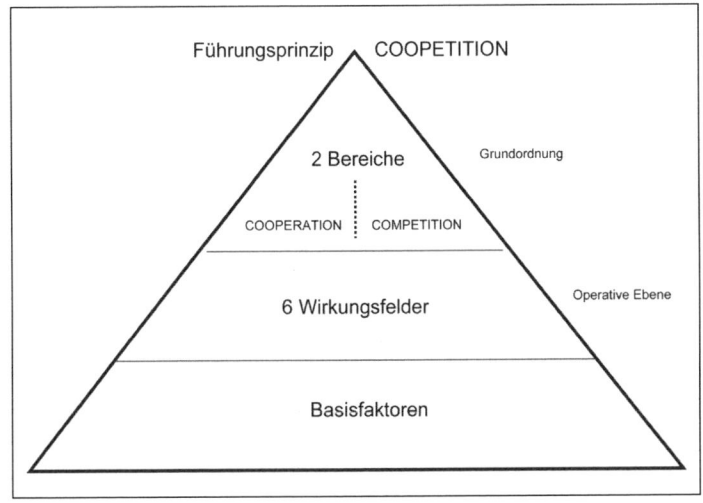

Pyramidale Ordnung von COOPETITION

Wenden wir uns nun zunächst den sechs Wirkungsfeldern von COOPETITION konkret zu:
- Authentizität
- Vertrauen
- Information
- Kompetenzmanagement
- Zielorientierung
- Flexible Leadership

3.1 Authentizität

Jeder Mensch hat seine eigene Persönlichkeit, ist eine eigene Persönlichkeit. Mit Stärken, Schwächen, Erfahrungen, Neigungen, Motiven, Zielen, Wünschen, Träumen – und Einflüssen, die ihn begleiten. Das gilt natürlich für Mitarbeiter und Führungskräfte gleichermaßen. Viel beschrieben und viel zitiert ist das Bonmot „Ich möchte ‚Ich selbst' bleiben". Und schon wird es wieder schwierig. Philosophisch betrachtet entsteht daraus nämlich ganz schnell ein Zielkonflikt: Kann ich gleichzeitig „Ich selbst" bleiben, wenn ich mich „verändern" = „verbessern" will? Und das will ich zwangsläufig, wenn ich versuche, mich dem Idealprofil von COOPETITION mit den beiden eben austarierten Feldern anzunähern.

Die Antwort ist: Ja. Es ist eine Frage des Blickwinkels! Denn Veränderungen, insbesondere bewusst herbeigeführte, sind auch Teile ebendieses „Ich selbst". Und zwar zu jedem Zeitpunkt. Das sieht nach konstruierter Hypothese aus – ist es aber nicht!

Auf der Suche nach einer möglichst klaren Definition des Begriffs „Authentizität" fand ich in Wikipedia eine breite Varianz von Erläuterungen, woraus ich auch meine eigene Definition ableite. Sie ist geprägt von folgenden Leitsätzen:

- **Ein authentischer Mensch handelt nach seinen Werten. Und zwar unabhängig davon, ob er dadurch im Vorteil ist oder sich Nachteile einhandelt.**

- **Er ist „echt", das heißt, zu keinem Zeitpunkt sind seine Verhaltensweisen oder Ausdrucksweisen gespielt.**

- **Wenn ein authentischer Mensch sein Verhalten, seine Urteile oder seine Einschätzungen ändert, dann teilt er dies grundsätzlich allen relevanten Personen mit.**

Eine Führungskraft, die sich an diesen drei Leitsätzen orientiert, ist ihrer Umwelt gegenüber glaubwürdig. Und zwar unabhängig davon, ob ihre Vorhaben gelingen oder ob sie Fehler macht.

Authentizität macht glaubwürdig

Vor meiner Trainertätigkeit hatte ich einmal einen Vorgesetzten, der eine bestimmte Vorgehensweise von mir forderte und diese Forderung so formulierte: „Ich kann dir keine richtige Erläuterung liefern. Ich habe auch keine Erfahrungswerte. Aber ich möchte, dass du es so machst. Und ich bin mir sicher, dass dies richtig ist!" Nun muss ich zugeben, dass ich schon früh dazu neigte, nahezu alles zu hinterfragen, und im Zweifel nur meine eigene Einschätzung als Richtschnur gelten ließ. Dieser Manager aber war aus meiner Sicht durch und durch authentisch. Und ich hatte Vertrauen zu ihm, weil er immer glaubwürdig war. So war ich oft bereit, gemäß seinem Willen zu handeln, ohne dass für mich logische Begründungen vorlagen. Stellte sich eine seiner Empfehlungen dann doch als falsch heraus, hat dies meine Grundbereitschaft nie tangiert.

Bei der Mitarbeiterführung ist die Glaubwürdigkeit des Managers der entscheidende Faktor. Nur sie führt dazu, dass Mitarbeiter Veränderungsimpulse annehmen, umsetzen und diese ihre Wirkung entfalten können. Und Glaubwürdigkeit entsteht nur durch Authentizität. Also gilt dies auch für COOPETITION: Ob ich die Wettbewerbsfähigkeit der Mitarbeiter steigern oder ob ich als Führungskraft Mechanismen der Kooperation stärken will: Als Führungskraft erziele ich nur dann Wirkung, wenn ich authentisch bin. Dies gilt im Grunde für alle Wirkungsmechanismen, die ich als Mensch in meiner Umwelt in Gang setzen will. Authentizität ist unabdingbare Voraussetzung für COOPETITION. Denn da auch jeder Mitarbeiter Präferenzen für den einen oder den anderen Bereich aufweist, ist Authentizität zwangsläufig der Schlüssel für die Motivation eines Mitarbeiters, Veränderungen im unterrepräsentierten (schwächer ausgeprägten) Bereich bei sich selbst aktiv anzugehen.

Authentizität erzielt Wirkung

3.2 Vertrauen

Natürlich klingt es etwas abgedroschen, wenn auch in diesem Buch wieder die Bedeutung des „Vertrauens" proklamiert wird. Nichtsdestotrotz wahrt das Thema als Wirkungsfeld bei COOPETITION seinen berechtigten Platz. Zu viel „Unbekanntes" ist in der modernen Welt zu beobachten. Zu viel „Nicht-Einschätzbares". Zu oft muss „Neuland" betreten werden. Das geht nur mit Vertrauen. Und zwar mit Vertrauen in vier Versionen. Die Führungskraft muss nicht nur ihren Mitabeitern

Vertrauen in vier Versionen

vertrauen, sondern auch sich selbst. Und die Mitarbeiter brauchen das Vertrauen in sich selbst genauso wie das in die Führungskraft.

Da wie schon beschrieben nahezu bei jedem Präferenzen für das eine oder das andere Feld von COOPETITION vorhanden sind, ist eine das jeweils andere Feld berührende Angelegenheit in der Regel anspruchsvoller und braucht besonders viel Vertrauen.

Erneut sei an dieser Stelle eine Erfahrung bemüht aus meiner beruflichen Zeit vor Beginn der Trainertätigkeit. Ich übernahm eine neue Position als so genannter „Vertriebsmanager Deutschland" und hatte in einer Matrix-Führungssituation innerhalb relativ kurzer Zeit nacheinander zwei Vorgesetzte. Und die konnten von ihrer Persönlichkeit her gegensätzlicher gar nicht sein. Für mich wurde in dieser Zeit ganz besonders die Bedeutung und Wirkung des Faktors Vertrauen deutlich.

Zur einen Führungskraft hatte ich Vertrauen, ich bekam Vertrauen, fühlte mich selbst mit mir und meiner Aufgabenstellung wohl und „marschierte" entsprechend. Rückwirkend betrachtet könnte ich keine Einschätzung vornehmen, ob meine Führungskraft eine Präferenz zu COOPERATION oder COMPETITION hatte. Damit gehört sie zu den ganz wenigen Führungskräften, die ich kenne und von denen ich dies sagen kann.

Gegründet war dieses besondere Vertrauen in ihn – in diese Führungskraft – auf eine interessante von ihm praktizierte ausgewogene Mischung von Nähe und Distanz und insbesondere auf eine lehrbuchmäßige Feedback-Kultur. Ich wusste bei ihm immer, woran ich war, bekam klare Rückmeldungen, begann schnell seine Meinung zu schätzen, selbst wenn ich sie nicht teilte. Und merkte, dass dies auf Gegenseitigkeit beruhte. Ich war für „Neuland" im Unternehmen verantwortlich, denn wir führten neue Produktlinien in einen 150-köpfigen bundesweiten Vertrieb ein. Zwangsläufig gab es immer wieder Situationen der Entscheidung, die ins Ungewisse führten, wo niemand Erfahrungswerte oder Belege für die Richtigkeit mancher Intentionen vorweisen konnte. Jedenfalls: Ich spürte Vertrauen, gab es zurück, und in einem sehr produktiven Klima „marschierten" wir trotz so mancher Widrigkeiten. Und meinen Kollegen-Führungskräften ging es „unter ihm" genauso.

Wer Vertrauen erhält, gibt es zurück

Nach eineinhalb Jahren verließ er das Unternehmen. Sein Nachfolger konnte auf eine bereits gewachsene und im Unternehmen angesehene Entwicklung aufsetzen. Und schaffte es doch, dass binnen kürzester Zeit eine Art Stillstand innerhalb seines Verantwortungsbereichs herrschte. Man konnte sich nicht auf ihn verlassen. Denn seine Meinung heute war nicht seine Meinung von morgen. Sein Verhalten von morgen glich in vergleichbaren Situationen nicht dem von gestern. Für ihn zählte nur „Leistung und Ergebnis". Für Befindlichkeiten schien unser Gehalt aus seiner Sicht eine Art Schmerzensgeld zu sein. Ich spürte kein Vertrauen und konnte keines aufbauen. Ich wurde vorsichtiger, verschlossener und zwangsläufig unproduktiver. Wo zuvor wie von selbst Zusammenhalt bei uns entstanden war, wurden vom „Neuen" alsbald „Team-Events" angesetzt. Ganz nett, diverse Veranstaltungen, aber irgendwie kamen sie einem nur wie Trostpflaster vor. Was am schnellsten nicht mehr da war? Der Faktor Vertrauen! Stimmung und Leistung sanken. Der eine oder andere von uns „ging'; und glücklicherweise„ der (Nicht-mehr-)neue Vorgesetzte bald auch.

Nicht nur der Fairness wegen sollte diese Erzählung ergänzt werden: Dieser zweite Vorgesetzte, bei dem kein Vertrauen herrschte, machte sich selbständig und gründete ein Unternehmen zur Produktion von technischen Bauteilen. Was ich erst nach weiteren zwei Jahren erfuhr. Und zwar dadurch, dass er in der Zeitschrift „Impulse" zum „Unternehmer des Jahres" ausgerufen worden war. Weil er es geschafft hatte, ein neuartiges Nischenprodukt erfolgreich zu vermarkten.

Keine Ahnung, wie es mit seinem Unternehmen weiter ging, ich hatte das nicht mehr verfolgt. Aber ich habe aus dieser Geschichte gelernt, dass man sehr vorsichtig sein sollte, mit dem Urteil „Ist 'ne Niete". Denn so hatte ich ihn nämlich im Laufe der Zusammenarbeit bezeichnet.

Ich hoffe, dass hieraus klar wird: Auch mit diesem Manager wäre der Erfolg in unserem damaligen Unternehmensbereich möglich gewesen. Hätte er es nur verstanden, COOPETITION zu fördern und zu praktizieren. Und dies eben insbesondere durch Authentizität und das Haben, Geben und Bekommen von Vertrauen.

3.3 Information

Ich denke, Zug um Zug werden die Wechselwirkungen der von mir so bezeichneten „Wirkungsfelder" deutlich. Ohne Authentizität kein Vertrauen! Ist die Führungskraft nicht authentisch, ist die Gefahr groß, dass auch ihre Mitarbeiter nicht authentisch agieren. Und das wiederum macht es – als logische Folgeerscheinung – schwer, diesen Mitarbeitern Vertrauen entgegenzubringen.

Wechselwirkungen sind offensichtlich

Das Wirkungsfeld Information hängt ebenfalls eng mit Entstehen und Bestehen von Vertrauen zusammen. In meiner Praxis habe ich nicht selten Manager kennengelernt, die mit allerlei vordergründig logischen, bisweilen auch seltsam konstruierten Begründungen zu legitimieren versuchten, dass sie ein Gros an Informationen nicht an die Mitarbeiter weitergeben. Da ist oft vom „Wegnehmen von Sorgen" die Rede, vom „Pfeile im Köcher halten", vom „Vermeiden des Beschäftigen mit Unnützem", vom „Verhindern eines Information-Overload" wie ein Produk-tionsleiter einer großen Papierfabrik unlängst formulierte. Aus meiner Sicht unterstellt solches Denken, dass ein Mitarbeiter nicht in der Lage ist, die Bedeutung einer Information richtig einzuordnen und mit ihr richtig umzugehen. Sollte ein solches Kompetenzdefizit tatsächlich vorliegen, dann muss es behoben werden. Wie aber soll das gehen, wenn Informationen stark vorselektiert und vorenthalten werden?

Natürlich ist mir auch klar, dass es weltfremd wäre, einen Ansatz zu vertreten, bei dem der Anspruch die 100%ige Weitergabe aller Informationen ist. Spätestens da würde wahrscheinlich wirklich der Begriff „Overload" greifen. Nur: Von einem solchen Verhalten sind die meisten Führungskräfte meilenweit entfernt. Was gilt stattdessen? Aus meiner Sicht die Regel „So viel wie möglich und gleichzeitig angemessen!" Natürlich klingt das zunächst „schwammig". Folgt man aber dieser Regel, darf durchaus die eine oder andere Information zu viel verteilt werden. Sind doch die eigenen Mitarbeiter durchaus in der Lage, selektiv vorzugehen, wenn es darum geht, Informationen aufzunehmen.

> **Bei Information gilt: So viel wie möglich und gleichzeitig angemessen!**

Die Regel „So viel wie möglich und gleichzeitig angemessen" belässt die Führungskraft in der Pflicht, Mitarbeiter nicht mit wirklich Unnötigem zu belasten. Parallel dazu aber kommt es zu einer offenen Informationskultur, die sehr positiv als Mitbegründerin von Vertrauen empfunden wird.

„So viel wie möglich und gleichzeitig angemessen" formuliert somit eine Regel, die zur Stärkung der Seite COOPERATION beiträgt. Hält sich eine Führungskraft daran, werden innerhalb eines Mitarbeiter-Teams die Faktoren „Spekulation" und „Interpretationsbedarf" klein gehalten. Und jeder weiß, wie sehr gerade diese beiden Faktoren ein offenes Arbeitsklima in einer Gruppe verhindern können. Je mehr Information und Wissen dagegen innerhalb einer Gruppe vorhanden sind, desto stärker fühlen sich die Einzelnen und damit auch die Gruppe insgesamt. Gefühlte Gruppenstärke wiederum trägt automatisch und offensichtlich zur Stärkung der Seite COMPETITION bei. Der nur scheinbar platte Spruch „Wissen ist Macht" beschreibt dieses Phänomen treffend und bedarf keiner weiteren Erläuterungen mehr.

Eingangs habe ich ja beschrieben, wie ich dazu kam, COOPETITION zum Titel des Führungsprinzips zu erheben. An dieser Stelle möchte ich deshalb beim Thema „Information" auf eine eigentümliche Konstellation hinweisen, die mir häufig begegnet ist: Viele Manager, die besonders viel Wert legen auf das „Immer mehr und immer besser und immer profitabler" und dadurch die andere, die klimatische Seite der Kooperationsfähigkeit ihrer Mitarbeiter deutlich untergewichten, gehen gleichzeitig mit dem Faktor Information, diplomatisch formuliert, „restriktiv" um. Anders gesagt: Obwohl die Wettbewerbsfähigkeit der eigenen Gruppe über allem steht, neigen viele Manager dieser Couleur dazu, sich Wissen und Information als eine Art Machtfaktor so weit wie nur irgend möglich selbst vorzubehalten. Flapsig werden solche Manager unternehmensintern halb respektvoll halb irgendwie ängstlich als „Harter Hund" bezeichnet.

Es sieht so aus, als würden manche Führungskräfte wissentlich ihr eigenes Ziel untergraben. Ehrlich gesagt ist es mir bisher nicht so recht gelungen, die Ursache dieser Irrationalität punktgenau auszumachen. Dabei ist es so offensichtlich, dass mehr Wissen und der Besitz von Informationen „competitive" machen. Ich wünsche deshalb solchen Führungskräften einfach nur mehr Mut zum offenen Umgang mit Informationen.

3.4 Zielorientierung

Eine Beobachtung kann und darf nicht verdrängt werden, eben weil sie im modernen Wirtschaftsleben immer offensichtlicher wird, insbesondere im Vertriebsumfeld: Mehr und mehr „Beteiligte' sehen sich bei der Ausgestaltung ihrer Ziele in die Sackgasse des „Immer höher – immer mehr' gedrängt. Ich greife diese Beobachtung nicht etwa deshalb auf, weil es mir um den Beginn eines grundsätzlichen Diskurses darüber geht, ob wir als Gesellschaft insgesamt an die Grenzen des Wachstums stoßen.

Mir erscheint vielmehr suspekt, was in manchen Unternehmen in puncto Zahlenziele so getrieben wird. Schon zuvor nur eingeschränkt erreichte Jahresziele werden – reflexartig und wie schon in den Perioden vorher – im Jahr darauf bei der neuen Zielstellung um „10 % plus X" erhöht. Und das häufig in Märkten, deren immanente Veränderungen glasklar zeigen, dass man es mit schrumpfenden Potenzialen zu tun hat. So mancher Mitarbeiter resigniert angesichts solch neuer Zielvorgaben innerlich und akzeptiert seine Ziel-Steigerung nur, weil er weiß: Auch in diesem Jahr wird es, wie in den Jahren zuvor, wieder einen geordneten Rückzug geben, den die Unternehmensleitung dadurch herbeiführt, dass sie die Jahresziele nach unten „anpasst". **Resignation bei Zielvorgaben**

Führungskräfte mit Präferenz für COOPERATION haben erkennbar mehr Schwierigkeiten mit dem Handling solcher Situationen. Weil sie fürchten, dass Motivation und Klima der „Truppe" leiden könnten, räumen sie oft schon bei der Ausgabe der Jahresziele präventiv ein, dass, falls die Ziele sich als zu ehrgeizig erweisen sollten, das Unternehmen darauf (wieder) reagieren wird. Als Externer, der oft über mehrere Jahre mit Unternehmen zusammenarbeitet, beginnt man sich ob solcher Konstellationen schon zu fragen, ob die Art des Umgangs mit Zielen in manchen Unternehmen noch zeitgemäß ist.

Damit keine Missverständnisse entstehen: Ich bezeichne „Zielorientierung" aus voller Überzeugung als wichtiges Wirkungsfeld für COOPETITION, weil ich von deren Bedeutung und Funktion absolut überzeugt bin. Es mag auf den ersten Blick so aussehen, als wäre dieses Wirkungsfeld hauptsächlich für COMPETITION relevant. Aber eben nur auf den ersten Blick.

Sinnvolle Ziele Einzelner und vor allem sinnvolle Ziele für ein Mitarbeiter-Team sind nämlich eine ausgezeichnete Grundlage für Zusammenarbeit und Motivation. Gesetzte Ziele, die dann gemeinsam auch erreicht werden, stärken immens das Wir-Gefühl. Der Einzelne fühlt sich in der Gruppe zwangsläufig stärker und dies wiederum wirkt sich auf Leistung und Erfolg aller positiv aus.

In so manchen Unternehmen wird die Zielorientierung jedoch zu stark und zu intensiv. Mag das Kaskadieren von Jahresumsatzzielen des Vertriebs auf die verschiedenen Vertriebsbereiche und von dort aus auf einzelne Mitarbeiter und vielleicht auf Quartale noch als ganz normaler Prozess gelten, so kommen manche Unternehmensverantwortliche heutzutage auf weitere, allzu viele zusätzliche Ziele. So kommen zum Beispiel Absatzziele für einzelne Produkte dazu, ebenso Ziele für einzelne spezielle Abverkaufsaktionen; das Ganze womöglich „abgerundet" durch Ziele aus anderweitigen Marketingaktionen, die kaum oder gar nicht mit den ursprünglichen Umsatzzielen korrelieren. Was ich da bei einzelnen Unternehmen schon an Zielvielfalt auf Mitarbeiter „einprasseln" sah, war erstaunlich. Dabei kaum realisierbar und somit demotivierend.

Zu viele Ziele wirken demotivierend

Gerade manche „Meister der COMPETITION" unter den Führungskräften glauben außerdem, mit dem Ansatz „140% des Möglichen über Ziele fordern – 100% bekommen" ein Hochleistungsteam per Spezial-Trick zu formen und unter Dampf zu halten. Die Wahrscheinlichkeit, dass dadurch die ganze Mannschaft demotiviert wird, liegt jedoch ungleich höher. Und fast überall beginnt sich die SMART-Formel (Spezifisch-Messbar-Attraktiv-Realistisch-Termingebunden) ungeprüft als einzige Standard-Definition auszubreiten, wenn es um gesetzte Ziele geht.

Die SMART-Formel für Ziele

- Spezifisch
- Messbar
- Attraktiv
- Realistisch
- Termingebunden

SMART: Weit verbreitet, oft nützlich, aber nicht immer anwendbar

Wann ist nun der Gipfel einer solchen Ziel-Unkultur erreicht? Wenn Führungskräfte ihre Ziele nicht mehr verfolgen können, ihrer Zielerreichung kaum mehr nachkommen und es für Mitarbeiter zur Pein wird, solche Ziele erreichen zu müssen. Dabei war bisher noch gar nicht die Rede von einem Feld, in dem es sich unbedingt lohnt, kreativ und motivierend über Ziele zu arbeiten: der Entwicklung von Kompetenzen.

Dies führt nun zwangsläufig zu einer Konzentration auf zwei Bereiche, die ich bei der Verwendung von Zielen empfehle: Ziele sollten zum einen eben bei der Entwicklung von Kompetenzen eingesetzt werden, jedoch nicht zwingend auf Basis der SMART-Formel. Motto-Ziele aus dem ZRM (Züricher Ressourcen Management) zum Beispiel bieten interessante Alternativen. Und zum anderen haben Ziele ihren Platz bei den Zahlen, die die wirtschaftliche Arbeit eines Unternehmens oder eines Unternehmensbereichs in klug gesetzten Zeitperioden abbilden. Dies halte ich für produktive Zielorientierung, alles Darüberhinausgehende für unproduktiv.

Zwei Bereiche, wo Ziele sinnvoll sind

Insgesamt ist Zielorientierung eine unverzichtbare Grundlage für das Entstehen und Bestehen von Hochleistungsteams, produktiv verankert mit positiver Wirkung gleichermaßen in COOPERATION und COMPETITION

Ziele sind unverzichtbare Grundlage für Erfolg

3.5 Kompetenz-Entwicklung

Die enge Verbindung zwischen Zielorientierung und Kompetenz-Entwicklung wird schnell deutlich. Zunächst aber eine grundlegende Aussage: Mitarbeiter-Entwicklung ist Chefsache. Und eine der dominanten

Aufgaben jeder Führungskraft. Viel zu häufig geht aber die praktische Umsetzung im Führungsalltag regelrecht unter. Kein Wunder, wenn die Lawine von Zielen, die Führungskraft und Mitarbeiter vor sich herwälzen, alles dominiert und erdrückt. Man entkommt dieser Falle als Unternehmen oder als Führungskraft aus meiner Sicht nur, wenn man sich, wie zuvor dargestellt, auf zwei bestimmte Bereiche bei der Arbeit über Ziele konzentriert.

Und einer dieser beiden Bereiche bewegt sich innerhalb von gezielt organisierter Kompetenz-Entwicklung der Mitarbeiter. Bevor ich auf die Erläuterung des Begriffes und seiner Systematik eingehe, hier ein Blick auf den Sinn der Arbeit mit Zielen in diesem Bereich. Und zwar der Arbeit mit so genannten „Coaching-Zielen".

Nehmen wir zur Erläuterung ein praktisches Beispiel. Bestandteil eines Spektrums von Aufgaben eines Verkäufers ist die Akquisition von Neukunden. So manche Führungskraft packt dies an mit der Formulierung beispielsweise eines Ziels: „Gewinnung von 10 Neukunden in Quartal 1". Danach wird mehr oder weniger intensiv während des Quartals beobachtet, wie viele Neukunden es denn nun tatsächlich werden. Um sich zum Ende des Quartals etwa mit 3 gewonnenen Neukunden zufrieden zu geben, gekoppelt mit der Neuvergabe eines Ziels der Neukunden-Gewinnung für das Quartal 2. So weit, so gut – und so weit, so unwirksam für die Entwicklung von Kompetenzen. Allein die Vereinbarung von Zielen führt eben nicht zwangsläufig zu dieser erwünschten Entwicklung der Kompetenz „Fähigkeit, Neukunden zu gewinnen".

Zielvereinbarungen führen nicht automatisch zu Kompetenzsteigerungen

Bei einer solchen Vorgehensweise wird übersehen, dass es immer Ursachen für Kompetenz-Defizite gibt. Und die werden nicht dadurch eliminiert, dass sie über Zielformulierungen quasi „weggezielt" werden.

Mitarbeiter-Entwicklung

z.B. Neukunden-Gewinnung – Entwicklung erfolgt in Etappen

Erfolg ↑

● **Coaching-Ziel**

● **Etappenziel**
(ggf. Blockade-Ursache)

● **Ausgangspunkt**

→ Zeit

Ursache könnte beispielsweise eine Hemmung sein, über die Schwelle der Tür zu unbekannten Menschen und Unternehmen zu treten. Oder eine Schwäche, trotz übertretener Schwelle kommunikativ auf einen Folgetermin hinzuarbeiten. Oder die Schwäche, trotz Erst- und Zweittermin das Haupt-Handlungsmotiv des Wunschkunden nicht herausarbeiten zu können. Oder die Schwäche, dann trotz Identifizierung dieses Motivs den entscheidend schlagkräftigen Vorschlag für einen ersten wirklichen Abschluss nicht zu entwickeln. Alles somit mögliche Stufen, die für den momentanen Entwicklungszustand des Mitarbeiters zu hoch sein könnten. Ist der Schritt auf die erste Stufe erst einmal gelungen – also eine Teilkompetenz entwickelt – fällt es dem Mitarbeiter Zug um Zug leichter, grundsätzlich – um beim Beispiel zu bleiben – Neukunden zu akquirieren.

Was der Mitarbeiter hier braucht, ist qualifiziertes Coaching seitens der Führungskraft beim Überwinden dieser „Etappen". Der Mitarbeiter muss sich konzentriert an diese schwierigste Etappe heranarbeiten können. Und sie schließlich bewältigen. Konsequenterweise sollten motivierende und erreichbare Ziele – sogenannte Coaching-Ziele – bei diesen „Teil-Schritten" vereinbart werden. Das motiviert, zunächst diese zu erreichen. Weil die Hürden eben nicht zu hoch sind. Diese Gesetzmäßigkeit wird aber meist übersehen: Lernen findet durch positive Erfahrungserlebnisse statt. Und daraus entsteht Motivation für die nächsten Schritte. Generell kann also dieser zweite Bereich des Setzens von Zielen mit „Sinnvolle Coaching-Ziele" betitelt werden. Systematische Kompetenz-Entwicklung sollte durch dieses Instrument geprägt sein. Die Betonung liegt, wie Sie wahrscheinlich beim Lesen schon bemerkt haben, auf dem Wort „systematisch". Und diese Eigenschaft entwickelt sich nicht allein durch den Einsatz von Coaching-Zielen. Kompetenz-Entwicklung sollte vielmehr auf einer bestimmten Struktur basieren und generell als Instrument der Unternehmensorganisation verstanden werden.

Kompetenz-Entwickung braucht Systematik

Es gibt verschiedene Ursachen dafür, dass sich viele Unternehmen bisher beim Einsatz eines solchen Instruments eher zurückhalten. Zunächst einmal ist vielen Unternehmensverantwortlichen Konstruktion, Ausprägung, Sinn und Zweck eines Kompetenz-Entwicklungsmodells gar nicht bekannt. Viele, die sich ansatzweise schon einmal damit beschäftigt haben, fürchten, von „standardisierten" Modellen in eine falsche, unpassende, weil nicht individuelle Richtung gelenkt zu werden. Wieder andere setzen mehr oder weniger „handgestrickt" so genannte „Beurteilungsgespräche" mit entsprechenden Kriterien ein und erleben – weil in der Regel stiefmütterlich und mit Distanz behandelt – mehr Frust und Auseinandersetzung denn einen produktiven Umgang.

Systematische Kompetenz-Entwicklung spart Kosten

Dabei wird die ungeheuer motivierende Wirkung eines individuell entwickelten und sinnvoll eingesetzten Kompetenz-Entwicklungsmodells absolut unterschätzt und eben viel zu selten genutzt. Und vor allem: Ein solches Modell kann bei Bedarf ganz gezielt auf die beiden Komponenten von COOPETITION ausgerichtet werden. Als positive Folge entsteht ein gravierender Kosten sparender Effekt, wenn gezielt Trainingsveranstaltungen für die jeweils richtigen Mitarbeiter angesetzt werden können, anstatt planlos mit der Gießkanne Maßnahmen durchzuführen.

Meine mittlerweile langjährigen Erfahrungen mit der Einführung und Begleitung solcher Kompetenz-Entwicklungsmodelle zeigen durchweg, dass nicht einmal hohe Investitionen für eine entsprechende Entwicklung und Implementierung entstehen. Unter dem Ansatz „Betroffene zu Beteiligten machen" – begleitet durch professionelle Unterstützung – wird vielmehr der Löwenanteil an Aufwand von den Verantwortlichen im Unternehmen selbst erledigt.

Entscheidend ist jedoch, dass von Anfang an professionell und entschlossen an die Entwicklung, Einführung und Umsetzung eines Kompetenz-Entwicklungsmodells herangegangen wird. Am besten **Performance-Management mit zwei Komponenten** erfolgt dies im Sinne eines zielorientierten Performance-Management-Ansatzes, der parallel zum Kompetenzmodell zwei elementar wichtige Komponenten in einer einzigen Systematik sinnvoll vereint: die Erreichung individueller Entwicklungsziele von Mitabeitern sowie die Festlegung strategischer und praktischer Ziele des Unternehmens über ein entsprechendes Zielsteuerungsinstrument. Und das ist kein „weiteres' Feld für irgendwelche Ziele, sondern es sind eben wieder die besagten Coaching-Ziele.

Sinnvoll systematisch instrumentalisiert, können Führungskräfte so ihre Kernaufgabe der Mitarbeiter-Entwicklung effizient bewältigen. Manche Kompetenzen, die in solchen unternehmensspezifischen Modellen definiert werden, wirken sich auf beide Ebenen von COOPERATION und COMPETITION aus, manche schwerpunktmäßig oder ausschließlich auf die eine oder auf die andere.

3.6 Flexible Leadership

Dass Führungskräfte Flexibilität beweisen müssen, ist eine generelle Anforderung, nicht nur für das Management von Veränderungen. Als „Flexible Leadership" definiere ich einen Handlungsansatz in der Mitarbeiterführung, der auf dem individuellen Einsatz von fünf verschiedenen Führungsstilen beruht. Schlüsselfaktor dabei: Der Ausgangspunkt der Betrachtungsweise für richtige Führung ist der einzelne Mitarbeiter. Er, sein Typus, steht im Vordergrund einer individuellen Umgangsform bei der Führung. Die Bereitschaft eines Mitarbeiters, im Sinne von COOPETITION an sich selbst zu arbeiten, hängt sehr stark damit zusammen, wie er die Persönlichkeit seines Vorgesetzten erlebt. Als Führungskraft positiv wahrgenommen zu werden gelingt mit Authentizität, einer auf Vertrauen basierenden Kultur, dem offenen Umgang mit Informationen, einer effizient praktizierten Zielorientierung und einer systematisch organisierten Kompetenz-Entwicklung. Der Motivationsgrad eines Mitarbeiters ist dann am höchsten, wenn es eine Führungskraft zudem noch schafft, individuell zu führen, flexibel differenziert für jeden Mitarbeiter. Und ist sich die Führungskraft auch noch der Existenz der beiden Felder COOPERATION und COMPETITION bewusst, entstehen Hochleistungsteams.

Was Flexible Leadership konkret heißt, lässt sich am besten an einem (konstruierten) Beispiel erläutern:
Bernd Walisch ist Geschäftsführer einer großen Konzern-Tochtergesellschaft. Sein Unternehmen stellt, sagen wir, Filteranlagen für die chemische Industrie her und war in der Vergangenheit äußerst erfolgreich. In den letzten Jahren jedoch haben Wettbewerber sowohl im Produktbereich als auch bei den Marktanteilen aufgeholt. Dies hat Walisch dazu bewogen, bei der Konzern-Mutter den Einstieg in einen völlig neuen Marktbereich vorzuschlagen. Nachdem das O.K. kam, nutzte Walisch eines der regelmäßigen Meetings mit seinen Führungskräften, um sie für die Umsetzung seiner Idee zu begeistern. Im Rahmen einer hervorragend vorbereiteten Präsentation erläutert er seinen leitenden Mitarbeitern das Gesamtkonzept und erklärt die neuen Perspektiven und Entwicklungsmöglichkeiten, die sich daraus für Unternehmen und Mitarbeiter ergeben. Durch seine ausgeprägten rhetorischen Fähigkeiten verstand es Walisch dabei sehr gut, die große Perspektive herauszuarbeiten und sein Unternehmen als innovative, zukunftsorientierte Organisation darzustellen.
Sollte Walisch allerdings glauben, dass Reden und Präsentationen automatisch durchweg motivierte Mitarbeiter produzieren, die mit Hochdruck an einer neuen Strategie arbeiten, begeht er den gleichen Irrtum wie viele Führungskräfte: Er verlässt sich darauf, dass alle Mitarbeiter durch eine einzige Art der Ansprache und einen einzigen Führungsstil gleichermaßen zu motivieren sind.
Sollte Walisch sein Führungsverhalten ausschließlich auf das Wirken in Meetings stützen, unterläge er der gleichen Einschränkung wie eine Führungskraft, die glaubt, nur intensive persönliche Gespräche – die

Anforderung: Weg von der „Eindimensionalen Führung"

so genannte Seelenmassage – seien die Ultima Ratio der Motivation. Der tatsächlich erreichte Motivationsgrad bei den Mitarbeitern ist jedoch höchst unterschiedlich.

Aus diesen Überlegungen heraus ergibt sich die klare Anforderung einer Abkehr von der landläufig verbreiteten „Eindimensionalen Führung" hin zu Flexible Leadership.

3.6.1 Flexible Leadership – die fünf Führungsstile

In Wirklichkeit sind nämlich mit eindimensionaler Führung auch nur eingeschränkte Effekte zu erzielen, insbesondere wenn man sich das Führungsprinzip COOPETITION vor Augen führt. Ganz zwangsläufig würde nämlich typbedingt das eine oder das andere Feld im Vordergrund stehen. Flexible Leadership integriert also folgende fünf Führungsstile:

Visionärer Führungsstil
Walischs gerade beschriebener Stil wirkt vor allem bei Menschen, die sich gerne von längerfristigen Zielen faszinieren lassen, sich mit Perspektiven identifizieren und das Gesamtziel quasi als ihre persönliche Triebfeder sehen. Für die optimale Leistungsbereitschaft aller Mitarbeiter reicht es dagegen nicht aus, sich allein auf einen visionären Führungsstil mit Reden, Präsentationen und dazu passenden Meetings zu verlassen. Denn Mitarbeiter sind nicht alle gleich gestrickt, die Mehrzahl muss durch andere Führungsstile angesprochen werden.

Harmonieorientierter Führungsstil
Mehrere Personen, für die Walisch verantwortlich ist, sehen in der neuen Richtung des Unternehmens nicht primär die positive Perspektive, sondern befürchten zum Beispiel negative Auswirkungen der bevorstehenden Umstrukturierung. Im Einzelnen bewegt solche Menschen oft die Angst vor schwer zu bewältigenden neuen Anforderungen, im Extremfall sogar die Furcht um den Arbeitsplatz. Sie wehren sich gegen Veränderungen und wollen an Bewährtem festhalten. Diese Typisierung hat nichts mit dem Grad der Leistungsfähigkeit zu tun.

Solche Mitarbeiter sind nämlich in der Regel ebenfalls wichtige Mitglieder einer Unternehmensorganisation. Sie suchen eben mehr als andere die persönliche Nähe zur Führungskraft. Damit auch sie bei den bevorstehenden Veränderungen motiviert ans neue Werk gehen, muss Walisch völlig anders mit ihnen umgehen als mit den „Visionären". Der harmonieorientierte Führungsstil ermöglicht durch häufige persönliche Gespräche ein gestärktes Gefühl der eigenen Wichtigkeit beim Mitarbeiter. Während also Walisch beim visionären Führungsstil besondere rhetorische Fähigkeiten braucht, umfasst die Anforderung an Walischs Methodenkompetenz beim harmonieorientierten Stil mehr Kommunikationstechniken wie „Aktives Zuhören", Nutzensprache und Fragetechnik. Mitarbeiter mit Bedarf an harmonieorientiertem Führungsstil weisen meiner Beobachtung nach häufig eine Präferenz für das Feld COOPERATION auf, also sollte die Führungskraft in solchen Fällen bei der Kompetenz-Entwicklung verstärkt den COMPETITION förderlichen Kompetenzen Beachtung schenken.

Autoritärer Führungsstil
Wieder andere Mitarbeiter entfalten sich am stärksten durch klar vorgegebene Rahmenbedingungen, Richtlinien, Vorgaben und Anweisungen. Was leider allzu häufig als mangelnde Selbständigkeit abqualifiziert wird, ist bei vielen Menschen typbedingt noch lange keine mangelnde Leistungsfähigkeit. Im Gegenteil! Gerade ein Gerüst aus Methoden der zielorientierten Mitarbeiterführung in Verbindung mit den Direktiven einer starken Führungspersönlichkeit bringt Stütze und Sicherheit. Diese Mitarbeiter brauchen die fremd gesetzte Basis für ihr Engagement. Für sie ist der autoritäre Führungsstil wichtiger Halt und Motivationsquelle. Autorität und deren positive Ausübung sind ein gewichtiges Stück Unternehmenswirklichkeit und nicht zu verwechseln mit hierarchischem Patriarchentum.

Demokratischer Führungsstil
Andere Mitarbeiter können durch die bisher beschriebenen drei Führungsstile nicht optimal angesprochen werden, weil sie typbedingt eine völlig andere Erwartungshaltung haben. Sie sind es auf Grund ihrer Persönlichkeitsstruktur und natürlich auch auf Grund spezieller vorhandener Kompetenzen gewohnt, Entscheidungen mit vorzubereiten und wenn möglich auch selbst zu treffen. Schon in der Vorphase der Entscheidung über eine anstehende Veränderung, wie sie Bernd Walisch in unserem Beispiel bekannt gibt, werden sie unruhig. Üblicherweise brodelt ja bei solchen Vorgängen ohnehin vorab die Gerüchteküche im Unternehmen, und die Möglichkeit der Beteiligung an den Planungen wird eingefordert. Auch wenn dies im vorliegenden Fall aus geschäftspolitischen Gründen für Walisch nicht möglich war, sollte er diese Mitarbeiter zumindest nun ganz aktiv an den folgenden Entscheidungsprozessen und Vorgängen beteiligen. Er führt sie besser über den demokratischen Führungsstil, der insbesondere von stark informeller Einbindung geprägt ist und dessen Methoden Mitbestimmung und eigenständiges Entscheiden fördern.

Coaching

Die neue Unternehmensperspektive in unserem Beispielfall bringt neue Anforderungen und persönliche Chancen für die Mitarbeiter mit sich. Zusätzliche Methodenkompetenzen sind gefordert und neue Führungspositionen erscheinen am Karrierehorizont. Zahlreiche Mitarbeiter haben eine hohe Eigenmotivation in Sachen beruflicher Weiterqualifizierung und wollen auf der Karriereleiter aufsteigen. Um sie zu fördern, zu entwickeln und damit zu motivieren, braucht der Manager den fünften Führungsstil, das Coaching. Durch eine ganz spezielle Art der Zusammenarbeit wird die Führungskraft zum Coach. Darauf tiefer einzugehen würde den Rahmen des vorliegenden Buches sprengen. Basis ist in jedem Fall die gezielte Weiterentwicklung ihres Mitarbeiters mit Hilfe der schon beschriebenen Coaching-Ziele.

Während die anderen vier beschriebenen Führungsstile dauerhaft gegenüber dem jeweiligen Mitarbeiter praktiziert werden sollten, ist Coaching jeweils ein zeitlich beschränkter Prozess zur Kompetenz-Entwicklung des Mitarbeiters von einer Leistungsstufe auf die nächsthöhere. Coaching fungiert somit als zusätzlicher Begleiter zur dauerhaften Mitarbeiterführung.

An dieser Stelle sei erwähnt, dass die beschriebene Vorgehensweise des Flexible Leadership nicht dem Ansatz des so genannten „Situativen Führens" widerspricht. Denn situationsbedingte Anforderungen mögen Unterbrechungen bei der generellen Ausübung eines Führungsstils nötig machen, keinesfalls aber dürfen sie dauerhaft zu einem Führungsstil führen, der den Typ des Mitarbeiters ignoriert. Ergänzt mit zur Unternehmenskultur und Marktstruktur passenden Führungsinstrumenten wie beispielsweise Berichtssystemen bietet Flexible Leadership die motivierende Form der Führung, die sich am Typ des Mitarbeiters orientiert. So lassen sich erwünschte und erforderliche Fortschritte in den beiden Feldern von COOPETITION leichter und schneller erreichen.

Damit sind die Wirkungsfelder von COOPETITION beschrieben. Wenden wir uns den Basisfaktoren zu.

Ganzheitlichkeit in der Führung
von Beate Hagedorn

Führung „ganzheitlich" zu betrachten macht außerordentlich Sinn. Manager können aufgrund der vorgestellten Herangehensweise ihre Position im Unternehmen leichter bestimmen und damit vielfältige Ableitungen für COOPETITION entwickeln, die der komplexen Unternehmens- und Führungswirklichkeit standhalten.

Beate Hagedorn

Ganzheitlichkeit in der Führung

1. Komplexität von Führung

Führungskräfte stehen heute mehr denn je vor der Herausforderung, sich auf ständig neue Situationen einzustellen. Der modernen Wissensgesellschaft bleibt nichts verborgen. Durch Vergleichs- und Bewertungsportale wissen Kunden sehr genau, was sie für ihr Geld erwarten dürfen, und so wachsen ihre Ansprüche rasant. Unzulänglichkeiten, auch kleinere, werden im Vergleich zu den besten Anbietern unmittelbar abgestraft. Durchmogeln wird zunehmend ein Ding der Unmöglichkeit. Immer kürzere Innovationszyklen werden verlangt – bei gleichzeitig deutlichen, nicht selten zweistelligen Zuwachsraten. Nebenbei soll dann noch ein „kultureller Wandel" vollzogen werden, oft hervorgerufen durch eine schier nicht enden wollende Kette von Fusionen und Übernahmen.

Dies sind nur einige Aspekte, die Unternehmern und Managern heute Höchstleistungen abverlangen, um sich im harten Wettbewerb zu behaupten. Und gerade in solch turbulenten und unsicheren Zeiten werden von einer Führungskraft Sicherheit und Souveränität erwartet.

Die Anforderungen an Führungskräfte im 21. Jahrhundert

Aber was genau benötigt eine Führungskraft, um den Anforderungen gerecht zu werden, um sich, ihre Mannschaft und die gesamte Organisation sicher und erfolgreich **durch das schnelllebige und komplexe Informationszeitalter** hindurch **zumanövrieren**? Wie können gerade in schwierigen Phasen Hindernisse umschifft und Herausforderungen gemeistert werden?

Es gibt eine unüberschaubare Menge von Methoden, Instrumenten und Programmen, die helfen sollen, die eigene Führungskompetenz auszubauen. Wer bereit ist, sich weiterzuentwickeln und den eigenen Führungsstil kritisch zu hinterfragen, steht vor der Aufgabe, aus einer Fülle von Weiterbildungsangeboten das Richtige auszuwählen. Aber was ist das Richtige? Wo sollte als Erstes angesetzt werden?

Nur eine systematische, individuelle Bedarfsanalyse kann hier eine Antwort geben. Diese Bedarfsanalyse aber erfordert eine ganzheitliche Betrachtung – ebenso wie die effektive Führung selbst. Schließlich müssen alle Faktoren, die das Thema Führung betreffen, unter ganzheitlichen Aspekten betrachtet werden.

Der folgende Artikel stellt einen ganzheitlichen Ansatz vor, der genau dies leisten soll.

2. Orientierung im Führungsdschungel
2.1 Begriffsbestimmung

Eine ganzheitliche Betrachtung des Themas Führung bedeutet, sich der zahlreichen Einflussfaktoren effektiver Führung bewusst zu sein, **komplexe Wechselwirkungen zu verstehen** und sie, so weit möglich, proaktiv und zielführend mitzugestalten.

Aber wie ist eine gezielte Durchdringung und Aussteuerung dieser komplexen Wirkzusammenhänge möglich? Wie können sie vereinfacht und überschaubar gestaltet werden? Das Modell der themenzentrierten Interaktion (TZI), das Ruth C. Cohn[1] als pädagogische Methode für ganzheitliches, lebendiges Lernen für Arbeitsteams, Organisationen und andere Gruppen entwickelt hat, erscheint uns ein geeigneter Ansatz. Im Rahmen des TZI-Modells rücken die Interaktionen der Führungskraft mit ihrer Gruppe (Ich / Wir) in den Vordergrund, ohne dabei unternehmerische Ziele (Thema) und die gegebenen Umweltbedingungen (Globe) zu vernachlässigen, sondern sie vielmehr in eine dynamische Balance zu bringen.[2]

Berücksichtigung aller relevanten Aspekte

Anders ausgedrückt: Das gesamte **Handlungsspektrum einer Führungskraft** – ihr Zusammenwirken mit ihren Mitarbeitern zur Zielerreichung – ist zentrales Element effektiver Führung. Es kann und darf jedoch niemals losgelöst betrachtet werden von den **inner- und außerbetrieblichen Rahmenbedingungen** und Wirkzusammenhängen. Vielmehr erfordern diese Einflussfaktoren und Schnittstellen ein flexibles Agieren und Aussteuern sowie eine Vorgehensweise, die der jeweiligen Situation angemessen ist.

2.2 „Kompass ganzheitlicher Führung"

In Anlehnung an das Modell der themenzentrierten Interaktion haben wir den „Kompass ganzheitlicher Führung" entwickelt. Als **Werkzeug, das durch die komplexen Beziehungs- und Abhängigkeitsstrukturen moderner Führung navigiert.**

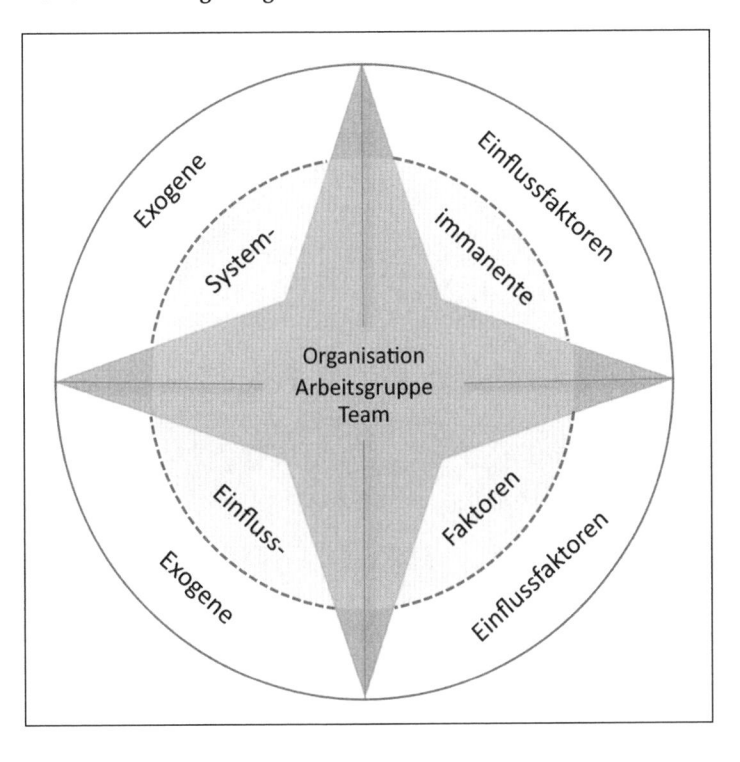

Orientierung und Struktur im Führungsdschungel

Abb. 1:
Die drei Interdependenz-Ebenen ganzheitlicher Führung

Wir unterscheiden drei Interdependenz-Ebenen ganzheitlicher Führung:
Ebene 1: Die Interaktionsebene der Führungskraft mit ihren (direkt unterstellten) Mitarbeitern (Arbeitsgruppe, Team bzw. Organisation selbst)
Ebene 2: Die endogenen bzw. systemimmanenten Einflussfaktoren
Ebene 3: Die exogenen Einflussfaktoren

Die erste Ebene, die **Interaktionsebene** der jeweiligen Führungseinheit, beschreibt das Zusammenspiel der Führungskraft mit ihren einzelnen Mitarbeitern und ihrem gesamten Team. Die Handlungen und Handlungsspielräume der Akteure orientieren sich an den unternehmerischen Zielen und sind wechselseitig abhängig sowohl von den unternehmensinternen wie auch von den externen Rahmenbedingungen.

Die Interdependenz-Ebenen ganzheitlicher Führung

Die **inneren Rahmenbedingungen** beschreiben den systemischen Kontext. Dazu gehören Institutionelles, Hierarchisches, Kooperatives und Zwischenmenschliches.

Die **äußeren Rahmenbedingungen** beschreiben den Markt, die Kundenbedürfnisse, die Wettbewerbssituation und die allgemeinen Umweltbedingungen.

Alle drei Ebenen werden wiederum, bewusst oder unbewusst, durch ihr jeweiliges **Wertesystem** beeinflusst und gelenkt.

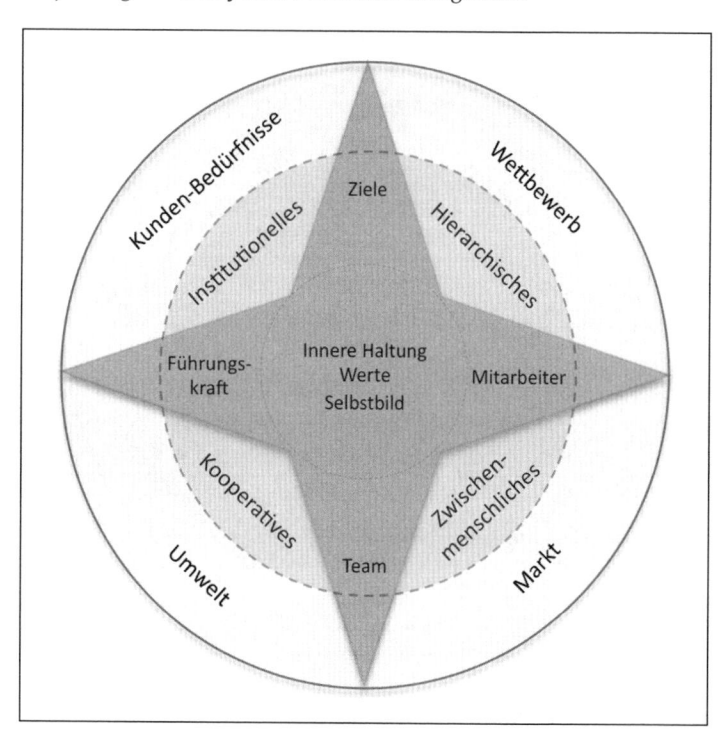

Abb. 2:
Der Kompass ganzheitlicher Führung

2.3 Ausrichtung an den Zielen

Kernelement der Führung sind die gesetzten bzw. zu setzenden Ziele. Sie geben den Kurs allen unternehmerischen Handelns vor. Führung ist nicht Selbstzweck. Vielmehr dient Führung dazu, Organisationen, Teams und Abteilungen zu bestimmten Resultaten zu führen, also ergebnisorientiert vorzugehen. Es gilt, **das große Ganze** zu erschaffen oder zumindest **einen Beitrag** dazu zu **leisten**.[3]

Aber was ist das große Ganze eines Unternehmens oder einer Organisation?

Ganzheitlichkeit in der Führung

Folgt man Peter F. Druckers Ausführungen, so liegt der Sinn einer Unternehmung nicht nur darin, wie von vielen Managern und Führungskräften konstatiert, Profit zu generieren. Vielmehr liegt der Zweck einer Unternehmung außerhalb ihrer selbst, nämlich darin, Kundenbedürfnisse zu befriedigen[4] oder, noch weiter gedacht, Fortschritt und **bessere Lösungen für Probleme zu entwickeln.**

So wird an dieser Stelle bereits deutlich, dass es zwischen den unterschiedlichen Interdependenz-Ebenen ganzheitlicher Führung keine klaren Grenzen gibt. Diese verschmelzen vielmehr und bedingen sich wechselseitig.

3. Exogene Einflussfaktoren

Was müssen wir als Organisation tun, um die Bedürfnisse unserer Kunden zu erfüllen und ihnen größtmöglichen Nutzen zu bringen? Wie differenzieren wir uns dabei vom Wettbewerb? Was machen wir anders? Was ist in unserem Markt heute „best practice" und wie können wir es morgen noch besser machen? Wie können wir innovative Produkte kreieren, die unsere Kunden heute noch gar nicht kennen, morgen aber intensiv begehren? Wie kann ich mit meinem Team dazu beitragen? Und schließlich: Welchen Einfluss hat unser unternehmerisches Handeln auf unsere Umwelt, auf unsere Gesellschaft, auf die Natur usw.?

Erfolgreiche Unternehmensführung durch professionelles Management der exogenen Einflussfaktoren

Verantwortungsbewussten Führungskräften sind diese Fragestellungen nicht einerlei. Haben diese exogenen Einflussfaktoren doch entscheidenden Einfluss auf die Nachhaltigkeit effektiver Führung.

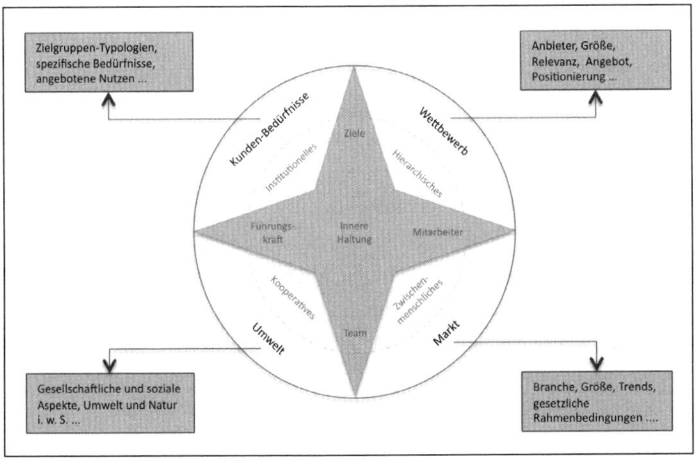

Abb. 3:

Die exogenen Einfluss-Faktoren

3.1 Der Blick für das große Ganze

Leider ist immer wieder zu beobachten, dass Unternehmen und ihre Führungskräfte den Blick für das übergeordnete große Ganze verloren haben. Sie richten ihr Augenmerk stattdessen häufig nach innen. Ganze Organisationen betreiben systematische Bauchnabelschau, beschäftigen sich ausschließlich mit sich selbst und vernachlässigen ihren eigentlichen „reason for being". So fragen sich Organisationen, wie viel sie wovon verkaufen können, statt zu hinterfragen, was genau der Kunde wofür in welchen Mengen benötigt. Realisiert man den häufig fehlenden Kundenfokus zahlreicher Unternehmen, so mag man zustimmen, dass Marketing längst „mausetot" ist.[5] Marketing wird mehr denn je missverstanden als reines Vermarktungsprogramm, statt es **bewusst** als die **markt- und kundenorientierte Führung des gesamten Unternehmens** zu begreifen.

Orientierung an Kundenbedürfnissen ist höchstes Gebot

Hierfür gibt es viele anschauliche Beispiele. Man denke nur an den viel zitierten Sektor Fotografie. Mit dem Einzug der digitalen Technik wurde der Markt revolutioniert: Bilder waren nun sofort verfügbar, die langen, kostenintensiven und umständlichen Wege für die Entwicklung der Bilder entfielen. Fotografieren wurde innerhalb kürzester Zeit schneller, besser und günstiger. Anstatt sich aus einer Position der Stärke dem neuen Marktgeschehen anzupassen, konzentrierten sich einige Unternehmen auf ihr altes Kerngeschäft, ignorierten die für die Endverbraucher relevanten Vorteile und zahlten dafür letztlich einen hohen Preis.

Andere Unternehmen wissen stattdessen sehr genau, was ihre Kunden wünschen und was sie bewegt. „Consumer Insights" bestimmen schon sehr lange das Selbstverständnis vieler führender Konsumgüter-Branchen. Sie verstehen die innersten Bedürfnisse ihrer Kunden und bieten ihnen entsprechende Produkte.

So ist eine Body Lotion beispielsweise längst mehr als nur eine feuchtigkeitsspendende Körperlotion. Es gibt Marken, die ihre Konsumentinnen von der Pflicht erlösen, dem vorgegaukelten Schönheitsideal „schlank und ewig jung" in einem nie zu gewinnenden Wettstreit nachzueifern. Produkte werden nicht mehr als „anti aging", sondern als „pro aging" positioniert: Ich als Verbraucherin tue etwas für mich und meine natürliche Schönheit, statt mich in einem nicht zu gewinnenden Kampf gegen den letztlich unvermeidbaren Alterungsprozess aufzureiben.

Angebotene Nutzen müssen relevant für die Zielgruppe sein

Würden mehr Unternehmen, sprich Führungskräfte, in dieser Hinsicht ihre Hausaufgaben machen und sich mit Kundenwünschen, Marktgeschehen und Wettbewerbern auseinandersetzen und sich nicht nur mit sich selbst beschäftigen, könnte manch irreversibler Schaden abgewendet werden.

4. Systemimmanente Einflussfaktoren

Führung muss auch vom systemischen Kontext her betrachtet werden. So betont Fredmund Malik, dass z. B. die Größe einer Organisation selbstverständlich auch Einfluss auf die Führung derselben hat.[6] **Führung ist eingebunden in ihr Gesamtsystem.** Deshalb muss dieses immer mit berücksichtigt werden.

Die internen Rahmenbedingungen beeinflussen auf vielfältige Weise das Führungsverhalten und die Art und Qualität der Interaktionen. So sieht sich z. B. eine weibliche Führungskraft in einer von Männern dominierten Unternehmenskultur möglicherweise mit Ressentiments konfrontiert. Diese anzuerkennen, zu begreifen und im eigenen Handeln entsprechend feinfühlig zu berücksichtigen, kann zu einer deutlichen Steigerung der Effektivität führen.

Führung funktioniert nicht losgelöst vom unternehmerischen Kontext

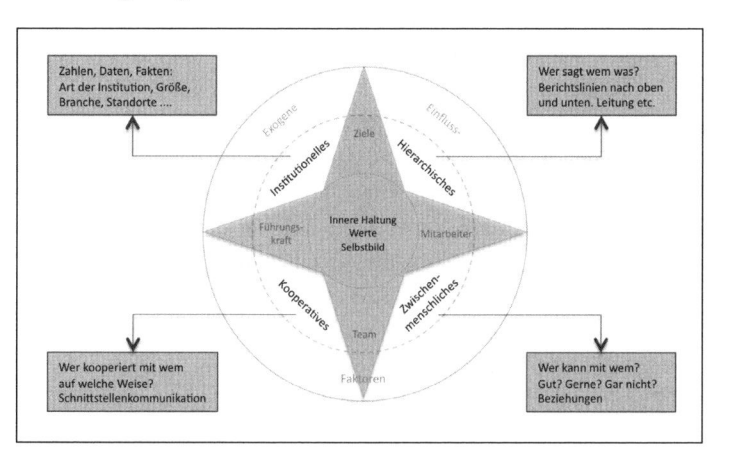

Abb. 4:
Die systemimmanenten, endogenen Einflussfaktoren

Im Bereich der Kooperation sind, wie in Abb. 4 dargestellt, alle etwaigen Kooperationspartner zu identifizieren. So kann eine Vertriebsmannschaft beispielsweise nichts verkaufen, wenn nicht zuvor Marketing und F&E entsprechende Produkte entwickelt haben und die Produktion diese hergestellt hat. Es sind jedoch nicht nur die unternehmensinternen Schnittstellen zu berücksichtigen, sondern auch Kooperationspartner im weiteren Sinne wie etwa Lieferanten, Dienstleister oder Geschäftspartner. Mittels „Kooperationslandkarten" kann die Qualität der Zusammenarbeit spezifiziert werden.

Schnittstellen-Management essentiell

Auch die Qualität der Beziehungen (Zwischenmenschliches) und das Bewusstsein derselben hat Einfluss auf die Effektivität von Führung. Wer kann mit wem? Wer ist wem sympathisch und wer nicht? Wo gibt es möglicherweise heiße Konflikte, so dass eine konstruktive Zusammenarbeit kaum möglich ist? Gerade diese zwischenmenschlichen Aspekte werden oft tabuisiert. In einer professionell geführten Organisation haben sie nichts verloren. Und dennoch sind sie existent und nicht zu leugnen, und sie beeinflussen massiv das Zusammenspiel der Kräfte. Schließlich, um ein weiteres Beispiel für die Relevanz der systemimmanenten Einflussfaktoren zu nennen, stellt sich die Frage, ob das Selbstbild des Unternehmens und die gelebten Werte zumindest eine Teilkongruenz zu den persönlichen Werten der Führungskraft aufweisen. Sprich: Können sich Führungskräfte und Mitarbeiter mit den Unternehmenswerten identifizieren? Oder geben sie ihre Persönlichkeit und ihre individuellen Bedürfnisse an der Schwelle zu ihrem Büro ab, sodass eine authentische und ressourcenschonende Arbeitsweise erst gar nicht möglich ist? Auch hier gilt: Klarheit und ein positiv konstruktiver Umgang mit den unterschiedlichen Dimensionen erhöhen die Effektivität.

Intrinsische Motivation als Ressourcen-Pool

Wir haben bereits weiter oben hinterfragt, wie es möglich ist, dass wesentliche Kundenbedürfnisse, sich wandelnde Märkte und bahnbrechende Entwicklungen von Unternehmen und deren Mitarbeitern übersehen oder gar ignoriert werden. Der Grund liegt nicht allein in der oben beschriebenen fehlenden Ausrichtung nach außen. Auch **die innerbetrieblichen Gegebenheiten** haben entscheidenden Einfluss. Flexibilität und Kreativität entwickeln sich vor allem in einer Unternehmenskultur, in der Mitarbeiter sich tatsächlich als Teil einer größeren Sache verstehen und sich für diese von ganzem Herzen einsetzen. Statt jedoch diese echte Motivation zu fördern, steht bei vielen Unternehmen die reine Effizienzmaximierung im Vordergrund. Nach strengen Regeln und Vorgaben wird „Leistung" permanent kontrolliert und soll im Wechselspiel von Zuckerbrot und Peitsche maximiert werden. „Zuckerbrot" erscheint in Form von Prämien und Boni, die den Mitarbeitern zur weiteren Leistungssteigerung vorgehalten werden. Ein Job wird nun nicht mehr aus eigener Motivation im Sinne der Sache erledigt, sondern nur noch, um den Bonus abzukassieren.[7]

5. Zusammenwirken von Führungskraft und Mitarbeitern

5.1 Relevanz klarer und richtig formulierter Ziele

Die Klarheit von Zielen ist Dreh- und Angelpunkt erfolgreicher Unternehmensführung. Ohne zielorientierte Ausrichtung geht gar nichts. Die meisten Führungskräfte behaupten spontan von sich, dass ihnen ihre Ziele und die ihres Unternehmens bekannt und klar sind.

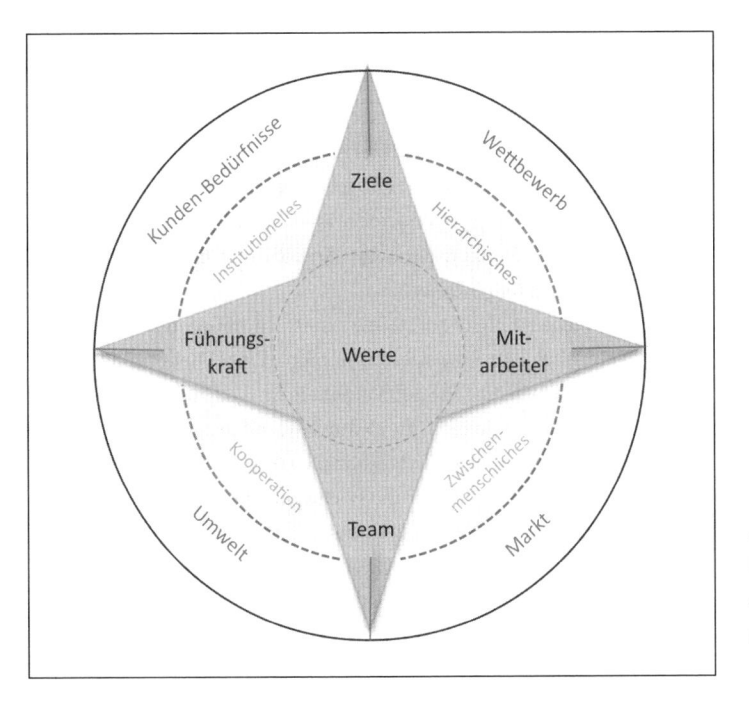

Abb. 5:
Die Interaktionsebene der Führungskraft mit ihren Mitarbeitern

Tatsächlich ergab jedoch eine empirische Untersuchung von Franklin-Covey, dass nur 15 Prozent der 150.000 befragten Mitarbeiter tatsächlich die wichtigsten Ziele ihrer Organisation nennen konnten. Und von diesen 15 Prozent wussten nur 40 Prozent, was ihr konkreter Beitrag zur Zielerreichung sein sollte.[8] Ein erschreckendes Ergebnis: Statistisch betrachtet **wissen nur sechs Prozent** der Mitarbeiter, **was** genau **sie zu tun haben,** um erfolgreich an der Zielerreichung ihres Unternehmens mitzuwirken. Unglaublich, aber wahr.

Es gibt die unterschiedlichsten und absurdesten Gründe dafür, dass Ziele intransparent bleiben: Manche Organisationen messen dem Aspekt der Geheimhaltung unter vermeintlich wettbewerbsrelevanten Gründen so viel Bedeutung zu, dass Unternehmens- und Bereichsziele sowie die entsprechenden Strategien als streng vertraulich gelten. Rigoros unter Verschluss gehalten sickern die Pläne bestenfalls durch. Transparenz und Klarheit sehen anders aus.

Andere Führungskräfte formulieren ihre Ziele so schwammig, dass einer freien Interpretation Tür und Tor geöffnet sind.

Anderswo fehlt es an interner Abstimmung und bereichsübergreifender Steuerung. So wissen benachbarte Abteilungen oft nicht, wie die jeweils anderen ihren Beitrag zum großen Ganzen definieren. Mögliche Synergien bleiben ungenutzt, zuweilen herrscht eher destruktives Gegeneinander statt konstruktives Miteinander.

5.2 Transparenz und Fokus

Den richtigen Kurs angeben

Es gehört zu den Schlüsselaufgaben von Führungskräften, **Ziele klar** zu **definieren** und zu **kommunizieren**. Bei der Definition von Zielen hilft die SMART-Formel weiter. Ein gesetztes Ziel ist nur dann smart, wenn es die fünf Bedingungen „specific, measurable, accepted, realistic, timely" erfüllt. Bei konsequenter Anwendung ergeben sich klare, mess- und überprüfbare Ziele.

Allerdings reicht es nicht aus, Ziele smart zu definieren. Wichtig ist es, das Wesentliche zu fokussieren. Je mehr Einzelziele benannt werden, desto größer die Gefahr der Verzettelung. Vor allem in Zeiten des Umbruchs sorgen zu viele, oft undurchschaubare Zielvorgaben für Unsicherheiten; entsprechend steigt das Risiko, den Fokus auf das Wesentliche zu verlieren.[9] Sich auf die wichtigen Dinge zu konzentrieren, bedeutet auch, sich von unnötigem Ballast zu befreien. So betont Malik, dass es zu den wesentlichen Aufgaben einer Führungskraft gehöre, **systematische „Müllabfuhr"** zu betreiben.[10]

5.3 Selbst-Management

Führung beginnt immer bei einem selbst

Konsequentes Selbst-Management ist eine wesentliche Voraussetzung effektiver Führung. Wer sich selbst kennt, wer sich seiner inneren Haltungen, Denkmuster und Glaubenssätze bewusst ist und wer sein eigenes Handeln reflektiert, erkennt, wie er auf andere wirkt. Sich seiner selbst bewusst zu sein bezieht sich nicht nur auf die eigenen **Stärken**; es beinhaltet gleichzeitig das Zugeständnis eigener **Schwächen** und den souveränen Umgang damit.[11]

Oft stehen unsere Schwächen in unmittelbarem Zusammenhang mit unseren Stärken. Dort, wo wir besonders gut sind, wo wir eine ausgesprochene Stärke aufweisen, haben wir zuweilen Schwierigkeiten, eine gegensätzlich positive Haltung einzunehmen. So hat jemand, der ausgesprochen schnell und zielstrebig ist, mitunter Probleme, sich in

Abb. 6: Die entwertende Übertreibung von Stärken

Geduld zu üben. Geduld verbindet er eher mit Eigenschaften wie *langsam* und *den Prozess verzögernd*.

Ähnlich wird eine sehr durchsetzungsstarke Persönlichkeit darauf achten müssen, dass sie in der Interaktion mit ihren Mitarbeitern diese nicht permanent überfährt, sondern auch deren Meinungen und Beiträge zur Entfaltung kommen lässt.

Eine valide Selbst-Einschätzung ist sehr schwierig, wenn nicht gar unmöglich. Die Gegenüberstellung von **Selbstbild** (so, wie wir uns selbst sehen) und **Fremdbild** (so, wie wir von anderen wahrgenommen werden) ist da schon wesentlich aussagekräftiger. Vielfach zeigen sich erhebliche Abweichungen zwischen dem, was „unsere Realität" ist, und dem, was wahrgenommen wird. Grundsätzlich gilt: „Perception beats Reality". Wenn wir nicht in der Lage sind, so wahrgenommen zu werden, wie wir sind und wie wir wirken wollen, können wir nicht effektiv führen. Oder andersherum: Jede noch so positive Absicht fällt nicht auf fruchtbaren Boden, wenn sie als solche nicht erkannt wird.

Um herauszufinden, wie man als Führungskraft tatsächlich wirkt, macht es Sinn, das eigene erlebte **Kompetenzprofil** genauer zu beleuchten. Das 360°-Feedback hat sich in diesem Kontext als hilfreiches Werkzeug erwiesen. Mittels eines strukturierten Fragebogens bewerten Mitarbeiter, Kollegen und Vorgesetzte sowie die Führungskraft selbst die erbrachten Leistungen im Vergleich zum definierten Anforderungsprofil. Anschließend werden die unterschiedlichen Sichtweisen abgeglichen, Ursachen für Diskrepanzen ermittelt und gegebenenfalls notwendige Entwicklungsmaßnahmen angeboten.

Geschickte Nutzung der eigenen Ressourcen

Es gibt viele weitere Methoden, mehr über sich selbst, seine Verhaltensweisen, Vorlieben und Sichtweisen zu erfahren. Die wohl umfassendsten sind die sogenannten **Persönlichkeitsprofile**, zu denen etwa der MBTI, der HBDI, Insights Midi oder das DISG-Modell zählen, um nur einige zu nennen.[12] Das Angebot der Evaluationstechniken ist groß. Für jede Fragestellung sollten sich geeignete Instrumente finden lassen.

Werden diese für die Einschätzung der eigenen Mitarbeiter eingesetzt, so sind ein feinfühliger Umgang damit und das Prinzip der Freiwilligkeit absolute Voraussetzung.

5.4 Vom Umgang mit dem Einzelnen

In der Interaktion mit Menschen, und dies gilt natürlich auch bei der Führung von Mitarbeitern, sind aus unserer Sicht zwei Aspekte besonders relevant: eine wertschätzende Grundhaltung und ein bewusster und angemessener kommunikativer Umgang.

Die Stärken des Einzelnen erkennen

Nach Schulz von Thun ist der Grundvorgang zwischenmenschlicher Kommunikation schnell beschrieben. Es gibt einen **Sender**, also denjenigen, der etwas sagt, und einen **Empfänger**, denjenigen, für den die Nachricht bestimmt ist. Dabei findet die Kommunikation immer auf vier Ebenen gleichzeitig statt: Auf der Sachebene werden faktische Informationen ausgetauscht, auf der Ebene der Selbstkundgabe informiert der Sender, bewusst oder unbewusst, über seine persönlichen Befindlichkeiten. Die Beziehungsebene gibt Aufschluss darüber, wie der Sprecher das Verhältnis zueinander wahrnimmt und interpretiert: „So stehen wir zueinander" und „Das denke ich über dich" sind Kernbotschaften dieser Ebene. Die Appell-Ebene schließlich drückt eine Erwartungshaltung oder eine Aufforderung aus, etwas Bestimmtes zu tun oder zu lassen. Dabei können die Botschaften jeweils verdeckt oder offen, bewusst oder unbewusst, übermittelt werden.[13]

Meist sind wir uns, während wir kommunizieren, dieser vier Ebenen nicht bewusst und auch wenn wir glauben, nur auf der **Sachebene** „unterwegs zu sein", spielen sich auf der **Beziehungsebene** oft wahre Dramen ab.

Analysiert man nachträglich die getätigten Sprachhandlungen, lassen sich insbesondere zwei wesentliche Ursachen für Missverständnisse und Streitigkeiten herausfiltern. Erstens: die existierenden, oft unterschiedlichen **Paradigmen** von Sender und Empfänger. Hiermit sind Erfahrungswelten und „unsere Sicht auf die Dinge" zu verstehen. Sie beeinflussen nachhaltig unsere Wahrnehmungs- und Ausdrucksweise. Oft verfügen Sender und Empfänger nicht über die notwendige Empathie, um sich in die Welt des anderen hineinzuversetzen und diese zu verstehen. Zweitens: **unsere Haltung**, aus der heraus wir kommunizieren. In der Transaktionsanalyse werden drei grundsätzliche Haltungen oder Ich-Zustände beschrieben: das Eltern-Ich (unterschieden nach fürsorglich und kritisch), das Erwachsenen-Ich und das Kind-Ich (unterschieden nach frei, angepasst und trotzig). Jeder Mensch trägt diese drei Ich-Zustände in sich und schlüpft je nach Situation und eigener Komfortzone in eine dieser Rollen.[14] **Professionelle Kommunikation** im Kontext Mitarbeiterführung sollte **auf der Ebene des Erwachsenen-Ichs** erfolgen. Auf dieser Ebene vollzieht sich Wertschätzung, Anerkennung und die Möglichkeit der freien Entfaltung des Gegenübers.

Relevanz einer wertschätzenden Haltung und umsichtiger Kommunikation

Aus dem Eltern-Ich heraus wird hingegen massiv gelenkt, bevormundet und herabgesetzt.

Die Qualität unserer Kommunikation, der Grad der Lenkung und der Grad der Wertschätzung geben Aufschluss über unseren Führungsstil.[15]

Verhaltenskreuz nach Schulz von Thun

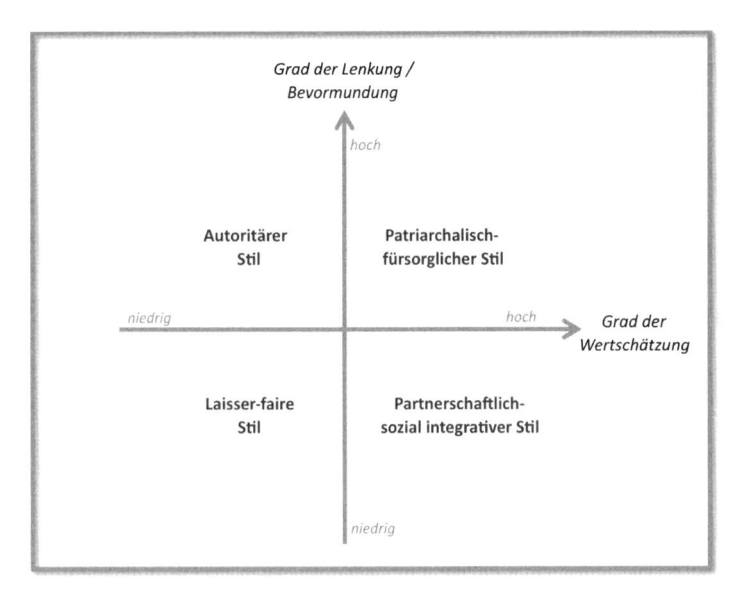

```
              Grad der Lenkung /
              Bevormundung
                    ↑
                   hoch

   Autoritärer         Patriarchalisch-
   Stil                fürsorglicher Stil

niedrig              hoch
─────────────────────────────→ Grad der
                                 Wertschätzung

   Laisser-faire       Partnerschaftlich-
   Stil                sozial integrativer Stil


                   niedrig
```

Abb. 7: Das Verhaltenskreuz nach Schulz von Thun

In der heutigen Gesellschaft wird ein kooperativer Führungsstil meist dem autoritären vorgezogen. Jedoch kann je nach Situation und Mitarbeiterprofil eine gezielte Anpassung des eigenen Führungsverhaltens wesentlich sinnvoller sein. Jüngere Modelle wie etwa *Flexible Leadership* tragen dieser Erkenntnis Rechnung und verweisen auf unterschiedliche Herangehensweisen moderner Führung.[16]

Situativ angepasste Führung ist anspruchsvoll, aber gewinnbringend

Die gezielte Auswahl eines Führungsverhaltens, das der jeweiligen Situation und dem Profil des jeweiligen Mitarbeiters gerecht wird, verlangt Führungskräften hohe soziale Kompetenz ab – ebenso eine rasche Auffassungsgabe und schnelle Reaktionsfähigkeit. **Empathie**, also das Einfühlen in den Mitarbeiter, ist dabei von eklatanter Bedeutung. Dessen individuelle Stärken zu erkennen, wertzuschätzen und gezielt einzusetzen garantiert nicht nur herausragende Leistungen, sondern auch ein hohes Maß an Zufriedenheit und Erfüllung.

5.5 Team-Zusammensetzung und Aussteuerung

Natürlich haben auch die Zusammenstellung des Teams sowie seine Aussteuerung Auswirkungen auf die Effektivität von Führung. Wenngleich es eine Herausforderung ist, aus unterschiedlichen Persönlichkeiten ein Team zu formen, so **birgt** doch deren **Heterogenität wertvolle Potenziale:** (Spezial-)Wissen und unterschiedliche Herangehensweisen einzelner Mitarbeiter ermöglichen es Führungskräften und dem gesamten Team, neue Perspektiven im Hinblick auf ihre

Aufgaben zu entwickeln und die eigene Herangehensweise zu optimieren. Wer flexibel auch auf Unvorhergesehenes reagieren will, benötigt dazu das gesamte Know-how eines Teams oder einer Organisation.

Effektivität durch Aktivierung der durchschnittlichen Performer

Erfahrungswerte und Statistiken machen deutlich, dass das Leistungsniveau der einzelnen Mitarbeiter sehr unterschiedlich sein kann. Manche Gruppen- oder Teammitglieder erbringen sehr gute Leistungen (ca. 15–20 %), andere wiederum dagegen schlechte (ebenfalls ca. 15–20 %). Der Rest der Gruppe, und dies ist mit ca. 60 % der Großteil, erbringt eine eher durchschnittliche Leistung. Um ein möglichst effektives Team aufzubauen, ist es essentiell, das **Leistungsniveau dieser großen, durchschnittlichen „Mitte" zu steigern.**[17] Durch gezielte Personalentwicklungsmaßnahmen und Coaching können gerade hier enorme Kräfte freigesetzt werden.

6. Werte und innere Haltung

Im Abschnitt „Orientierung im Führungsdschungel" haben wir beschrieben, warum Werte im Zentrum unseres Modells stehen. Sie haben übergreifenden Einfluss auf alle drei Ebenen integrativer Führung. Das Wertesystem einer Gesellschaft wird auch die Wertehaltung eines Unternehmens und ihrer Führungskräfte beeinflussen. Dennoch sind die Wertesysteme einzelner Personen und Organisationen sehr unterschiedlich ausgeprägt. Aber welche Werte, welche Grundhaltungen sind es, die Führungskräfte und Unternehmen besonders erfolgreich machen? Neben der wertschätzenden Grundhaltung erachten wir drei Ausprägungen für besonders relevant: **Vertrauen, positiv-konstruktives Denken** und das **Prinzip Selbstverantwortung** sind für uns die Triebfedern erfolgreicher Führung.[18]

Konsequente Werteorientierung Kernelement effektiver Führung

7. Fazit

Der Kompass ganzheitlicher Führung als hilfreiches Tool

Das in diesem Kapitel vorgestellte Modell ganzheitlicher Führung vereinigt die vielfältigen Aspekte und komplexen Wirkzusammenhänge dieses Themas zu einem kompakten Werkzeug. Damit können Führungskräfte ihre eigene Position innerhalb ihrer Organisation bestimmen, sich einen Überblick über den Gesamtkontext verschaffen und konkreten Handlungsbedarf bzw. Handlungsspielräume ermitteln.

Somit ist das Modell nicht nur zur Bedarfs- und Potenzialanalyse geeignet; es ist auch ein **hilfreiches Tool bei der praktischen Umsetzung** von Führung und Management.

---

1 Ruth C. Cohn: Von der Psychoanalyse zur themenzentrierten Interaktion. Von der Behandlung einzelner zu einer Pädagogik für alle
2 Mina Schneider-Landolf, Jochen Spielmann und Walter Zitterbarth (Hrsg.): Handbuch Themenzentrierte Interaktion. Göttingen 2009
3 Fredmund Malik: Führen, Leisten, Leben: Wirksames Management für eine neue Zeit. Frankfurt/Main 2006
4 Peter F. Drucker: The Essential Drucker. The Best of Sixty Years of Peter Drucker's Essential Writings on Management. New York 2008
5 Malte W. Wilkes: Marketing ist mausetot. Der Meinungsnewsletter. Absatzwirtschaft.de. 10. Februar 2012
6 Fredmund Malik: Führen, Leisten, Leben: Wirksames Management für eine neue Zeit. Frankfurt/Main 2006
7 Reinhard K. Sprenger: Mythos Motivation. Wege aus einer Sackgasse. 19., aktualisierte und erweiterte Auflage. Frankfurt/Main 2010
8 Stephen R. Covey: Führen unter neuen Bedingungen. Sichere Strategien für unsichere Zeiten. 2. Auflage 2010. Seite 21 f.
9 Stephen R. Covey: Führen unter neuen Bedingungen. Sichere Strategien für unsichere Zeiten. 2. Auflage 2010. Seite 27 ff.
10 Fredmund Malik: Führen, Leisten, Leben: Wirksames Management für eine neue Zeit. Frankfurt/Main 2006
11 Daniel F. Pinnow: Unternehmensorganisationen der Zukunft. Erfolgreich durch systemische Führung. Frankfurt/Main 2012
12 Walter Simon (Hrsg.): Persönlichkeitsmodelle und Persönlichkeitstests. 15 Persönlichkeitsmodelle für Personalauswahl, Personalentwicklung, Training und Coaching. Offenbach 2006
13 Friedemann Schulz von Thun: Miteinander reden 1–3. Band 1: Das Kommunikationsquadrat. Hamburg 2008
14 Eric Berne: Was sagen Sie, nachdem Sie Guten Tag gesagt haben? Psychologie des menschlichen Verhaltens
15 Friedemann Schulz von Thun: Miteinander reden 1–3. Band 3. Hamburg 2008
16 Flexible Leadership. Die moderne Führungskompetenz. Sonderdruck in: Wirtschaft und Weiterbildung. Ausgabe 1/2002
17 Stephen R. Covey: Führen unter neuen Bedingungen. Sichere Strategien für unsichere Zeiten. 2. Auflage 2010
18 s. hierzu auch: Reinhard K. Sprenger: Das Prinzip Selbstverantwortung. Wege zur Motivation. Frankfurt 1997

Richtschnur Menschlichkeit
von Sabine Wagner

Menschlichkeit als Richtschnur für grundsätzliches Handeln in Management und Führung zu beschreiben ist die Grundintention für diesen Basisfaktor. Menschlichkeit ist somit gleichzeitig auch eine Art übergeordnete ethische Dominante in COOPETITION. Ein Maßstab, an dem sich alle Handlungen messen lassen müssen.

Sabine Wagner

Richtschnur Menschlichkeit

„Der Schlüssel zum wirtschaftlichen Erfolg ist die Menschlichkeit."
So formuliert es Reinhard Mohn, Gründer des Bertelsmann Konzerns.

In der Realität findet die Menschlichkeit heute in Unternehmen – wie ich finde – zu wenig Beachtung. Dies geht zu Lasten der Menschen und zu Lasten der Unternehmen.
Im Zuge der Krise hat die Fokussierung auf Kennzahlen und Ergebnisse zugenommen. Für die Befindlichkeiten der Menschen bleibt da kein Platz mehr. Doch Unternehmen bestehen aus Menschen. Und genau deren Engagement, ihre Kreativität, Leistungsbereitschaft und Leistungsfähigkeit werden langfristig den Erfolg eines Unternehmens ausmachen.

1. Der Mensch – die wichtigste Ressource

Das Thema ist in allen Medien präsent: In Deutschland droht aufgrund der demografischen Entwicklung ein Fachkräftemangel. In vielen Branchen ist dies bereits bittere Realität. Aufträge müssen abgelehnt werden, Unternehmen können trotz guter Auftragslage nicht weiter wachsen – weil qualifiziertes Personal fehlt. Auch der Wettbewerb um die besten Köpfe hat schon längst begonnen. Employer Branding ist das Schlagwort. Nicht nur Großunternehmen, auch Mittelständler starten Werbekampagnen, um qualifiziertes Personal zu werben.

Der Mensch ist also DIE wichtigste Ressource. Was liegt somit näher, als sorgsam umzugehen mit den Menschen. Ihr Potenzial zu entfalten und zu nutzen – ihre Leistungsfähigkeit zu stärken und zu erhalten. „Selbstverständlich. Das tun wir!", werden viele sagen. Doch ist das tatsächlich so und wie sehen das die Mitarbeiter?

1.1 Arbeiten in Deutschland – die Realität

„Führen ist vor allem das Vermeiden von Demotivation"

Reinhard K. Sprenger

Emotionale Bindung zum Arbeitgeber

Das renommierte Markt- und Meinungsforschungsinstitut Gallup ermittelt alljährlich den sogenannten „Gallup Engagement Index" und hat dazu 2010 knapp 2000 Arbeitnehmerinnen und Arbeitnehmer zu ihrer Arbeitssituation befragt. Das Ergebnis ist niederschmetternd: Nur 13 % der Befragten sind hoch motiviert, 66 % haben eine geringe emotionale Bindung zum Arbeitgeber, 21 % gar haben innerlich gekündigt – also den „inneren Vertrag" mit dem Arbeitgeber gelöst –, sie sind nicht mehr motiviert, bringen keine neuen Ideen mehr ein. Durch innere Kündigung entstehen unserer Wirtschaft – so die Schätzung von Gallup – jährlich Kosten in Höhe von circa 125 Mrd. Euro.

Führung als Key-Factor

Gehen wir noch einen Schritt weiter: Psychische Erkrankungen wie Burnout nehmen zu. 2010 gab es 53 Mio. Krankentage wegen psychischer Belastung am Arbeitsplatz.[1] Es scheint, dass der Mensch auf der Strecke bleibt. Doch woran liegt das? Neben anderen Faktoren scheint die Mitarbeiterführung eine entscheidende Rolle zu spielen: Bei der Gallup-Befragung gaben nur 19 % an, Lob und Anerkennung für ihre Arbeit zu bekommen, nur 25 % fühlen sich mit einbezogen und nur 31 % haben das Gefühl, dass bei der Arbeit Interesse an ihnen als Mensch vorhanden ist. Menschlichkeit als Schlüssel zum Erfolg – für das Unternehmen und für jeden Einzelnen.

1.2 Wie möchten Sie arbeiten?

Wie sähe Ihr idealer Arbeitsalltag aus? Wenn Sie Führungskraft sind – wie wünschen Sie sich Ihre Mitarbeiter? Kooperativ und engagiert? Vielleicht wünschen Sie sich auch Mitarbeiter, die mitdenken, gute Ideen einbringen und gemeinsam mit Ihnen an einem Strang ziehen. Das Team arbeitet gut zusammen. Es gibt kaum Reibereien. Ist das Wunsch oder Wirklichkeit? Wenn das Ihr Wunsch ist – wie viel stress-

freier wäre Ihr Arbeitsalltag? Wie würde es Ihnen persönlich gehen? Und wie kämen Sie mit wichtigen Projekten voran?
Und Sie als Mitarbeiter – wie wünschen Sie sich Ihren Chef, ihre Chefin? Wie möchten Sie als Mensch behandelt werden? Möchten Sie, dass Ihre gute Arbeit anerkannt und gesehen wird? Möchten Sie respektvoll behandelt und sollen Ihre Bedenken ernst genommen werden? Oder wünschen Sie sich, dass Ihre Ideen und Verbesserungsvorschläge wohlwollend aufgenommen werden? Wie geht es Ihnen dann? Und wie wirkt sich das auf Ihre Motivation, auf Ihre Arbeitsergebnisse aus?

1.3 Haben Sie Mut zur Menschlichkeit

„Ein Beispiel zu geben ist nicht die wichtigste Art,
wie man andere beeinflusst. Es ist die einzige."   **Albert Schweitzer**

Wenn Sie mit mir der Meinung sind, dass Menschlichkeit, der respektvolle Umgang miteinander zu mehr Wohlbefinden und besseren Arbeitsergebnissen beitragen – dann ändern Sie etwas! Beginnen Sie gleich heute damit. Wenn Sie weiterlesen, finden Sie einige Anregungen dafür. Oft können schon Kleinigkeiten wirklich etwas bewirken. Die Einstellung und das ehrliche Bemühen zählen.
Jetzt werden Sie vielleicht sagen: Die Kultur im Unternehmen ist eine andere, das wird nicht vorgelebt „von oben". Sicher wäre ein solches Vorleben „von oben" das Ideal – aber auch Sie selbst, ganz gleich, auf welcher Ebene, können zu einem menschlichen Miteinander beitragen. Menschlichkeit beginnt im Kleinen und kann Großes bewirken.

2. Empathie – Schlüssel zu mehr Menschlichkeit

„Urteile nie über einen Menschen, bevor du nicht einen Mond lang
in seinen Mokassins gegangen bist."

Dieses indianische Sprichwort drückt aus, was Empathie bedeutet: Sich in einen anderen Menschen hineinversetzen und einfühlen können – „in seine Schuhe schlüpfen". Oder – nach Wikipedia: „Der Begriff Empathie bezeichnet zum einen die Fähigkeit, Gedanken, Emotionen, Absichten und Persönlichkeitsmerkmale eines anderen Menschen oder eines Tieres zu erkennen, und zum anderen, die eigene Reaktion auf die Gefühle anderer wie zum Beispiel Mitleid, Trauer, Schmerz oder

Hilfsimpuls. Empathie spielt in vielen Wissenschaften eine fundamentale Rolle, von der Kriminalistik über die Psychologie, Physiologie, Pädagogik, Philosophie und Psychiatrie bis hin zum Management oder Marketing."[2]

Empathie ist eine wichtige, wenn nicht die wichtigste Voraussetzung für gute und menschliche Führung. Empathie beginnt mit der Einstellung: Wie denken Sie über Ihre Mitmenschen? Überlegen Sie: Wie oft haben Sie heute schon negativ über einen anderen Menschen oder auch über sich selbst gedacht? Wir neigen dazu, uns auf Schwächen und Fehler, auf das, was nicht funktioniert, zu konzentrieren. Angenehmer und produktiver ist es aber, sich Stärken und positive Dinge bewusst zu machen. Machen Sie doch einmal Folgendes: Legen Sie eine Liste oder ein Mindmap an für jeden Ihrer Mitarbeiter und für sich selbst. Notieren Sie dort alle Fähigkeiten und positiven Eigenschaften dieser Person und natürlich Ihre eigenen. Sie können die Blätter von Zeit zu Zeit ergänzen, zum Beispiel wenn Ihnen bei der täglichen Arbeit etwas Positives aufgefallen ist. Wenn Ihnen das zu einseitig erscheint – die schlechten Eigenschaften werden Sie so schnell sicher nicht vergessen. Also keine Sorge.

Und noch zwei Dinge müssen uns bewusst sein: Jeder Mensch handelt, um seine Bedürfnisse zu befriedigen. Auch eine vermeintlich schlechte Verhaltensweise dient dazu, ein Bedürfnis zu befriedigen. Der Mensch handelt also grundsätzlich aus einer guten Absicht heraus. Das bedeutet, dass er für sich und nicht gegen Sie agiert.

Wir alle haben unsere eigene „innere Landkarte". Unsere Persönlichkeit, aber auch das bisherige Leben, gemachte Erfahrungen, Umweltfaktoren und vieles mehr beeinflussen unsere Reaktionen und unser Verhalten. Deswegen werden Situationen und Sachverhalte auch unterschiedlich wahrgenommen und bewertet. Es gibt nicht nur eine Wahrheit.

2.1 Wertschätzung ist Wertschöpfung

„Wenn es ein Geheimnis des Erfolgs gibt, so ist es das, den Standpunkt des anderen zu verstehen und die Dinge mit seinen Augen zu sehen."

Henry Ford

Neurobiologische Studien zeigen: Der Mensch ist nicht primär auf Egoismus und Konkurrenz gepolt.

Wir (Menschen) sind – aus neurobiologischer Sicht – auf soziale Resonanz und Kooperation angelegte Wesen. Kern aller menschlichen Motivation ist es, zwischenmenschliche Anerkennung, Wertschätzung, Zuwendung oder Zuneigung zu finden und zu geben.[3]

Bei erfolgreichem Beziehungsaufbau schüttet das Gehirn Glücksbotenstoffe aus. Diese Botenstoffe bescheren Zufriedenheit sowie körperliche und mentale Gesundheit. Fehlen sie, geschieht das Gegenteil. Es kommt zu Stressreaktionen: Angst, Panik, Trauer und Aggression. Der Mensch ist also ein Beziehungswesen und braucht Zugehörigkeit, Wertschätzung und Anerkennung, um gesund zu bleiben. Wir wissen es selbst aus eigener Erfahrung: Dort, wo wir uns gut aufgehoben fühlen, wo wir uns geachtet und beachtet fühlen, wir Anerkennung bekommen, fühlen wir uns wohl. Und nicht nur das: Wir sind in der Regel kreativer, motivierter und die Arbeit fällt leichter. Kurz: Wir bringen bessere Leistung oder, anders ausgedrückt: Wertschätzung schafft Wertschöpfung. Und: Wertschätzung hält gesund.

Gute Beziehungen halten gesund

Wie Sie Ihren Mitarbeitern Wertschätzung entgegenbringen
- Kommunizieren Sie wertschätzend – dazu mehr im Kapitel 2.2.
- Wann sind Sie das letzte Mal durch Ihre Abteilung gegangen? Zeigen Sie Präsenz. Gehen Sie durch die Büros. Begrüßen Sie Ihre Mitarbeiter einzeln und erkundigen Sie sich zum Beispiel: wie das Wochenende war, wie es der kranken Mutter geht, nach Hobbys. Zeigen Sie ehrliches Interesse an Ihren Mitarbeitern.
- „Nicht geschimpft ist genug gelobt" – meinen noch viele. Lob und Anerkennung sind aber ganz wichtige Faktoren für das Wohlbefinden. Erkennen Sie Leistung an und kommunizieren Sie dies auch. Sprechen Sie Lob konkret und unmittelbar aus. Geben Sie Ihren Mitarbeitern Rückmeldung über ihre Leistungen (siehe auch Kapitel 4.2).
- Machen Sie Wertschätzung nicht von Leistung abhängig. Auch hinter einem leistungsschwachen Mitarbeiter steckt ein wertvoller Mensch mit positiven Eigenschaften und Potentialen.
- Bei Problemen: Denken Sie wohlwollend. Versuchen Sie, die gute Absicht hinter dem Verhalten zu erkennen und Ihrem Mitarbeiter empathisch zu begegnen.
- Machen Sie sich bewusst: Jeder hat Stärken und alle haben Schwächen. Jeder Mensch kann/hat etwas, was ich nicht kann oder habe.

Seien Sie wohlwollend!

2.2 Wertschätzende Kommunikation

Worte sind Fenster (Oder sie sind Mauern) Ruth Bebermeyer

Das Wort Kommunikation stammt vom lateinischen Wort „communicare", was bedeutet: „teilen, mitteilen, teilnehmen lassen; gemeinsam machen, vereinigen. Das Wesen der Kommunikation ist also, Verbindung zu schaffen zwischen Menschen.

Oft bewirkt Kommunikation aber – wir haben es alle schon erlebt – das genaue Gegenteil: Es wird Macht demonstriert, Fronten werden geschaffen – Siege errungen. Menschen werden gekränkt oder demotiviert, ausgegrenzt oder beschämt. Aus dem vermeintlichen Sieg wird dann oft ein Verlust – an Vertrauen, an Motivation, an Kooperation. Und der wirkt leider oft nachhaltig.

Doch wie schaffen Sie wirklich Verbindung?

Verbindende Kommunikation

- Auch wertschätzende Kommunikation beginnt wieder mit der eigenen Haltung – der Empathie und dem Wohlwollen anderen Menschen gegenüber.
- „Sagen, was man denkt, und tun, was man sagt". Kommunizieren Sie ehrlich und offen und stehen Sie zu Ihrem Wort.
- Dazu gehört auch: Positives <u>und</u> Negatives aussprechen. Auch negative Dinge und Diskrepanzen müssen auf den Tisch.
- Lassen Sie den anderen ausreden.
- In Besprechungen: Würdigen Sie alle Beiträge.
- Sprechen Sie über Dritte nur so, dass sie dabei sein könnten. Tabuisieren Sie Lästereien, abwertende Äußerungen und Ausgrenzung.
- Wenn Sie Kritik üben, dann an der Sache und nicht am Menschen. Sagen Sie: „Die Verkaufszahlen sind schlecht" und nicht „Sie sind ein schlechter Verkäufer".
- Bevorzugen Sie offene Fragen: Was? Warum? Weshalb? Wie?
- Kommunizieren Sie auf Augenhöhe. Dominanz und Machtstreben schaffen Distanz, aber kein Vertrauen.
- Streben Sie eine Win-Win-Situation an.

2.3 Die menschliche Führungskraft

„Don't be nice, be real!" Kelly Bryson

Die Basis für Wertschätzung und Empathie dem anderen gegenüber ist, dass wir uns selbst wertschätzen. Wer sich selbst nicht achtet, nicht gut mit sich umgeht, wird das auch anderen gegenüber schwer leisten können. Als Führungskräfte bewegen wir uns in einem großen Spannungsfeld. Mitarbeiter, Kollegen, unser Vorgesetzter, Kunden, Lieferanten und nicht zuletzt die eigene Familie und unsere Freunde stellen vielfältige Anforderungen an uns, denen wir gerecht werden müssen – denken wir. Aber müssen wir wirklich immer allem gerecht werden? Wo bleiben die eigenen Bedürfnisse und die eigene Balance?

Gerade Führungskräfte denken oft, sie müssten immer stark sein, dürften keine Schwäche zeigen. Und sie übernehmen viel Verantwortung. Dabei kommt oft die eigene Person zu kurz. Übernehmen Sie auch Verantwortung für sich selbst. Ergründen Sie Ihre eigenen Bedürfnisse: Was fehlt Ihnen? Was ist Ihnen wichtig? Stellen Sie die Anforderungen der anderen an Sie und Ihre eigenen Erwartungen an sich selbst auf den Prüfstand. Auch Führungskräfte sind keine „Übermenschen" und müssen es auch nicht sein. Haben Sie den Mut, zu Ihren eigenen Bedürfnissen zu stehen und auch einmal Schwäche zu zeigen. Seien Sie menschlich gegenüber sich selbst! **Verantwortung für sich selbst übernehmen**

Das wird nicht nur Ihnen persönlich den Druck nehmen. Sie wirken auch authentischer auf andere. Menschen, die wir als authentisch wahrnehmen, vertrauen wir eher als anderen. Jemand, der sich gibt, wie er ist, ist berechenbarer und gibt uns Sicherheit. Deshalb: Zeigen Sie sich authentisch gegenüber Ihren Mitarbeitern und schaffen Sie so Vertrauen. Zeigen Sie sich als der Mensch, der Sie sind – mit Stärken und Schwächen, mit Ihren Emotionen. Dazu gehört auch, dass Sie Kritik annehmen und auch selbst Fehler zugeben können.

Das macht Sie nicht nur glaubwürdiger, es wird auch andere Menschen dazu bringen, Ihnen offen gegenüberzutreten, wirklich mit Ihnen zu kommunizieren – im wahrsten Sinne des Wortes.

3. Menschlichkeit im Führungsalltag

Was stört den Arbeitsalltag, die Zusammenarbeit im Team? Oft sind es Unsicherheiten, Konflikte und Ängste, die die Menschen belasten und das Arbeiten erschweren. Nichts davon wird sich ganz vermeiden lassen, aber vieles kann verträglicher – für Mensch, Arbeitsklima und letztendlich Produktivität und Ergebnisse – gestaltet werden.

3.1 Klarheit bringt Sicherheit

Gerade in Krisen und Umbruchsituationen herrscht oft große Unsicherheit bei den Beschäftigten. Da gibt es etwa das Statement der Geschäftsführung, man müsse das Unternehmen neu aufstellen, um international wettbewerbsfähig zu bleiben. Da geht das Gerücht um, die Fertigung solle neu organisiert werden. Die Vertriebsabteilung soll ab nächsten Monat neu organisiert werden, aber bis jetzt weiß noch niemand wie.

Eigentlich schon fast logisch, dass dies Fragen und Ängste aufwirft, oder? Doch trotzdem passiert dies tagtäglich. Der einzelne Mitarbeiter weiß oft gar nicht, was das denn konkret für ihn bedeutet. Behält er seinen Arbeitsplatz? Soll sie neue Aufgaben übernehmen? Und wenn ja, welche? Wird er damit klarkommen? Muss er womöglich in eine andere Abteilung wechseln? Und wenn es auch nicht die Person selbst betrifft – allein das Wissen oder die Befürchtung, dass Leute entlassen werden sollen, macht unsicher und schürt Ängste.

Der Stressfaktor für jeden Einzelnen ist hoch. Je länger dieser Zustand der Unsicherheit dauert, desto destruktiver wirkt er. Es gibt Unruhe, die Produktivität sinkt, nicht zuletzt deshalb, weil in den Pausen, auf den Fluren und in den Büros darüber gesprochen wird.

Das ist eine Art der Unsicherheit – die andere ist weniger spektakulär, aber nicht weniger belastend: Da sind Aufgabenverteilung und Kompetenzen unklar. Wer ist eigentlich wofür verantwortlich? Wer hat welche Entscheidungsbefugnis und wann muss der Vorgesetzte eingeschaltet werden?

Je nach Typ können Menschen mit Unsicherheit besser oder schlechter umgehen. Aber immer stört es die Abläufe und letztlich die Ergebnisse. Deshalb: Schaffen Sie Transparenz!

Definieren Sie die Ziele für das Team klar und eindeutig.

Schaffen Sie Klarheit darüber, was genau von wem erwartet wird.

Und: Kommunizieren Sie auch die Ergebnisse. Was hat das Team diesen Monat, dieses Jahr erreicht? Wo sind wir gut, wo hinken wir hinterher? So zollen Sie einerseits Anerkennung und steigern die Motivation. Sie nehmen die Mitarbeiter aber auch mit in die Verantwortung. Lassen Sie Ihre Mitarbeiter auch über den Tellerrand schauen. Wie geht es dem Unternehmen? Kommunizieren Sie Kennzahlen und Ergebnisse. Informieren Sie über die übergeordneten und langfristigen Zielsetzungen. Geben Sie den Mitarbeitern das Gefühl, ein Teil des großen Ganzen zu sein.

3.2 Emotionen gehören dazu

Angst, Unsicherheit, Wut, aber auch Freude – Emotionen sind ein wichtiger Bestandteil menschlichen Lebens. Umso erstaunlicher ist es, dass es im Business oft geradezu verpönt ist, Gefühle zu zeigen, da dies mit Schwäche gleichgesetzt wird. Und wer möchte schon schwach wirken? Insbesondere Führungskräfte möchten Stärke zeigen, immer souverän und unerschütterlich wirken. Dieses aber aufrechtzuerhalten, kostet viel Kraft und Energie.

Und wie wirkt das auf andere? Eine Person, die keine Emotionen zeigt, wirkt schnell arrogant, unnahbar und nicht einschätzbar. Wenn Sie dagegen mitteilen, was Sie bewegt, werden Sie eher Vertrauen und Verständnis ernten. Es gehört Mut dazu, sich verletzlich zu zeigen, keine Frage. Aber es macht Sie menschlich. Und es wird andere Menschen dazu veranlassen, sich Ihnen auch zu öffnen.

Durch offene Kommunikation entsteht ein Klima, in dem auch schwierige Situationen besser gemeistert werden. Angst machende Situationen wirken weniger bedrohlich, wenn man darüber spricht. Unsicherheiten können beseitigt werden.

Und: Freude ist ansteckend und motiviert auch andere. Zeigen Sie Freude über den neuen Auftrag, eine gute Idee – das wirkt mitreißend.

3.3 Konflikte frühzeitig lösen

Konflikte im Team werden von Führungskräften oft ignoriert. Oder man denkt sich: „Das wird sich schon von alleine wieder einrenken. Es geht ja nur um Banalitäten. Die kommen schon alleine klar. Habe jetzt keine Zeit, mich darum zu kümmern."

Manche Dinge renken sich auch wirklich von alleine ein. Viele aber auch nicht, und da wird aus einer Kleinigkeit, sprich „der Mücke", bald der „große Elefant". Konflikte sind nötig. Ohne Konflikte wird sich kein Team weiterentwickeln. Aber unnötige und vor allem ungelöste Konflikte mindern die Produktivität. Auch dauernde kleine Reibereien bewirken großen Schaden. Und sind Konflikte erst einmal eskaliert, sind sie schwierig zu lösen.

Entwickeln Sie Antennen für das Klima in Ihrem Team, schärfen Sie Ihren Blick für aufkommende Konflikte. Und sprechen Sie diese direkt an. Befragen Sie einzelne Mitarbeiter, vermitteln Sie Bedarf und thematisieren Sie, wenn nötig, das Thema im gesamten Team und versuchen Sie, eine Lösung aktiv herbeizuführen. Achten Sie dabei darauf, dass wertschätzend miteinander umgegangen wird.

3.4 Angstfreies Klima schaffen

Es gibt viel Angst im Berufsalltag: Da werden Fehler vertuscht aus Angst vor Kritik vom Vorgesetzten. Oder Probleme nicht angesprochen aus Angst, nicht ernst genommen zu werden. Manch gute Idee wird gar nicht erst vorgetragen aus Angst, ausgelacht zu werden. Das Resultat? Selbst kleine Fehler können zu Katastrophen werden. Probleme werden nicht angegangen, Chancen zur Verbesserung nicht genutzt. Und die gute Idee bleibt ungenutzt.

Angst erzeugt Handlungs- und Entscheidungshemmung. Deshalb: Bemühen Sie sich, Ihren Mitarbeitern die Angst zu nehmen. Wie? Durch Offenheit, Fairness und einen wertschätzenden Umgang. Oder – ganz konkret:

- Wertschätzen Sie alle Beiträge Ihrer Mitarbeiter.
- Ermuntern Sie dazu, die eigene Meinung zu sagen und auch Bedenken zu äußern.
- Machen Sie deutlich, dass Probleme nur dann gelöst werden können, wenn sie auf dem Tisch liegen – so schwerwiegend und unlösbar sie auch zunächst erscheinen mögen.

Und, ganz wichtig:

- Wenn ein Fehler passiert, dann helfen Sie Ihrem Mitarbeiter zuallererst dabei, das daraus resultierende Problem zu lösen. Wenn das geschehen ist, analysieren Sie den Fehler gemeinsam mit dem Mitarbeiter. Vermeiden Sie Anklagen, suchen Sie nach Lösungen – wie kann der Fehler zukünftig vermieden werden?

3.5 Mehr Druck = mehr Leistung – ein Trugschluss

Ehrgeizige Ziele sollen erreicht werden. Die Ergebnisse sind (noch) nicht so, wie sie sein sollen. Sie liegen im Zeitplan zurück. Was tun? Ganz oft lautet die Antwort: Druck machen. Und wenn es dann weiter nicht klappt, noch mehr Druck ausüben. Aber bringt mehr Druck wirklich mehr Leistung? Eben nicht.

Eine kurzzeitige Anspannung wie „jetzt mal Gas geben und den Auftrag heute noch erledigen" kann Kräfte bündeln und die Konzentration fördern. Dauerhafter Druck aber ist kontraproduktiv. Denn zu viel Druck erzeugt Angst. Angst erzeugt Blockaden. Und überforderte Mitarbeiter fühlen sich entmutigt – ohne Mut keine Energie.

Und: Druck erzeugt Gegendruck. Er schafft neue Probleme. Unter zu viel Druck leidet auch der Teamgedanke. Schuldzuweisungen sind an der Tagesordnung. Und wenn mit allen Mitteln ein Ergebnis erzielt werden soll, entsteht oft eher Aktionismus denn besonnenes Handeln. Zurück zum Menschen: Was vermitteln Sie den Menschen, wenn Sie Druck ausüben? Dass sie nur gut arbeiten, wenn man sie antreibt, sprich: dass sie eigentlich faul sind? Motivierend ist das nicht.

Und wie geht es Ihnen, wenn Sie unter Druck stehen und gestresst sind – arbeiten Sie wirklich schneller und besser? Meist ist das Gegenteil der Fall. Das Denken wird schwerer, die Kreativität gebremst. Gelassenheit, einmal tief durchatmen und innehalten, nach Lösungen suchen ist meist die bessere Alternative.

Und genau das sollten Sie tun: Setzen Sie sich mit Ihren Mitarbeitern zusammen, schildern Sie die Lage und suchen Sie gemeinsam nach Lösungen, nach Verbesserungen. So nutzen Sie weit mehr an Potential, das zur Verfügung steht.

4. Führung ganz persönlich

„Wessen wir am meisten im Leben bedürfen, ist jemand, der uns dazu bringt, das zu tun, wozu wir fähig sind."

Ralph Waldo Emerson

Alle Menschen sind gleich? Gleichwertig, aber nicht gleichartig! Auch nicht Ihre Mitarbeiter. Vielmehr sind es Persönlichkeiten, jede ist anders. Und das ist gut so – denn Vielfalt ist bereichernd – für das Team und für die Arbeitsergebnisse. Ein Team aus lauter gleichen Charakteren wird nicht erfolgreich sein.

Und so individuell wie Ihre Mitarbeiter sollte auch Ihre Führung sein. Gehen Sie auf jeden einzelnen ein. Nehmen Sie Ihre Mitarbeiter als Mensch und Persönlichkeit wahr.

4.1 Ihre Mitarbeiter – echte Typen

Welche Persönlichkeiten und Charaktere sind in Ihrem Team? Wie unterscheiden sich Ihre Mitarbeiter voneinander? Da gibt es vielleicht den Forschen, der gerne vorprescht, ohne die Konsequenzen zu bedenken. Oder den Zaghaften, der sich trotz Fachkompetenz wenig zutraut. Die Perfektionistin, die noch mit 120 % nicht zufrieden ist. Die gute Seele der Abteilung, die das Team zusammenhält. Sicher fallen Ihnen noch mehr Beispiele ein.

Und können Sie mit allen diesen Typen gleich umgehen, um gute Resultate zu erzielen? Nein. Vielmehr ist es notwendig, dass Sie sich bewusst machen, was jeder Mitarbeiter braucht, um noch erfolgreicher zu sein. Den Forschen werden Sie eher einmal bremsen müssen und zum Nachdenken bringen. Den Zaghaften ermutigen, sich etwas zuzutrauen. Überlegen Sie, was Ihr Mitarbeiter „braucht"; was ihm hilft seine Aufgaben noch besser zu erfüllen. Was das ist? Es wird sich Ihnen erschließen, je mehr Sie mit dem anderen in Kontakt kommen.

Es gibt eine Reihe von Modellen, die die Persönlichkeiten beschreiben. So zum Beispiel der „Myers Briggs Type Indicator" (MBTI), der „Golden Profiler of Personality" GPOP, das DISG-Modell und andere. Diese Modelle sind sehr hilfreich, wenn es darum geht, sich seiner eigenen und der Persönlichkeit der anderen bewusst zu werden. Es ist empfehlenswert, solch eine Analyse durchzuführen. Eine solche Beschäftigung mit sich selbst erzeugt oft echte Aha-Erlebnisse. Plötzlich werden die eigenen Handlungsweisen und die der anderen klarer.

4.2 In Kontakt bleiben – auf Augenhöhe kommunizieren

Wann haben Sie das letzte Mal länger mit Ihren Mitarbeitern gesprochen? In der Hektik des Alltagsgeschäftes wird oft nur so viel wie unbedingt nötig kommuniziert, Arbeitsaufträge werden erteilt und es wird Bericht erstattet. Zeit für längere Gespräche bleibt oft nicht.

Wenn Sie aber tatsächlich ein Vertrauensverhältnis zu Ihren Mitarbeitern aufbauen und alle im Team so gut wie möglich fördern wollen, sollten Sie sich Zeit für ausführliche Gespräche nehmen. Dies kann zum Beispiel monatlich in einem „Jour fix" geschehen, in dem Sie

- Feedback geben, also Ihrem Mitarbeiter wohlwollend rückmelden was er gut gemacht hat, aber auch, wo noch Verbesserungspotential besteht. Legen Sie Ziele und Maßnahmen für diese Verbesserung fest.
- Welche größeren Aufgaben und Projekte stehen an? Sprechen Sie darüber und beziehen Sie den Mitarbeiter in Entscheidungen ein, die ihn oder seine Arbeit betreffen.
- Wie geht es dem Mitarbeiter mit den anstehenden Aufgaben? Sind alle Schritte klar? Fühlt er sich gerüstet für die Aufgaben oder gibt es noch Fragen und Unsicherheiten? Dann helfen Sie mit Hinweisen – seien Sie der Coach Ihrer Mitarbeiter!
- Ermuntern Sie dazu, Vorschläge einzubringen. Nutzen Sie die Kreativität Ihrer Mitarbeiter.

Wichtig ist, dass der Dialog auf Augenhöhe stattfindet. Das meint nicht, dass Sie Ihre Entscheidungsgewalt abgeben. Sie sind und bleiben Vorgesetzter. Doch auf der Beziehungsebene sind Sie auf einer Stufe – Sie sprechen von Mensch zu Mensch.

4.3 Delegation – an Aufgaben wachsen

„Je besser deine Leute sind, desto höher steigst du auf."

Kenneth Blanchard

Auch mit der Delegation von Aufgaben zeigen Sie Wertschätzung. Mit der Delegation interessanter und herausfordernder Aufgaben geben Sie dem Mitarbeiter die Gelegenheit, sich selbst zu beweisen und an den Aufgaben zu wachsen. Mit der Übertragung einer solchen Aufgabe zollen Sie Anerkennung und zeigen Vertrauen in die Fähigkeiten des Mitarbeiters.

Mit neuen, herausfordernden Aufgaben kann der Mitarbeiter seine bisherigen Grenzen überschreiten und über sich hinauswachsen. Geben Sie ihm Gelegenheit dazu und helfen Sie ihm gleichzeitig (siehe Kapital 4.2) bei der Umsetzung. So machen Sie Ihre Mitarbeiter erfolgreich – und damit auch sich selbst.

Ermutigen Sie dazu, eigene Entscheidungsspielräume zu nutzen und Entscheidungen soweit möglich selbst zu treffen. So stärken Sie die Eigenverantwortung Ihrer Mitarbeiter.

Das ist gerade in Krisenzeiten wichtig. Dann wird sehr oft autoritäre Führung praktiziert nach dem Motto „Jetzt darf nichts schiefgehen. Für Diskussionen ist jetzt keine Zeit". Das demotiviert insbesondere diejenigen, die sich in hohem Maße mit dem Unternehmen identifizieren und sich engagieren. Sich in schwierigen Zeiten nicht einbringen zu dürfen, macht hilflos. Dabei sind gerade dann Kreativität und Engagement aller gefragt. Machen Sie dies deutlich und nutzen Sie die Potentiale.

Gemeinsam sind Sie stark!

---

1 Neue Osnabrücker Zeitung – 13. Februar 2012
2 Definition des Begriffes Empathie: http://de.wikipedia.org/wiki/Empathie
3 Kapitel 2, Joachim Bauer: Prinzip Menschlichkeit – Warum wir von Natur aus kooperieren. Wilhelm Heyne Verlag, München 2008

Aktive Moderation von Veränderungen
von Kai Pörschke

„Nichts ist so konstant wie Veränderungen" – dieser Satz gilt für alle Facetten des modernen Wirtschaftslebens. COOPETITION als Führungsprinzip ist Grundlage für die positive Bewältigung der Veränderungen. Und der Basisfaktor dafür ist deren Aktive Moderation durch die Führungskraft.

Kai Pörschke

Aktive Moderation von Veränderungen

1. Change Management „Aktiv moderieren"

Change Management ist ein sehr weitgehender Begriff. Von der Fusion über die Restrukturierung bis hin zur Änderung einer Vertriebsstrategie – alles läuft über Change Management!

In der Literatur der Universitätsbibliotheken finden sich unzählige Veröffentlichungen zu diesem Thema. Literatur zu diesem komplexen Thema gibt es genügend, wieso jedoch scheitern in der Praxis heutzutage eminent viele Veränderungsprozesse?

Die Antwort auf diese Frage ist sicher sehr differenziert zu betrachten, jedoch in einer Vielzahl der Fälle relativ simpel. Weil Veränderungsprozesse nicht „Aktiv moderiert" werden!

Die „goldene" Change-Management-Regel „Betroffene zu Beteiligten machen" funktioniert häufig noch auf Ebene der Geschäftsleitung. Die Führungskräfte der operativen Ebene und die dazugehörigen Mitarbeiter sind im Wesentlichen die Umsetzer der neuen, tollen Strategien der Geschäftsleitung.

Das Scheitern eines Veränderungsprozesses liegt in der Mehrzahl der Fälle an einer mangelnden Umsetzungsunterstützung auf der operativen Ebene, eben der „Aktiven Moderation"!

Die kommenden Seiten erläutern konkrete Handlungsempfehlungen für Führungskräfte der operativen Ebene. Für Führungskräfte auf Geschäftsleitungsebene ist dies ebenfalls ein Ratgeber für die Begleitung von Führungskräften in Veränderungsprozessen.

Die überwiegende Anzahl der Veränderungsprozesse scheitert heutzutage

Um konkrete Handlungsempfehlungen zu geben, ist dieser Artikel auf Basis des Fallbeispiels „Zusammenlegung zweier Abteilungen" beschrieben. Die gegebenen Empfehlungen lassen sich jedoch für alle Arten von Veränderungsprozessen adaptieren.

1.1 Der große Plan / Zusammenlegung zweier Abteilungen

Das produzierende Unternehmen „Übernehmer" (derzeit 400 Mitarbeiter) hat vor kurzem das Unternehmen „Merger" (derzeit 300 Mitarbeiter) übernommen.
Auf der Vorstandsebene wurde beschlossen, dass u. a. durch die Zusammenlegung mehrerer Abteilungen (Einkauf, Entwicklung, Vertrieb etc.) Einsparpotenziale durch Arbeitsplatzreduktion aufgedeckt werden. Innerhalb der kommenden zwei Jahre sollen die Vorgaben in den jeweiligen Abteilungen umgesetzt werden.

Die Ausgangssituation Vertriebsleiter Claas Müller, 36 Jahre alt, verheiratet, ein Kind, ist auf der Karriereleiter aufgestiegen und wird in diesem Prozess die Vertriebsabteilungen der beiden Unternehmen mit jeweils 20 Mitarbeitern zusammenlegen. Die Reduzierung der Arbeitsplätze in der neuen Abteilung des Herrn Müller beläuft sich auf insgesamt zwei Vollzeitstellen und kann aufgrund eines guten Sozialplanes bereits zu Beginn der Zusammenlegung realisiert werden: Zwei Mitarbeiter werden das Team verlassen. Aufgrund der Größe der neuen Abteilung wurden Herrn Müller die zwei Teamleiter Carsten Pfiffig und Claudia Lang zur Seite gestellt.
Herr Müller berichtet in seiner Funktion an den Bereichsleiter Herrn Zahl. Dieser ist in seiner Funktion dem Vorstand direkt unterstellt.
Die Zentrale ließ bereits wissen, dass die Fusion schnell und zügig durchgezogen werden soll. Der notwendige sozialverträgliche Arbeitsplatzabbau wurde auf Unternehmensebene ebenfalls bereits kommuniziert.
Das Zielbild des Vorstandes sieht in dem neuen Unternehmen für die Zukunft das „Beste Unternehmen am Markt".

1.2 Die Umsetzung durch <u>mich</u>

Claas Müller freut sich sehr über seinen Karrieresprung, hat jedoch auch Bauchschmerzen. Die Frage, ob er die große Herausforderung auch meistern kann, beschäftigt ihn sehr.

Er hat folgende Schwerpunkte/Meilensteine für den kommenden Change entwickelt:

1. Arbeitsplatzabbau von zwei Vollzeitstellen innerhalb von zwei Jahren realisieren
2. Umzug der übernommenen Mannschaft in das eigene, dafür noch umzubauende Firmengebäude
3. Einarbeitung der neuen Mannschaftsteile in vielfach neue EDV-Anwendungen
4. Neuzuordnung der Kunden, um gleiche Berater-/Kundenbeziehungen zu sichern
5. Entwicklung der neuen, leistungsorientierten Kultur in den neuen Mannschaftsteilen der TL Pfiffig und Lang
6. Stabilisierung der Absätze, Halten der wichtigsten (Potenzial-) Kunden, um für späteren Schwenk auf Wachstum die notwendige Kundenbasis zu haben

Zum Start müssen die Schwerpunkte klar sein

Als Hilfestellung im gesamten Veränderungsprozess bekommt Herr Müller, genauso wie die weiteren am Prozess beteiligten Führungskräfte, ein Tool an die Hand. Aus diesem Tool ist ersichtlich, wann er welche Themen innerhalb der zweijährigen Umsetzungszeit anpacken muss.

Von außen betrachtet hat Herr Müller, auch nach Äußerung seines Chefs, alle notwendigen Informationen, um den Change gut zu meistern. Herr Müller hat jedoch auch schon von einem Bekannten eines Konkurrenzunternehmens gehört, der solch ein Projekt aufgrund mangelnder Mitarbeiter-Akzeptanz nicht umgesetzt bekommen hat. Der Bekannte war bis vor kurzem auch noch wegen offensichtlicher Burnout-Symptome in ärztlicher Behandlung.

Herr Müller macht sich, vor dem Hintergrund der anstrengenden Zeit, zunächst einmal einen Plan, woraus ersichtlich wird, welche Meilensteine er bis wann erledigt haben will. Des Weiteren plant er bereits jetzt seine zukünftige Woche anhand von Blockzeiten, um neben den beruflichen Themen sein Familienleben und seine sportlichen Aktivitäten gut innerhalb der Woche hinzubekommen.

	Montag	Dienstag	Mittwoch	Donnerstag	Freitag	Samstag	Sonntag
08:00	Familie	Familie	Familie	Familie	Familie		
09:00	Ergebnisse	Post	Post	Post	Post		
10:00	Post						
11:00							
12:00							
13:00	Gespräch Fr. Lang				Controlling	Sport	Sport
14:00	Gespräch Hr. Pfiffig					Sport	Sport
15:00							
16:00							
17:00			Sport				
18:00			Sport				
19:00							
20:00							

Quelle: tipp eisenhower-prinzip http://www.convek.com

Überblick zu Kompetenzen im Hinblick auf Veränderungen bekommen

Er hatte im Vorfeld gelesen, dass eine gute Work-Life-Balance vor negativen Konsequenzen in Zeiten großer Beanspruchungen schützt.
Über das Eisenhower-Prinzip will sich Herr Müller täglich organisieren. Bevor er morgens mit Terminen beginnt, blockt er sich eine Stunde zur organisatorischen Vorbereitung auf den neuen Tag.

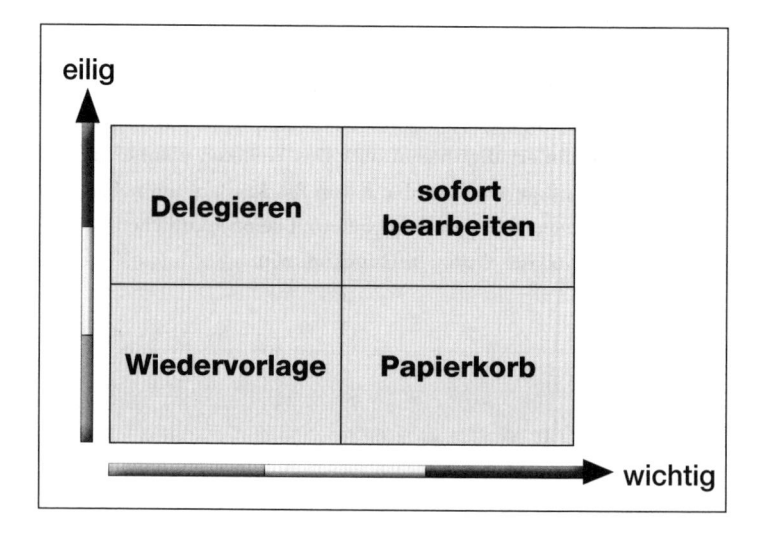

	eilig	
	Delegieren	**sofort bearbeiten**
	Wiedervorlage	**Papierkorb**
		wichtig

Für sich selbst malt Herr Müller ein Bild. Diese Bild zeigt ihn in ca. zwei Jahren (nach erfolgreicher Umsetzung seines Großprojektes!) mit seiner Familie im Florida-Urlaub. Auf dem Bild sticht insbesondere auch seine dann neu erworbene Armbanduhr heraus. Bei einer Familienzusammenkunft bespricht Herr Müller dieses Bild mit Frau und Kind. So sorgt er bereits jetzt dafür, dass es in schwierigen beruflichen Zeiten (z. B. wegen seiner erhöhten Abwesenheiten aufgrund des Jobs) ein gemeinsames Ziel gibt, wodurch es für seine Familie leichter ist, in kritischen Zeiten verständnisvoll zu reagieren. Dieses Bild legt er zu sich ins Büro.

Zu guter Letzt macht sich Herr Müller nochmals ein Bild davon, welche Phasen er bzw. auch seine Mitarbeiter bei Veränderungsprozessen durchleben. Die unterschiedlichen Phasen werden seine vorhandenen Kompetenzen verschieden fordern.

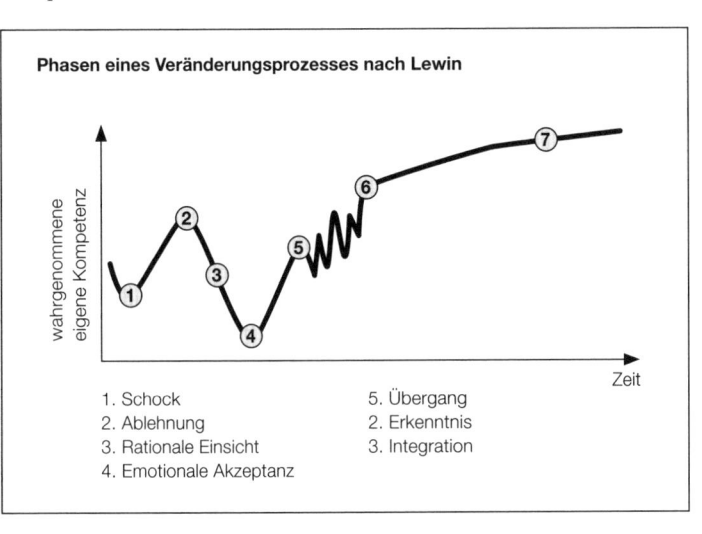

Phasen eines Veränderungsprozesses nach Lewin

1. Schock
2. Ablehnung
3. Rationale Einsicht
4. Emotionale Akzeptanz
5. Übergang
2. Erkenntnis
3. Integration

Mit dem Bewusstsein, persönlich gut vorbereitet in eine spannende und herausfordernde Zeit zu starten, blickt er nun gespannt wieder in Richtung seiner zukünftigen Arbeitswelt.

1.3 Die Sandwich-Funktion

Als Führungskraft der operativen Ebene steht Herr Müller nunmehr im Spannungsfeld zwischen Mitarbeitermotivation und Ergebnislieferungen.

Den eigenen Vorgesetzten mit einbeziehen

Besonders spannungsgeladen können Situationen während eines Change sein. In diesem Fall stellt sich nun die spannende Frage: Wie bekommt Herr Müller sowohl mit Hilfe seiner Teamleiter / Mannschaft, als auch mit seinem Vorgesetzten Herrn Zahl zusammen das oben genannte Spannungsfeld gemeistert?

Ein Muss im Vorfeld des Change ist das klare Äußern von Erwartungshaltungen sowohl gegenüber Teamleitern und Mannschaft wie auch gegenüber Herrn Zahl als seinem Vorgesetzten.

Im ersten Schritt nimmt sich Herr Müller vor, das Gespräch mit seinem Vorgesetzten Herrn Zahl zu suchen. Ziel des Gespräches ist es, neben der Besprechung der in Kürze notwendigen Kick-off-Präsentation zum Startschuss des Change in seiner Abteilung auch konkret die gegenseitigen Erwartungen zu benennen. Herr Müller macht sich im Vorfeld des Gespräches Notizen:

Gegenseitige Erwartungshaltungen vorab klären

1. Herr Zahl als Feedbackgeber – mindestens einmal im Monat komplette Schilderung seiner Sichtweise auf den Fusionsprozess von „außen". Fester Termin im Kalender geblockt!
2. Daran anschließend: Besprechung der weiteren Vorgehensweise bzw. konkrete Besprechung von schwierigen Einzelfällen. Fester Termin im Kalender geblockt!
3. Konkrete Hilfestellung/Rückendeckung anhand von Ideen oder personellen Kapazitäten bei kritischen Situationen im Change.
4. Weiterreichen von erfolgreichen Vertriebsideen, um das Ergebnis konstant zu halten, und zeitweise persönlicher Einsatz von Herrn Zahl im Vertrieb (z. B. Bindungsgespräche mit Top-Kunden oder Übernehmen von administrativen, zeitaufwendigen Themen).
5. Organisation eines Personaltrainers, da es in gewissen Situationen des Changes gut ist, eine neutrale, moderierende Person einzubauen.
6. Herr Zahl ist überrascht von den hohen Anforderungen an seine Person. Um den Change zukünftig auch als seinen Erfolg zu verbuchen, willigt er aber in die Forderungen Herrn Müllers ein.

Herr Müller geht hoch motiviert und zufrieden aus diesem Gespräch, zumal Herr Zahl ihm versprochen hat, sich in der kommenden Zeit in den Gesamtprozess stark mit einzubringen.

Kick-off zur umfassenden Information der betroffenen Mitarbeiter

Im zweiten Schritt bereitet Herr Müller sich mit seinen zwei Teamleitern auf den nun unmittelbar bevorstehenden Kick-off mit der gesamten Mannschaft vor. Beiden Führungskräften hat er im Vorfeld des Gespräches den Auftrag erteilt, sich ebenfalls Gedanken über Erwartungshaltungen an seine Person zu machen. In diesem Gespräch wurden die Wünsche ebenfalls besprochen und soweit für Herrn Müller akzeptabel, stimmt er den Forderungen seiner Leute zu.

2. Die Auswirkungen auf die Mitarbeiter
2.1 Wie entwickelt sich das neue Team?

Der Tag des Kick-off ist gekommen und die Mannschaften, die sich bisher als Konkurrenten am Markt gesehen haben, sitzen nun gemeinsam im neuen Verkaufsbereich. Im Vorfeld gab es bereits einige aus der Mannschaft heraus initiierte Treffen.

Zwei Führungskräfte, zwei Vorgehensweisen

Herr Müller und seine Teamleiter halten die Auftaktpräsentation gemeinsam. Im Wesentlichen erläutert Herr Müller die neue Struktur und die Aufteilung der Mannschaft in zwei gleich große Gruppen, welche den jeweiligen Teamleitern zugeordnet sind, wird vorgestellt. Außerdem gibt er erstmals die Vision „Wir werden das beste Unternehmen am Markt" bekannt. Sein Wunsch ist es, die internen Prozesse innerhalb der kommenden zwei Jahre so schlank umzusetzen, dass die Kunden der neuen Verkaufsabteilungen dem neuen Unternehmen treu und die Ergebnisse weiterhin stabil bleiben. Über den bereits erfolgten Stellenabbau und das somit bereits erledigte Fokusthema informiert Herr Müller ebenfalls. Die zwei Teamleiter erklären im Anschluss daran die weiteren Meilensteine des gesamten Veränderungsprozesses, vom kurzfristig geplanten Umzug in die neuen Räumlichkeiten bis zur Einführung einer neuen EDV und Anpassung der neuen Kunden-/Beraterzuordnungen, da innerhalb der beiden Unternehmen die Betreuungsspanne pro Mitarbeiter zwischen 100 und 400 Kunden liegt.

Im Rahmen des Kick-off wurden somit die wesentlichen Schritte für die kommenden zwei Jahre bekannt gegeben. Nun stehen kurz darauf Frau Lang und Herr Pfiffig vor der Herausforderung, sich mit ihren Gruppen zusammenzufinden, um die Umsetzung auf der operativen Ebene zu besprechen.

Frau Lang erläutert in der ersten Teamrunde genau ihr Verständnis bzw. ihre Erwartungshaltung zur Umsetzung der gemeinsamen Herausforderungen. Sie war vor der neuen Aufgabe als Teamleiterin in der internen Revisionsabteilung tätig. Aus diesem Grund ist sie es auch gewohnt, anhand von klaren Arbeitsanweisungen und Prozessen zu führen. So erwartet sie von jedem Mitarbeiter in ihrem Team vollen Einsatz, verantwortungsvolles Handeln und ein reibungsloses Umsetzen der neuen Prozesse.

Der Bezug der neuen Räumlichkeiten und die Neusegmentierung der Kunden in die rechnerisch passende Kunde-Berater-Relation nimmt Frau Lang nach eigenständiger Planung vor. Aufgrund ihrer guten Excel-Kenntnisse sind die Kapazitäten passgenau verteilt. So hat jeder Mitarbeiter rein rechnerisch nahezu dieselbe Kunden- und Umsatzverantwortung. Zur Stabilisierung der Ergebnisse bespricht Frau Lang mit jedem ihrer Vertriebsmitarbeiter die neu zu erstellende Zielvereinbarung. Aufgrund der vorher klar sortierten Kunden-Berater-Verantwortlichkeiten ist die Zielvereinbarung bei allen Mitarbeitern gleich.

Im weiteren laufenden Veränderungsprozess kommt es zur Diskussion über die konkrete Vorgehensweise bei der Erstattung von fälschlicherweise belasteten Portogebühren, welche vor allem bei Kunden des übernommenen Unternehmens vorkommen. In der derzeit bestehenden Arbeitsanweisung zur Vorgehensweise bei Gebührenerstattungen ist eindeutig geklärt, dass Gebührenerstattungen grundsätzlich durch den zuständigen Teamleiter im Vorfeld zu genehmigen sind. Ein Mitarbeiter, Herr Franz, warnt davor, diese konkrete Anweisung so umzusetzen, da bei der derzeitigen Vielzahl der Fälle eine riesige administrative Tätigkeit auf die Vertriebsmitarbeiter zukommt. Diese Zeit stünde dann nicht mehr für Kundengespräche zur Verfügung. Frau Langs klare Ansage zu dieser Problematik: „Ich gebe dieses Problem gerne an die Zentrale zur Klärung weiter. Sobald eine neue Anweisung zu diesem Sachverhalt vorliegt, werde ich diese sofort weiterleiten." Bis dahin bittet sie in aktuellen Fällen um vorherige Rücksprache mit voraussichtlich anschließender Abzeichnung durch sie.

Auch Herr Pfiffig setzt sich kurz nach dem Kick-off mit seiner neuen Mannschaft zusammen. Er erläutert seinem Team, dass er wie folgt vorgehen möchte:

1. Entwicklung der besten Verkaufsabteilung am Markt über folgende Schritte:

a) Entwicklung durch Formung einer Mannschaft über Teamentwicklungsuhr

Klare und offene Kommunikation der Führungskraft legt den Grundstein für nachhaltigen Change

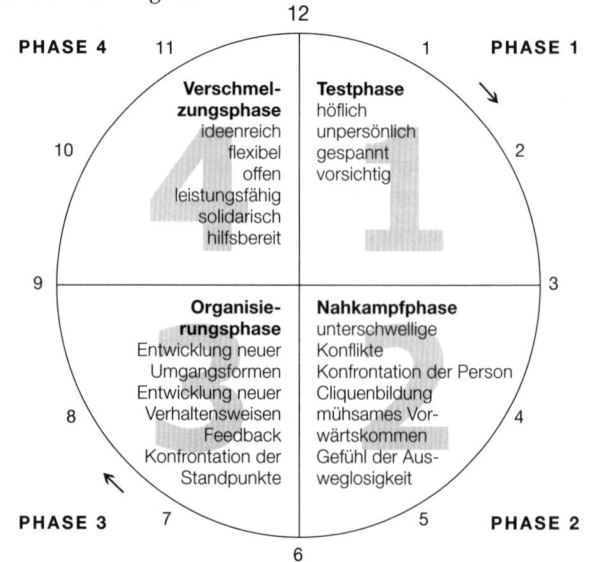

PHASE 4 — Verschmelzungsphase: ideenreich, flexibel, offen, leistungsfähig, solidarisch, hilfsbereit

PHASE 1 — Testphase: höflich, unpersönlich, gespannt, vorsichtig

PHASE 3 — Organisierungsphase: Entwicklung neuer Umgangsformen, Entwicklung neuer Verhaltensweisen, Feedback, Konfrontation der Standpunkte

PHASE 2 — Nahkampfphase: unterschwellige Konflikte, Konfrontation der Person, Cliquenbildung, mühsames Vorwärtskommen, Gefühl der Ausweglosigkeit

Quelle: Shmart teamentwicklungsuhr:1 http://www.format.de

b) Erarbeitung von gemeinsamen, klaren Spielregeln
c) Regelmäßige und feste Gesprächszeiten sowohl mit jedem Mitarbeiter als auch mit dem Team pro Woche
d) Individuelle Steuerung eines jeden Mitarbeiters und optimaler Einsatz der Stärken jedes Einzelnen
2. **Entwicklung eines gemeinsamen Zielbildes der neuen Verkaufsabteilung anhand der Frage: Wie wollen wir als Mannschaft der neuen Verkaufsabteilung am Markt und im eigenen Unternehmen wahrgenommen werden?**

Die festen Gesprächszeiten mit seinen Mitarbeitern nutzt Herr Pfiffig, um mit jedem Einzelnen seinen ersten Entwurf der zukünftigen Sitzordnung bzw. die Neusegmentierung der Kundenbestände zu besprechen. Auf der Umschlüsselungsliste des Kollegen Clever steht ein Großkunde des Hauses. Mit diesem hat Herr Clever bereits seit 10 Jahren zusammengearbeitet. Herr Clever ist momentan mit dem Kunden wegen eines großen Abschlusses in engem Kontakt. Eine Umschlüsselung zum jetzigen Zeitpunkt würde aufgrund der vorhandenen Konkurrenzsituation am Markt den Abschluss gefährden.

Herr Pfiffig streicht diesen Kunden umgehend von der Liste und vereinbart mit Herrn Clever eine zeitnahe Kommunikation über das heiße Eisen im Feuer.

Unrunde Prozesse während des Change pragmatisch und kompetenzgerecht lösen

Die fälschlicherweise erfolgte Belastung der Portogebühren bewegt auch die Gemüter in der Verkaufsabteilung des Herrn Pfiffig. Herr Pfiffig hängt sich zu diesem Fall auch gleich ans Telefon, ruft Herrn Müller an und vereinbart mit diesem, die Kompetenz zur Rückerstattung der Portogebühren an alle Vertriebsmitarbeiter zu delegieren. Herr Müller freut sich, dass er in diesem Problemfall schnell helfen konnte und die Mitarbeiter wieder mehr Zeit für ihre Kunden haben, anstatt Erstattungsanträge zu schreiben.

Ziele im gemeinsamen Dialog festlegen

Bei der neuen Zielvereinbarung erläutert Herr Pfiffig jedem seiner Angestellten zunächst einmal das Gesamtziel des von ihm verantworteten Bereichs, um im Anschluss daran mit jedem über die eigenen Vorstellungen zu sprechen. Von den Gesprächen ist er sehr überrascht, da viele Zielvorstellungen seiner Mitarbeiter exakt seiner Erwartungshaltung entsprechen. Im Falle der Uneinigkeit bei der Zielfindung geht er mit dem Mitarbeiter in den gemeinsamen Austausch. Seine Erwartungshaltung wird er bei den Gesprächen durchsetzen, macht sich jedoch Vermerke bei Besonderheiten auf etwaigen Beraterplätzen. So kann er im Kommenden die Zielerreichung unter Berücksichtigung von Besonderheiten individuell und gerecht gewichten.

2.2 Veränderungen auf Mitarbeiterebene

Veränderung angesagt bedeutet nicht gleich umgesetzt

Vor kurzem wurde im Rahmen der Fusion die Neuentwicklung des Kundenberatungstools „Bedarf" vorgestellt. Diese Software soll es den Beratern erleichtern, die Bedarfe der Kunden übersichtlich, einfach und komplett während des Gespräches zu ermitteln. Der Einsatz des neuen Tools ist ausgiebig getestet worden und soll nach den Vorstellungen des Vertriebsleiters Herrn Zahl verbindlich in jedem Kundengespräch eingesetzt werden. Herr Zahl beauftragt mit Beginn des Tool-Einsatzes ein entsprechendes Controlling, welches die stückzahlmäßige Nutzung des Programms pro Vetriebsabteilung misst.

Frau Lang war bei der Vorstellung des Programms „Bedarf" dabei. In der nächsten Teamrunde bespricht sie die bei der Neuvorstellung gezeigte 40-seitige Präsentation mit den empfohlenen Vorgehensweisen, Vorteilen und Nutzen des Programms. Etwaige Fachfragen sammelt sie auf einem Flipchart und stellt diese der Fachabteilung zur Verfügung. Zwei Tage später erhält sie von dort die Antworten, welche sie unmittelbar an ihr Team weiterleitet. Jeder Vertriebsmitarbeiter erhält die Anweisung, mindestens fünf Gespräche pro Woche mit dem neuen Tool zu führen. Die Einhaltung dieser Regel wird sie auch wöchentlich kontrollieren, zumal sie selbst Herrn Zahl gegenüber berichtspflichtig ist. In den nächsten Tagen bespricht Frau Lang die ersten Erfahrungen mit der neuen Software. Folgende Einwände kommen hierzu aus der Mannschaft:

1. Früher war alles besser, auch ohne EDV-Einsatz / Hr. Wall
2. Das Tool ist völlig praxisfern / Hr. Grün
3. Die anderen nutzen das neue Tool ja auch nicht / Fr. Grube

Frau Lang nimmt diese Aussagen zur Kenntnis und verweist auf die Seiten 10 und 11 der Präsentation, in der die Vorteile der neuen Anwendung erläutert sind. Der Hinweis von Frau Grube lässt Frau Lang aufhorchen. Den Punkt nimmt sie nochmals mit in die nächste Teamrunde und weist ihre Mitarbeiter erneut auf die klare Arbeitsanweisung hin. Nach ca. acht Wochen zeigt das Controlling die entsprechend gewünschte Anzahl der Tool-Klicks pro Woche. Frau Lang ist zufrieden, dass die Einführung so gut geklappt hat.

Klarheit über die Persönlichkeit der Mitarbeiter macht Lösungen leichter

Herr Pfiffig war ebenfalls bei der Vorstellung des neuen Beratungstools dabei. Neben den Themen auf Mannschaftsebene hat Herr Pfiffig, mit der Zustimmung des Betriebsrates, mit seinen Mitarbeitern an einer von einem Trainingsunternehmen begleiteten Persönlichkeitseinschät-

zung teilgenommen. Es handelt sich dabei um den Golden Profiler of Personality (GPOP). Entwickelt wurde diese Methode durch Richard Bents und Reiner Blank.
Über den GPOP erhielten Herr Pfiffig und seine Mitarbeiter Auskünfte über ihre persönlichen Neigungen, welche sich in insgesamt fünf Kategorien einteilen lassen und folgende Ausprägungen zur eigenen Persönlichkeit beantworten:

Wie nehme ich die Wirklichkeit wahr?
Sinneswahrnehmung – Intuition
Wie nehme ich Energie auf? Extraversion – Introversion
Wie treffe ich Entscheidungen? Analytisch – Werteorientiert
Welche Einstellung zur Außenwelt bevorzuge ich?
Strukturorientiert – Wahrnehmungsorientiert
Wie gehe ich mit Stress um? Anspannung – Gelassenheit

Durch den GPOP wurden die persönlichen Neigungen des Herrn Pfiffig und seiner Mitarbeiter gut sichtbar, so dass sich der Einzelne nicht nur erstaunlich präzise wiedererkennt, sondern auch versteht, warum und wie die Menschen „funktionieren" und warum andere anders sind. Die Mitarbeiter und Herr Pfiffig gingen auf Basis ihrer Erkenntnisse an die vielen umzusetzenden Herausforderungen nun mit einer deutlich besseren Menschenkenntnis heran. Die Teamentwicklung, das Austragen von Konflikten im Change und das Führen von Verkaufsgesprächen wird seit dem Zeitpunkt der Durchführung aus einem ganz anderen Blickwinkel betrachtet und läuft deutlich reibungsloser, nachhaltiger und erfolgreicher.

> **Motive und Ziele der Mitarbeiter mit den Unternehmenszielen in Einklang bringen**

Durch den ergänzenden Einsatz von Motivstrukturgesprächen mit jedem Mitarbeiter hat sich Herr Pfiffig nun sehr gut auf die noch vor ihm stehenden Herausforderungen und deren Umsetzung auf Mitarbeiterebene vorbereitet. In den intensiven und sehr persönlichen Gesprächen nahm sich Herr Pfiffig die Zeit, mit jedem seiner Mitarbeiter über eine Selbst- und Fremdeinschätzung die Motive eines jeden zu erarbeiten. Des Weiteren befasste er sich mit den mittel- und langfristigen Zielen jedes Einzelnen im privaten und beruflichen Umfeld. Diese Gespräche sorgten bei den Mitarbeitern für große Motivation und Herr Pfiffig wusste für sich, welche Motivatoren für die einzelnen Personen wichtig sind bzw. welche Themen er personalseitig in der kommenden Zeit planen konnte.

> **Der Grund hinter dem Grund**

Die Einführung der neuen Beratungsanwendung bespricht Herr Pfiffig mit seiner Mannschaft ebenfalls in der Teamrunde. Im Rahmen der Einzelgespräche kommen nun die folgenden Einwände der Mitarbeiter:

1. Herr Schuster: Früher war alles besser, auch ohne EDV

Herr Pfiffig hat in seinem letzten Führungskräfte-Seminar gelernt, dass hinter einem Grund auch häufig ein weitergehendes Motiv steckt. Die Motive hat er für sich übersichtlich in der „Bedürfnispyramide nach Maslow" zusammengefasst. Aus diesem Grund hinterfragt Herr Pfiffig den Einwand von Herrn Schuster genau.

„Welcher Grund veranlasst Sie zu dieser Aussage?"
„Woran machen Sie das fest?"
„Wieso bewegt Sie diese neue EDV-Einführung so?"

Nach einem intensiven Einzelgespräch mit Herrn Schuster hat Herr Pfiffig herausgefunden, dass neben den fachlichen Hilfestellungen auch noch eine gewisse Unsicherheit des Mitarbeiters vorliegt. Herr Schuster befürchtet, durch ein immer perfekteres EDV-System ersetzt zu werden, um weitere Kosten zu sparen. Diese Sorge konnte Herr Pfiffig seinem Mitarbeiter noch im gemeinsamen Gespräch nehmen, zumal Herr Schuster zu seinen umsatzstärksten Mitarbeitern in seinem Bereich gehört. Das Grundbedürfnis „sicherer Arbeitsplatz" sieht Herr Schuster seit dem Gespräch nicht mehr als gefährdet an. Mit Hilfe eines Trainers arbeitet er seit dem klärenden Gespräch mit seinem Vorgesetzten am professionellen Einsatz des Tools im Kundengespräch.

2. Herr Klaus: Das Tool ist völlig praxisfern

Auch bei diesem Hinweis geht Herr Pfiffig als Vorgesetzter wieder tiefer ins Gespräch. Durch Nachfragen wie:

„Was veranlasst Sie zu dieser Aussage?"
„Wie wird das Tool für Sie einsatzfähiger?"
„Was fehlt Ihnen zum professionellen Einsatz?"

So erfährt Herr Pfiffig auch das hinter dem eigentlichen Grund liegende Motiv des Herrn Klaus. Er möchte für sich mehr Handlungsspielraum beim Einsatz im Kundengespräch und sich nicht im Kundengespräch an den Redewendungen aus dem Handout der Zentralabteilung entlanghangeln. Herr Pfiffig und Herr Klaus vereinbaren noch in diesem Gespräch einen Folgetermin zur gemeinsamen Abstimmung der individuellen Vorgehens- bzw. Einsatzweise der neuen Anwendung in den Kundengesprächen. Diesen Leitfaden stellt Herr Klaus als Best-Practice-Idee der Zentrale zur Verfügung. Daraufhin wird Herr Klaus als Ratgeber des zuständigen Projektleiters in der Zentrale gelistet und kontaktiert. Seinem stark ausgeprägten Wunsch nach Wertschätzung und Individualität beim Einsatz des neuen Beratungstools wird so Rechnung getragen.

3. Frau Höller: Die anderen nutzen das Tool ja auch nicht
Diesen Hinweis nimmt Herr Pfiffig sehr gerne auf. Durch weiteres Nachfragen im Einzelgespräch erklärt sich die Sichtweise Frau Höllers. Dem grundsätzlichen Einsatz der neuen Anwendung steht Frau Höller sehr positiv gegenüber, jedoch merkt sie die Zurückhaltung einiger Kollegen/Kolleginnen und möchte nicht als Abweichler im Team gesehen werden. Ihr Vorgesetzter freut sich über die Offenheit von Frau Höller und bestärkt sie in ihrem Einsatzwillen. Im Nachgang des Gespräches kontaktiert Herr Pfiffig seinen Vorgesetzten Herrn Müller. Sein Wunsch ist es, dass Herr Müller in der kommenden Woche ihm den Rücken freihält, damit dieser in einem einwöchigen „Urlaub vom Büro" sich um die Implementierung des neuen Beratungstools im Vertrieb kümmern kann. In dieser Woche möchte Herr Pfiffig mit jedem seiner Vertriebsmitarbeiter ein Kundengespräch unter Einsatz des neuen Tools führen. Ziel dieser Gespräche ist dabei, einen Einblick in die Gesprächsführung der einzelnen Mitarbeiter zu bekommen und den Einsatz mit dem Kunden zu trainieren. Durch die verbindliche Terminierung hat nun jeder seiner Mitarbeiter die Möglichkeit, die Vorteile der neuen Software zu erkennen und etwaige Stolpersteine aus dem Weg zu räumen. Fr. Höller findet die Vorgehensweise ihres Vorgesetzten sehr gut. Durch die stärkere Implementierung des Tools bei jedem Kollegen/jeder Kollegin kommt sie ihrem sozialen Grundbedürfnis nach Gruppenzugehörigkeit wieder näher und kann die neue Anwendung ohne schlechtes Gewissen einsetzen.

Kultur wird durch zuständige Führungskraft geprägt

2.3 Steuerung der Kultur durch „Aktive Moderation"

In den beiden vorgenannten Kapiteln sind mit Frau Lang und Herrn Pfiffig zwei unterschiedliche Führungsbilder aufgeführt, welche der X-Y-Theorie von Douglas McGregor zugrunde liegen.
Frau Lang verfügt über einen eher autoritären Führungsstil, welcher voraussichtlich der X-Theorie von Douglas McGregor entspringt. Hierin zeigt sich, dass die Mitarbeiter aus Sicht der Führungskraft eher mit Passivität, Desinteresse und Antriebsarmut an Dinge herangehen. Dies bedeutet für den entsprechenden Vorgesetzten einen deutlich höheren Kontrollaufwand und verlängert in einem Change-Prozess die Dauer des Wandels. Die Kultur in der Abteilung von Frau Lang wird durch Zurückhaltung, Warten auf Anweisungen und Abarbeitung von Aufgaben geprägt sein. Ideenreichtum, Verantwortungsübernahme durch Mitarbeiter in kritischen Situationen des Changes werden nicht gezeigt. Alle vorliegenden Problemfälle werden an die zuständige

Führungskraft weitergegeben. Die Nutzung des neuen Beratungstools wird ausschließlich für die Klick-Statistik des Herrn Zahl absolviert. Im Kundengespräch, also sinnstiftend, wird sie jedoch nur in absoluten Ausnahmefällen eingesetzt.

Herr Pfiffig lebt in seiner Führungsrolle eher die Y-Theorie und verfügt somit eher über einen kooperativen Führungsstil. Hierbei geht die Führungskraft eher von eigenmotivierten, leistungsorientierten und verantwortungsvollen Mitarbeitern aus. Der Kontrollaufwand ist niedrig, verbindet sich jedoch mit einem hohen Niveau an Verbindlichkeit in der Umsetzung von Themen. Der Change-Prozess im Rahmen einer Fusion wird durch diesen Führungsstil eher in kürzeren Abschnitten durchlaufen. Reibungen innerhalb der Mannschaft, Probleme beim Einsatz von neuen EDV-Systemen oder Unklarheiten bei Kompetenzen werden durch die offene Kultur im Team schneller zur Sprache gebracht. Die Führungskraft hat hier in der Hektik des Changes die Möglichkeit, aufkommende Probleme schnellstmöglich zu erkennen und Neuigkeiten tief greifend und nachhaltig in der Mannschaft zu implementieren.

3. Fazit

Für die Führungskräfte im operativen Geschäft ist es wichtig, neben der eigenen Work-Life-Balance, der Terminstruktur in der Woche und dem Rückhalt des eigenen Vorgesetzten mit der eigenen Mannschaft gemeinsam die Herausforderungen zu meistern. Die Teamkultur wird im Wesentlichen durch die zuständige Führungskraft und deren Entscheidungen geprägt (jeder Chef bekommt das Team, das er verdient!).

Kooperativer Führungsstil im Change bevorzugt

Beim Autofahren kann man bereits im Mittelpunkt der Kurve wieder beschleunigen, um auf der Geraden die ersten Autos zu überholen. Auch beim Change-Prozess stehen auf dem absoluten Höhe- bzw. Scheitelpunkt des Prozesses die besten Chancen für ein anschließendes dynamisches Wachstum.

Nachhaltig erfolgreiches Change Management muss sich auf Führungskräfte verlassen können, welche es schaffen, über einen kooperativen Führungsstil die vor ihnen liegenden Veränderungen (z. B. Umzüge, EDV-Einführungen, Prozessabläufe etc.) zu bewältigen. Dies gelingt nur, wenn sie aktiv moderieren und so Neuerungen tief greifend und auf der Basis von Persönlichkeitsmustern und Motivstrukturen ihrer Mitarbeiter in deren Arbeitswelt auch wirklich verankern.

Ein autoritärer Führungsstil führt sehr häufig dazu, dass sich Mitarbeiter als reine „Befehlsempfänger" verstehen. Sobald das Controlling bzw. der Druck auf veränderte Verhaltensweisen nachlässt, schleichen sich die alten, unbewussten Verhaltensweisen wieder ein und gefährden den kompletten Wandlungsprozess.

Um im Unternehmen einen Change-Prozess erfolgreich umzusetzen, bedarf es der unabdingbaren Umsetzung der zentralen Aussage „Betroffene zu Beteiligten machen" nach den Vorbildern der Herren Müller und Pfiffig!

Talent Managament als Führungsaufgabe
von Professor Alexander Dürr

Wer als Manager mit COOPETITION Hochleistungsteams entwickeln will, muss Talent Management als seine Führungsaufgabe begreifen. Talente zu identifizieren, sie fürs Team zu gewinnen, zu fordern und zu fördern und bestmöglich in beiden Feldern von COOPETITION zu entwickeln ist damit Basis für den Erfolg des Teams.

Alexander Dürr

Talent-Management als Führungsaufgabe:
Finden, Entwickeln und Halten von Talenten

1. Die Notwendigkeit des Talent-Managements für Führungskräfte

1.1 Talent-Management als Wirkungsfaktor für die Unternehmenszukunft

Aus einer sich immer schneller ändernden Unternehmensumwelt ist eine kontinuierliche Nachwuchsentwicklung nicht mehr wegzudenken. Neben dem technologischen Fortschritt erzeugen vor allem höhere Kommunikationsanforderungen, verbunden mit dem Ausbau der Sprachkompetenzen, einen immer höheren Leistungsdruck bei den derzeitigen und zukünftigen Mitarbeitern in der Wirtschaft. Dabei spielen vor allem persönliche Qualifikation und Motivation der Mitarbeiter die entscheidende Rolle für den Erfolg des Unternehmens. Wissen, Können und Einstellung sind dabei nach wie vor die entscheidenden Faktoren für eine erfolgreiche Gestaltung der Zukunft. Hinzu kommt die demografische Entwicklung eines sich auch international verschärfenden Trends zum „war for talents". Die Zahl der verfügbaren qualifizierten Führungskräfte wird demografiebedingt in den nächsten 40 Jahren deutlich zurückgehen, während sich die Nachfrage nach qualifizierten Nachwuchs- und Führungskräften im In- und Ausland erhöhen wird. Da die Baby-Boomer-Generation der 60er Jahre des vergangenen Jahrhunderts im kommenden Jahrzehnt sukzessiv aus dem Arbeitsprozess ausscheidet, gewinnt die strategische Nachfolgeplanung für alle Unternehmen an Bedeutung. Hierfür tragen vor allem die Führungskräfte die Verantwortung, weil sie die Zukunfts-

Qualifikation und Motivation als Erfolgsfaktor

Talent-Förderung als Führungsaufgabe

fähigkeit des Unternehmens gewährleisten müssen. Nachwuchsentwicklung im Allgemeinen und Talent-Förderung im Speziellen sind integrativer Bestandteil jeder Führungsaufgabe. Da jedoch nicht nur prinzipiell das Qualifikationsniveau aller Mitarbeiter angehoben werden soll, sondern auch Spitzenleistungen mehr denn je über den Erfolg eines Unternehmens entscheiden, reicht es heute nicht mehr aus, in der Breite zu fördern. Auch die Begabten und Hochbegabten gilt es mit all ihren Fähigkeiten und Eigenschaften anzusprechen und individuell zu fördern. „Auf der Suche nach Spitzenleistungen" war ein berühmter und sehr erfolgreicher Buchtitel in den 80er Jahren, der neben absoluter Kundenorientierung u. a. Förderung und Weiterentwicklung der Mitarbeiter, ihren Begabungen entsprechend, in den Mittelpunkt stellte.

1.2 Strategische Personalplanung in einer sich ändernden Welt

Steigende Anforderungen an Mitarbeiter

Eine dynamische Umwelt und die Internationalisierung von Ressourcen, Märkten und Kunden führen zu ständig steigenden Anforderungen an Mitarbeiter im Allgemeinen und Führungskräfte im Besonderen.

Vor allem kleine und mittlere Unternehmen (KMU) haben häufig Probleme damit, extern Nachwuchs- und Führungskräfte in ausreichender Zahl und Qualität zu rekrutieren. Vor diesem Hintergrund gewinnt die Besetzung von vakanten Stellen im Unternehmen durch intern qualifizierten Nachwuchs an Bedeutung.

Für Personalarbeit im Allgemeinen und Nachwuchsentwicklung im Besonderen wird dabei das so genannte „Employer Branding" immer wichtiger. Dieser Begriff stammt aus der Markenpolitik und benennt den entscheidenden Wert des Produkt-Images für den Kaufentscheidungsprozess. So wie sich die Attraktivität von Produkten messen lässt, kann auch die Attraktivität gemessen werden, die ein Unternehmen als Arbeitgeber ausstrahlt. Als Messwerte gelten Parameter wie Tradition, Individualität und generelle Attraktivität.

Veränderte Einstellungen zur Arbeitswelt

Aber auch die sich verändernden Ansichten und Einstellungen einer ganzen Generation tragen dazu bei, dass Talent-Management in Zukunft vor großen Herausforderungen steht. Es handelt sich dabei um die Generation Y, die Geburtenjahrgänge der 80er Jahre des vergangenen Jahrhunderts. Diese zeichnet sich aus durch ein verändertes Konsumverhalten einerseits, aber auch durch eine sich ändernde Einstellung zur Erwerbsarbeit. Hierunter fallen insbesondere eine veränderte Karrierestrategie und eine abnehmende Loyalität gegenüber Arbeitgebern. Die Bindungswilligkeit an ein Unternehmen nimmt deutlich ab. Unternehmenskultur und Image des Arbeitgebers werden immer wichtiger, emotionale Aspekte des Arbeitgeberangebots gewinnen an Bedeutung. Arbeitgeber müssen sich hierauf künftig einstellen.

Hinzu kommt ein sich veränderndes Arbeitsverhalten bei jungen Fach- und Führungskräften. Themen wie Sabbatical und Work-Life-Balance sind heute bei jungen Arbeitnehmern durchaus Bestandteil ihres Lebensentwurfs. Projektarbeit wird so zunehmend integraler Bestandteil des Arbeitsalltags. Zudem spielen die Vereinbarkeit von Beruf und Familie eine immer stärkere Rolle bei Nachwuchskräften. Auch hierauf muss die strategische Personalplanung der Zukunft vorbereitet sein.

1.3 Die Anforderung an die Fach- und Führungskräfte von morgen

Was aber kommt auf die zukünftigen Leistungsträger in Fach- und Führungsfunktionen zu?

Die fortlaufende Technologisierung unserer Arbeitswelt führt zu immer höheren Ansprüchen an Flexibilität und Mobilität künftiger Leistungsträger. Erreichbarkeit und Verfügbarkeit von Mitarbeitern werden zeitlich und räumlich (auch international über mehrere Zeitzonen hinweg) immer stärker ins Gewicht fallen. Der bevorstehende Rückzug der Baby-Boomer-Generation wird zu erheblichen Veränderungen führen. Insbesondere stellt sich die Frage, wie Arbeit zukünftig geplant, organisiert und ausgeführt werden soll. Dies hat sicherlich auch weit reichende Konsequenzen für die zukünftigen Führungskräfte in Unternehmen. Stehen ihnen doch künftig Bewerber gegenüber, die häufig völlig andere Vorstellungen von ihrem Leben, ihrer Arbeit und ihrer Karriere ins Berufsleben mit einbringen.

Neues Lebens-, Arbeits- und Karriere-Verständnis

Dabei spielen Faktoren wie Standort des Unternehmens, Infrastruktur, Shopping-Möglichkeiten, Nähe zum Wohnort, Ausstattung des Arbeitsplatzes und Möglichkeit der Teilhabe an sozialen Netzwerken auch während der Arbeitszeit eine immer größere Rolle. Zudem verschwimmen die Grenzen zwischen Freizeit und Arbeitszeit. Auch am Abend ist man noch erreichbar, während der Arbeitszeit wird privat gesurft und telefoniert. Für die junge Generation sind dies Selbstverständlichkeiten, die sie von ihrem zukünftigen Arbeitgeber erwarten und an ihrem Arbeitsplatz voraussetzen.

Das Talent-Management der Zukunft gliedert sich daher in die Bereiche
1.) Darstellung des eigenen Unternehmensprofils
2.) Ansprache geeigneter Talente
3.) Auswahl und Positionierung
4.) Talent-Entwicklung
5.) Bindung an das Unternehmen
Aufbauend auf einer vorhandenen Darstellung des Unternehmensprofils soll auf die Punkte 2.) bis 5.) nun nachstehend im Einzelnen näher eingegangen werden.

2. Wie finde und rekrutiere ich als Führungskraft Talente?
2.1 Die Ansprache von externen Kandidaten

Die Bedeutung der Arbeitgebermarke

Wer erfolgreich junge Talente ansprechen will, braucht eine attraktive Arbeitgebermarke als Adresse, die die Rekrutierung hoch qualifizierter und talentierter Mitarbeiter sicherstellt. Das suchende Unternehmen muss attraktiv erscheinen – einem begehrten Konsumprodukt quasi vergleichbar. Der Suchende wiederum erwartet, dass ein attraktiver Arbeitsvertrag auch durch Inhalte und Qualitäten seitens des Unternehmens garantiert wird.

Grundlage einer jeden Personalsuche ist dabei die Stellen- und Aufgabenbeschreibung, die auf den exakt definierten Kernkompetenzen des Unternehmensprofils beruht. Erforderliche Eigenschaften, die ein Kandidat mitbringen muss, können so abgeglichen werden. Ein Suchprofil wird erstellt, das über viele Kanäle kommuniziert werden kann. Solche Kommunikationskanäle sind z. B. Unternehmensslogans, Zeitungsannoncen, Personal- und Job-Messen, Social Media 2.0, Dateien von Headhuntern, Plakate in Hochschulen, Firmenkontakt-Gespräche an Hochschulen, Tag der offenen Tür, aber auch konkrete Abwerbungen von Wettbewerbern, Praktika, Vergabe von Abschlussarbeiten und Trainee-Stellen. Aber auch Aktionen wie „Mitarbeiter werben Mitarbeiter", die eine Weiterempfehlung nach sich ziehen, sind ein geeignetes Medium der externen Kandidaten-Ansprache.

2.2 Die Rekrutierung interner Talente

Hierbei geht es darum, die noch nicht identifizierten – also unbekannten – Talente im eigenen Unternehmen gezielt anzusprechen. Als

Informationskanäle bieten sich das Schwarze Brett, der interne Stellenmarkt (online und offline) oder auch die Mitarbeiterzeitschrift an. Auch spezielle Instrumente der Personalarbeit wie interner Headhunter, regelmäßige Assessment-Center oder systematische Auswertung von Mitarbeiter-Beurteilungen sind geeignete Mittel, noch unentdecktes Potential an Nachwuchs-, Fach- und Führungskräften zu finden und anschließend gezielt anzusprechen. Die Führungskraft sollte nicht alle, aber doch einige dieser Quellen nutzen. Eine vertrauliche Zusammenarbeit mit der Personalabteilung im Allgemeinen und der Personalentwicklung im Besonderen ist dabei unabdingbar.

Die gezielte Ansprache interner Mitarbeiter

2.3 Die Talent-Erkennung und die Identifizierung von Kandidaten

Ist sich das Unternehmen über die Anforderungen an einen Kandidaten im Klaren, so geht es danach darum, das Führungspotenzial sowohl externer Bewerber als auch von Kandidaten unter den eigenen Mitarbeitern zu identifizieren.

Hierbei sollten zunächst die schon im Unternehmen befindlichen Informationen über die externen Bewerber gesichtet werden (Bewerbungsunterlagen z. B.) und bei internen Kandidaten die bestehende Personalakte mit allen ihren Informationen herangezogen werden. Klassische Hilfsmittel für die Talent-Sichtung sind dabei:

Die Instrumente der Talent-Sichtung

1.) Das Einstellungsgespräch
2.) Das Mitarbeitergespräch
3.) Assessment-Center
4.) Psychologische Gutachten
5.) Interviews
6.) 360-Grad-Feedback
7.) Selbsteinschätzung des Mitarbeiters
8.) Bewährung in der Praxis

Liegen diese Informationen vor, ist ein Bewerbermanagement-Prozess notwendig. Dieser zielt darauf ab, in einem standardisierten Prozess sowohl verhaltensspezifische (die Einstellung betreffend) als auch kompetenzbasierte (das Wissen und Können betreffende) Eigenschaften der Kandidaten abzufragen. Diese Ergebnisse müssen daraufhin mit dem Aufgaben- und Stellenprofil des Unternehmens abgeglichen werden, um größtmögliche Übereinstimmung zu sichern.

Das Matching von Soll und Ist

3. Wie entwickle ich Talente für meinen Erfolg?

3.1 Schwächen erkennen und Stärken entwickeln

Hierbei stellt sich immer die Frage, inwieweit bei jedem Menschen zwangsläufig vorhandene Schwächen abgebaut und gleichzeitig vorhandene Stärken weiterentwickelt werden können. Dabei kommt es insbesondere auf die direkte Führungskraft an, deren Aufgabe es ist, dafür zu sorgen, dass ein Mitarbeiter in der Organisation selbstbewusst handelt, sich entfaltet und seine Fähigkeiten voll zum Wohle des Unternehmens einbringen kann. Führung in diesem Kontext heißt auch, bestmögliche Rahmenbedingungen für den Erfolg seines Mitarbeiters zu schaffen und ihn so angemessen zu fördern. Nur ein erfolgreicher Mitarbeiter ist auf Dauer auch ein zufriedener Mitarbeiter, der sich langfristig für den Unternehmenserfolg einsetzen und engagieren wird. Hierzu gehört auch, dass die Führungskraft die organisatorischen Rahmenbedingungen optimal ausgestaltet. Erst dann kann ein Mitarbeiter seine Potentiale abrufen und in Kreativität und Produktivität ummünzen. Dabei spielen vor allem Herausforderungen eine große Rolle. Denn der Mensch wächst und entwickelt sich mit seinen Aufgaben, und das ein Leben lang.

Optimale Rahmenbedingungen und Fördermaßnahmen

Solche Aufgaben sollten immer stärkenorientiert sein und damit einen Ansporn zur persönlichen und fachlichen Weiterentwicklung bieten. Stärkenorientierung sollte dabei als Grundhaltung jede Führungskraft auszeichnen. Dabei gilt es, die Gefahr der Überforderung ebenso zu vermeiden wie die einer Unterforderung. Für die Führungskraft bedeutet dies, Stärken von Mitarbeitern früh zu erkennen und zu fördern, aber auch Schwächen des Menschen zu kennen und zu akzeptieren. Denn Führung sollte immer sowohl aufgaben- als auch stärkenorientiert praktiziert werden.

Fördern von Stärken, Akzeptieren von Schwächen

3.2 Förderprogramme gezielt einsetzen

Vor allem bei Großunternehmen ist seit vielen Jahren der Talent-Pool als wichtiges Instrument bekannt und im Einsatz. Identifizierte Talente werden dabei organisatorisch in einer Gruppe zusammengefasst, die sich regelmäßig trifft und von den Führungskräften im Unternehmen mit Projektaufgaben betraut wird. Die Führungskräfte übernehmen dabei häufig auch das Monitoring und Mentoring für die Nachwuchskräfte.

Für Talente in einem solchen Förder-Pool geht es dabei darum, fachliches und methodisches Führungswissen zu erwerben. Daneben sollen soziale und persönliche Führungskompetenz entwickelt, geübt und gefestigt werden. Hierbei wird häufig die so genannte Kompetenzpyramide eingesetzt. Diese zeigt uns die verschiedenen Stufen der Entwicklung von Talenten von der Stufe der Persönlichkeit über Verhaltenskompetenzen bis hin zu Fach- und methodischen Kompetenzen. An der Basis angesiedelte Kompetenzen sind dabei nicht oder nur sehr eingeschränkt beeinfluss- und entwickelbar. Auf der mittleren Stufe der Verhaltenskompetenzen muss am stärksten interaktiv mit gezieltem Training und Coaching gearbeitet werden. In der obersten Stufe, der Fachkompetenz, reichen dagegen oftmals selbstgesteuertes Lernen, Literaturstudium oder Fachlehrgänge zur Kompetenzerweiterung aus. Dabei sollten diese Maßnahmen immer individuell auf den aktuellen Entwicklungsstand des Talentes abgestimmt werden.

Talent-Pool als Förderinstrument

3.3 Perspektiven für eine gemeinsame Zukunft schaffen

In diesem Zusammenhang muss auch auf die Wichtigkeit einzelner personalwirtschaftlicher Maßnahmen hingewiesen werden. Eine besondere Rolle spielt dabei die Laufbahn- oder Karriereplanung. Ziel einer jeden Führungskraft sollte es sein, aus einem Talent mit hohem Potential einen Leistungsträger für Fach- und Führungsaufgaben zu formen. Orientierung und Begleitung gehören unbedingt dazu. Der zu fördernde Mensch muss seine Laufbahn- und Karriereziele definieren können, um zielstrebig an sich und seinen Fähigkeiten zu arbeiten. Es müssen regelmäßig so genannte „milestones" eingebaut werden, Zwischenstopps, die das Erreichte reflektieren und vereinbarte Ziele gegebenenfalls neu justieren. Der Führungskraft kommt also die Aufgabe zu, einen beruflichen Werdegang zu entwerfen, der im Lichte der aktuellen Entwicklung der Nachwuchskraft von Zeit zu Zeit überprüft und eventuell neu angepasst werden muss. Das Talent muss permanent ein Zielbild seines zukünftigen Aufgaben- und Arbeitsgebietes vor Augen haben. Nur so ist es möglich, zukünftige Leistungsträger dauerhaft an das Unternehmen zu binden.

Die Laufbahn- und Karriereplanung

4. Das Halten von Talenten als Aufgabe der Führungskraft

4.1 Materielle und immaterielle Anreizsysteme

In einer Welt voller Möglichkeiten wird es zukünftig nicht einfach, erfolgreiche, leistungsbereite und talentierte Mitarbeiter auf Dauer im Unternehmen zu halten.

Mitarbeiterbindung versus Mitarbeiterrekrutierung

Noch immer ist der Faktor Mitarbeiterbindung gegenüber der Mitarbeiterrekrutierung deutlich unterrepräsentiert. Wobei es allgemein deutlich leichter ist, vorhandene Leistungsträger an das Unternehmen zu binden, als diese extern erst einmal zu rekrutieren. Zudem sind externe Rekrutierungen von Experten oftmals mit einer Wechselprämie in Form von deutlich höheren Gehaltszusagen verbunden, die bei vorhandenen Mitarbeitern zumeist nicht oder nur in beschränktem Umfang nötig sind.

Materielle Anreize könnten dabei nicht nur zu zahlende Bruttoentgelte sein, die marktgerecht ausgestaltet und als gerecht empfunden werden, sondern auch eine stärkere Erfolgsbeteiligung durch Boni und Gratifikationen. Das Grundgehalt muss dabei leistungsorientiert ausgestaltet werden. Der Trend bei der Bezahlung von Fach- und Führungskräften geht eindeutig weg vom Altersprinzip (Seniorität) hin zum Leistungsprinzip.

Ein strukturiertes Bindungs- und Retention-Management muss immer die Frage stellen, warum talentierte Mitarbeiter einen Wechsel des Arbeitgebers in Erwägung ziehen. Ist es die fehlende Übereinstimmung von persönlichen und Unternehmenszielen? Liegt es an der Führungsqualität bzw. -kultur? Oder fehlen ansprechende und herausfordernde Laufbahn- und Karrieremodelle?

Motive für den Arbeitgeberwechsel

All diese Motive haben keine Ursache in der materiellen Vergütung des talentierten Mitarbeiters, sondern liegen in seinem Umfeld begründet. Es ist daher wichtig, richtige, wirksame Instrumente der Mitarbeiterentwicklung einzusetzen, die i.d.R. auf immaterielle Anreize bauen. Paten- und Mentoring-Programme sowie Karriere-Coaching sind Instrumente, die von jungen Nachwuchskräften ebenfalls häufig als wichtig und sinnvoll im Rahmen ihrer persönlichen Entwicklung gesehen werden. Aber auch die Möglichkeit, mittels Job-Enrichment und Job-Rotation seinen Erfahrungshorizont zu weiten, wird von jungen Mitarbeitern oftmals sehr geschätzt. Und letztendlich können Incentives eine wichtige Rolle spielen, vor allem für die erlebnisorientierten Mitglieder der Generation Y, für die das Stichwort „Spaß an der Arbeit" einen hohen Stellenwert hat.

4.2 Lebenslanges Lernen fördern

Leistungsbereite Mitarbeiter, die herausfordernde Aufgaben als motivierend empfinden, sollten ihre Fähigkeiten nicht nur im Tagesgeschäft unter Beweis stellen dürfen. Zusätzlich bieten sich Projektarbeit und vor allem die inner- und außerbetriebliche Weiterbildung an. Auch Studien, insbesondere solche mit internationalem Bezug und interkulturellen Teilnehmern, bieten eine sehr gute Gelegenheit, Sichtweisen zu verändern und Horizonte zu weiten. **Inner- und außerbetriebliche Weiterbildung**

Einerseits sollten somit vorhandene interne Schulungsmaßnahmen genutzt werden, andererseits kann aber bei Bedarf auch auf externe Bildungsangebote zurückgegriffen werden.

Bei der Suche nach qualitativ hochwertigen externen Qualifizierungsangeboten im Bereich der beruflichen Weiterbildung kann dabei das Angebot des Bundesinstitutes für Berufsbildung (BIBB) empfohlen werden. Dieses bietet Empfehlungsratschläge und Checklisten für die gezielte Suche nach externen Lehrgängen, Seminaren, E-Learning- und Blended-Learning-Angeboten.

Auch die externe Weiterbildung mittels eines berufsbegleitenden Studiums gehört zu den Förderinstrumenten. Hierbei sollten aber immer auch die zeitlichen Ressourcen und die persönlichen Lebensumstände des zu fördernden Menschen mit in Betracht gezogen werden. Zudem müssen in einer zunehmend globalisierten Welt die Sprachkompetenzen erweitert und ergänzt werden. Ohne verhandlungssicheres Englisch sowie Grundkenntnisse in Spanisch und Französisch wird es in Europa zunehmend schwerer, sich mit Geschäftspartnern zu verständigen. Dass Russisch und Chinesisch die kommenden Weltsprachen sind, versteht sich da schon fast von alleine. **Sprachkompetenzen und Umgangsformen**

Einhergehend mit der sprachlichen Kompetenz müssen aber auch die Umgangsformen im direkten Kontakt zu Geschäftspartnern zur „Parkettsicherheit" reifen. Hier bietet sich ein Seminarbesuch zum Thema „Auslands-Knigge" an, zugeschnitten auf die kulturellen Anforderungen des jeweiligen Landes. Ganz prinzipiell sollte das Sammeln von interkulturellen Erfahrungen zur Förderaufgabe einer jeden Führungskraft gehören. Wer seinem Talent die Möglichkeit eines Auslandseinsatzes eröffnet, schult seinen talentierten Mitarbeiter nicht zuletzt auch in „cultural awareness".

4.3 Freiräume als Chance zur Weiterentwicklung bieten

Zuletzt soll noch der Aspekt „Führung von Talenten" angesprochen werden. Um unsere potentialstarken Mitarbeiter im Unternehmen zu halten, muss die Führungskraft auf der einen Seite Richtung und Weg der Weiterentwicklung durch sein Führungsverhalten vorgeben, andererseits jedoch auch genügend Freiräume für die individuelle Suche nach neuen Erfahrungen und Kenntnissen bieten. Der Führungsstil muss daher flexibel sein: direktiv und wegweisend in der Orientierungsphase, partnerschaftlich und kooperativ in der Gestaltungsphase. Dies bedingt seitens der Führungskraft ein hohes Maß an „Flexible Leadership", damit das Talent sein volles Potential zum eigenen und zum Nutzen des Unternehmens entfalten kann.

Flexible Leadership

5. Neue Ansätze für das Talent-Management als Teil meiner Führungsaufgabe
5.1 Talent-Management als strategischer Wettbewerbsvorteil

In einer sich wandelnden Arbeitswelt werden personelle Themen zunehmend zum Engpassfaktor für Wachstum und Erfolg von Unternehmen werden. Durch Verknappung des Arbeitskräfte-Angebotes wird es zukünftig verstärkt einen Kampf um die Gewinnung von High Potentials geben. Für wie wichtig dieses Thema bereits heute von einigen Weltmarktführern erachtet wird, lässt sich immer wieder in der einschlägigen Literatur nachlesen. So betrachten z. B. die so genannten „Hidden Champions" (siehe auch: Hermann Simon: „Die heimlichen Gewinner") die Qualifikation und den Willen zur Weiterbildung als eine Grundlage ihrer Wettbewerbsüberlegenheit. Weiterbildung und Unternehmenstreue sind wichtige Grundlagen für die Schaffung überlegener Kompetenzen im Wettbewerb. Sie schaffen es, hervorragende Mitarbeiter zu gewinnen und zu halten. Und dies, obwohl sie zumeist nicht in den Metropolen dieser Welt zu Hause sind, sondern ihre Zentralen und Werke eher in der Provinz liegen. Offenbar haben die heute schon erfolgreichsten Unternehmen die Bedeutung des Talent-Managements erkannt und ihre Personalpolitik und Führungskultur dahingehend ausgerichtet.

Wettbewerbsvorteile dank Talent-Management

5.2 Inhalte einer zukunftsorientierten Personalentwicklung

Besonders wichtig für die Personalentwicklung werden in Zukunft das Entwickeln einer Corporate Identity und ein fundiertes Employer Branding. Unabhängige Studien haben den Zusammenhang zwischen Employer-Branding-Aufwendungen und der Leistungsfähigkeit eines Unternehmens mehrmals bestätigt. Unternehmensattraktivität stellt daher einen wesentlichen Faktor für die erfolgreiche Zukunft des Unternehmens dar.

Viele Studien zeigen aber auch, dass neben dem Unternehmensimage die Unternehmenskultur und die gelebten Führungsgrundsätze sehr wichtig sind. Der erlebbare Mikrokosmos der Nachwuchskraft bindet ihn oder sie viel mehr an das Unternehmen als materielle Anreize und auch mehr als die Unternehmensmarke selbst. Dies wiederum bedeutet konkret, dass gutes Talent-Management viel stärker im operativen Geschäft der Führungskräfte verankert werden und weniger durch die Personalentwicklung geführt werden muss. Deren Aufgabe bleibt das konzeptionelle Erarbeiten von Strategien im Talent-Management, die Umsetzung hingegen ist und bleibt eine originäre Führungsaufgabe.

Führungsgrundsätze wichtiger als Unternehmensmarke

5.3 Talent-Management im 21. Jahrhundert

In Zeiten abnehmenden Arbeitskräfte-Angebotes wird das Finden, Entwickeln und Halten von Nachwuchskräften deutlich an Bedeutung gewinnen. Vor diesem Hintergrund wird die Personalentwicklung und Bindung von Talenten gegenüber der Rekrutierung neuer Mitarbeiter immer wichtiger werden. Dies gilt besonders unter Berücksichtung von Kostenaspekten; geben doch deutsche Unternehmen bisher noch fünfmal mehr Geld für Rekrutierungsmaßnahmen aus als für Weiterbildung und Bindungsprogramme.

Bindung statt Rekrutierung

Gerade im unternehmensinternen Nachfolgemanagement sind die Instrumente des Talent-Managements eine notwendige und wichtige Vorsorge, die zudem aktuellem und zukünftigem Fach- und Führungskräfteschwund wirkungsvoll entgegenwirken. Zumal die Kosten gegenüber der externen Rekrutierung – wie z. B. der Einsatz von Headhuntern zur Gewinnung von Talenten – um ein Vielfaches geringer sind. Nur Unternehmen, denen es gelingt, die Nachwuchs- und Talent-Entwicklung als wichtige Größe mit einem hohen Stellenwert im operativen Geschäft zu implementieren, werden dem schon heute absehbaren Mangel an Nachwuchskräften erfolgreich vorbeugen können.

Talent-Management als integrierter Bestandteil der Führungsaufgabe

6. Zusammenfassung

Ziel dieser Arbeit ist es, dem Leser die Wichtigkeit und Bedeutung der Gewinnung, Förderung und Bindung von Talenten für den nachhaltigen Unternehmenserfolg zu verdeutlichen. Dabei kommt den erfahrenen Führungskräften in den Unternehmen eine zunehmend wichtige Aufgabe zu, nämlich die originäre Aufgabe, den Nachwuchs-Fach- und Führungskräften einerseits Orientierung und Richtung zu geben, aber auch durch Mentoring und Coaching sowie vorbildhaftes eigenes Verhalten den Erfolg der Talent-Entwicklung zu gewährleisten. Nur wenn in Unternehmen von der Unternehmenskultur über die Führungsgrundsätze bis hin zur täglichen Praxis ein kausales Verhältnis und Verständnis des Talent-Managements vorgelebt und praktiziert wird, entsteht für das Unternehmen ein strategischer Wettbewerbsvorteil auf den Märkten dieser Welt.

Werteorientierung als Grundsatz
von Georg Kühler

Sich bei allen Betrachtungs- und Vorgehensweisen an Werten zu orientieren ist eine Grundlage für das Führungsprinzip COOPETITION. Der Autor beschreibt das Weshalb und das Wie dieser Werteorientierung im Kontext verantwortungsvollen Führens.

Georg Kühler

Werteorientierung als Grundsatz

1. Wertedebatte und Suche nach neuer Werteorientierung

Im November 2011 war es in der Tagespresse zu lesen: Versicherungsmakler wollen den Begriff des „Ehrbaren Kaufmanns" wiederbeleben. Mancher Leser mag daraus vielleicht ablesen, dass Ehrbarkeit offenbar nicht das bisherige Streben der Branche darstellte. Einer Branche, die sich selbst in größte Imageprobleme gebracht hat durch Fehlberatungen bei Neuabschlüssen, deren Nutzen für den Versicherungsnehmer objektiv nicht gegeben ist. Der treibende Faktor hinter diesem Geschäftsgebaren waren die hohen Abschlussprovisionen und sie sind es noch.

Für andere Leser kann dies auch ein „Déjà-vu" sein. So hatte es doch schon die US-Untersuchungskommission zur Finanzkrise 2008 festgestellt: Es war die Gier von Finanzkonzernen, die die Welt beinahe in ein Desaster getrieben hat.

Es war die Gier von Finanzkonzernen, die die Welt beinahe in ein Desaster getrieben hat

Die Reaktion der Öffentlichkeit war in beiden Fällen zunächst gleich, nämlich die Forderung nach gesetzlicher Kontrolle und verschärfter staatlicher Regulierung im Allgemeinen, um Schaden zu begrenzen. Interessanterweise hat das aber auch eine Wertediskussion ausgelöst, nicht nur von außen, sondern auch bei den Handelnden selbst, wie das Beispiel um den ehrbaren Kaufmann zeigt.

Zügelloses Gewinnstreben ist aber kein Spezifikum der Finanzwirtschaft. Es war in der deutschen Wirtschaft wie auch in der Weltwirtschaft in allen Bereichen anzutreffen. Hiervon zeugen allzu deutlich etwa die Bestechungs-, Kartell- und Umweltskandale der letzten Jahre. Auch deshalb ist die Wertediskussion wieder voll entbrannt und mit ihr die Frage nach einer neuen Leit- und Führungskultur.

Für die Führungskraft eines Industrieunternehmens stellt sich so schnell die Frage: Welche Konsequenzen ergeben sich für mich und für mein Führungsverhalten, beispielsweise im Fall einer werteorientierten Leitkultur wie der des „Ehrbaren Kaufmanns"?

2. Werte, Kultur und Leitbilder
2.1 Werte im Unternehmensalltag

Wenige sind sich in ihrem Alltag der Werte bewusst, die für sie bestimmend sind. Deshalb hier einmal einige Grundüberlegungen zum Thema „Werte im Alltag".

Gemeinsame Werte sind die Basis von Kultur

Werte sind die Basis für jede Art von Kultur. Kultur entsteht, wenn eine Gruppe von Individuen gemeinsame Werte teilt. Wohlgemerkt: Es handelt sich um gemeinsame, nicht um einzige Werte. Die gemeinsamen Werte treten nur in den Vordergrund – und lassen dadurch weitere, individuelle Werte hinter sich –, wenn wir als Gruppenmitglied auftreten. Im Weiteren soll nun statt „Gruppe" ein Unternehmen oder dessen Teilorganisationen gedacht werden.

Eine kleine Übung kann das komplexe Bild von Individual-versus Gruppenwerten verdeutlichen.

Fragen Sie einmal Mitarbeiter – sagen wir einer Unternehmensabteilung – nach Werten, die ihren Unternehmensalltag mitbestimmen. Arbeiten Sie möglichst per „Brainstorming" und ermuntern Sie zu Spontaneität. Sie werden eine schöne Sammlung von vernünftigen Wertebegriffen erhalten, die in der Regel plausibel zur Fragestellung passen:

z. B. Ehrlichkeit, Respekt, Toleranz, Disziplin, Transparenz, Selbstverwirklichung, Gerechtigkeit, Verdienst, Fairness, Gleichbehandlung, Anerkennung

Die Bandbreite der Wertebegriffe wird tendenziell groß sein, je nach Kreativität der Beteiligten. Aber innerhalb der Sammlung werden Werte sein, die sich situationsbedingt widersprechen können:

z. B. Gleichbehandlung und Selbstverwirklichung

Wird der gleichen Abteilung eine Aufgabe aus ihrem Arbeitsfeld gestellt, insbesondere wenn diese Aufgabe aus einer Abwägung alternativer Problemlösungen besteht, so ändert sich das Gesamtbild der Werte. Das wird immer dann deutlich, wenn ein Beobachter die Wertebegriffe notiert, die in der Diskussion verwendet werden

z. B. *Effizienz, Kosteneinsparung, Termintreue, Ergebnisoptimierung*

Der Individual-Wertekanon hat sich zum Kanon der Gruppenwerte verändert, man könnte sogar sagen, darauf reduziert. Überprüft man die aufgelisteten Wertebegriffe auf sich widersprechende Paare, so wird man kaum mehr Widersprüche feststellen können. Die Gruppenkultur als Teil der Unternehmenskultur deutet sich so an.

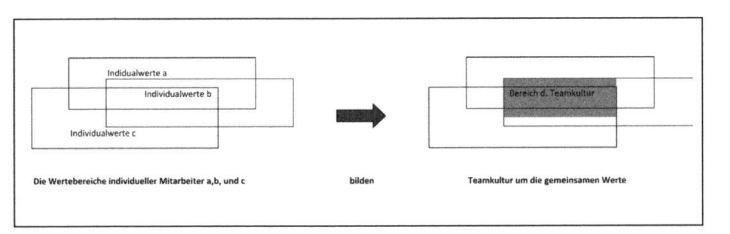

Indidualwerte a		
Individualwerte b	→	Bereich d. Teamkultur
Individualwerte c		
Die Wertebereiche individueller Mitarbeiter a,b, und c	bilden	Teamkultur um die gemeinsamen Werte

Das gleiche Phänomen ist zu beobachten, wenn ein Mitglied sein Umfeld wechselt. Bei der wertebezogenen Sprache kann es erhebliche Unterschiede geben, z. B. zwischen Arbeitsprozess und Sportverein. Man befindet sich eben in unterschiedlichen Kulturen.

Gemeinsame Werte, also eine Kultur, bilden sich automatisch bei jeder erfolgreichen Teambildung heraus, gewissermaßen als Voraussetzung für Teamarbeit. Insbesondere größere Unternehmen bestehen aus vielen Teams, die sich häufig untereinander aufgabenbezogen neu formieren. Man kann sich leicht vorstellen, dass eine gemeinsame Unternehmenskultur schon aus Gründen der Effizienz bei Teambildungsprozessen wünschenswert ist. Hier kommt nun die Aufgabe der Führung ins Spiel.

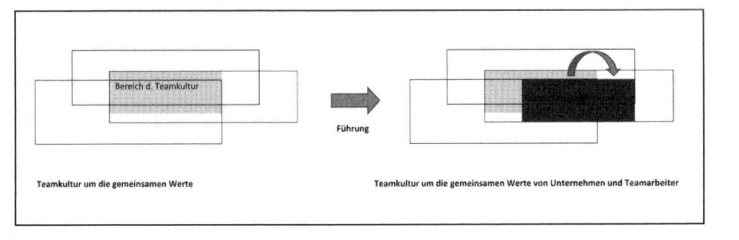

| Bereich d. Teamkultur | → Führung | |
| Teamkultur um die gemeinsamen Werte | | Teamkultur um die gemeinsamen Werte von Unternehmen und Teamarbeiter |

Führung führt den Werteausgleich herbei, um eine Arbeitskultur im größeren Kontext, nämlich das gesamte Unternehmen, zu erreichen. Führung gestaltet so die bestimmenden Werte. Zusammengefasst ist es somit obsolet, die Frage zu stellen, wie Werte ins Unternehmen kommen. Sie sind in jedem Mitarbeiter quasi hinterlegt. Die Herausforderung besteht jedoch darin, Werte als Führungsgrundlage zu begreifen und sie im Sinne des Ganzen zu gestalten.

Führung führt den Werteausgleich herbei, der Arbeitskultur ermöglicht

2.2 Allgemeine Leitbilder der Führung

Führung soll also die Arbeitskultur bestimmen. Aber Führung braucht hierzu im Idealfall auch selbst eine wertebezogene Orientierung, zumindest aber ein allgemeines Leitbild. Selbst die Versicherungsbranche hat sich mit einem allgemeinen Leitbild dorthin manövriert, wo sie heute steht.

Wohl das am meisten prägende Leitbild des globalen Unternehmertums in den letzten 20 Jahren basiert auf A. Rapaports Buch „Creating Shareholder Value" von 1986. Auf den Punkt gebracht beantwortet es die Frage nach dem Sinn eines Unternehmens mit „to increase shareholder's wealth". Es geht also ums Wirtschaften für den Anteilseigner und um die langfristige Steigerung des Unternehmenswertes.

Wer den Unternehmenswert zum zentralen Wert und Ziel erklärt, für den werden zwangsläufig andere Werte eher nebensächlich und nur noch zum Gegenstand kurzfristiger Betrachtung. Offensichtlich wurde der Autor falsch verstanden; denn sein Konzept hat oft zu einem Managementverhalten geführt, das rein stichtagsbezogene Ergebnisoptimierung betreibt – auf Kosten und zu Lasten langfristiger operativer Ziele.

Kontinuierlicher Kosten- und Ergebnisdruck missachtet humane Bedürfnisse und individuelle Werte

Kontinuierlicher Kosten- und Ergebnisdruck in diesem Sinne missachtet aber regelmäßig humane Bedürfnisse und individuelle Werte: Sicherheit – ein Wert an sich – wird mit „Hire and Fire"-Mentalität konfrontiert, Berechenbarkeit geht im schnellen Wechsel von Führungen und Organisationen verloren; ebenso wie letztendlich auch das Engagement der Mitarbeiter, der zentrale Wert aller Organisationen.

Die Entwicklung in der Finanzbranche – und nicht nur diese Entwicklung – ist somit nicht etwa darauf zurückzuführen, dass sie keine Werteorientierung kennt. Sondern vielmehr auf diese, wie gesagt, falsch verstandene „Shareholder Value"-Orientierung. Bei einem solchen Leitbild wird das Führungsproblem eklatant. Wenn Mitarbeiter nicht über Rücksichtnahme auf ihre menschlichen Grundbedürfnisse oder ihrer individuellen Werte wegen gehalten werden, dann fängt man sie im Sinne der materiellen Werteorientierung ein über Provisionen und Boni. So wird aber ein Mitarbeiter zum „Eigen-Unternehmer" und dadurch zur Maximierung des „Eigen-Gewinns" verleitet.

Eine Arbeit der Universität Essen nennt in der Kritik die beobachteten Risiken dieses Leitbildes bezogen auf allgemeine Werte.

Shareholder Value:

Begründungsmuster	Kritik
• Maximierung des Aktienpreises erfordert - leistungsfähige Firma - Waren und Dienste von hoher Qualität - Produzieren mit möglichst niedrigen Kosten - Entwicklung der Produkte und Dienste die Kunden wollen und brauchen - effizienten und höflichen Service • Maximierung des Aktienpreises führt zu - Entwicklung von neuen Techniken und Produkten - Schaffung von Arbeitsplätzen • Die erforderlichen Maßnahmen um den Shareholder Value zu erhöhen sind auch für die Gesellschaft nutzbringend!	• Recht einseitige Konzentration der Unternehmensaktivitäten in Richtung der Eigentümer bzw. Anteilseigner • Förderung von unangemessenen Geschäftsgebaren (Monopolbildung, Verletzung von Sicherheitsstandards, Umweltvorschriften u. Menschenrechten) • Vernachlässigung der sozialen bzw. gesellschaftlichen Verantwortung (z.B. Entlassung von MA führt zur Kurssteigerung der Aktien)

Wie aktuell aufgrund dieser Problematik das Prinzip des „Ehrbaren Kaufmanns" wieder geworden ist, das zeigt auch ein Zitat aus dem Buch von U. Wickert, Redet Geld, schweigt die Welt.

Wickert beschreibt, wie die ursprüngliche Idee von Shareholder Value zur Seite geschoben wird und der Begriff von Fondsmanagern und Vorständen regelrecht gekapert wird, deren Entlohnung vor allem an der kurzfristigen Entwicklung von Aktienkursen hängt. Schlicht die menschliche Natur bzw. die in ihr verankerte Gier entwertet den eigentlichen Unternehmenswert.

Er beschreibt weiter, wie Corporate Governance, Unternehmensleitbilder, einen Interessenausgleich im oben genannten Sinne herbeiführen sollen, um dann festzustellen: „der Ehrbare Kaufmann braucht keinen Kodex für gute Corporate Governance ... leider aber kennen viele Menschen die Tugenden des Ehrbaren Kaufmanns nicht einmal mehr."

Es sollten an dieser Stelle zwei unterschiedliche grundsätzliche Ausrichtungen von Unternehmen aufgezeigt werden, die Führungsverhalten deutlich beeinflussen. Die Führungskraft vor Ort hat dabei generell wenig Einfluss auf die jeweilige Grundausrichtung. Sie steht unter dem Zwang, Zielvorgaben umzusetzen, und befindet sich so zwischen den Bedürfnissen und Werten der Mitarbeiter, ihren Individualwerten und Teamkulturen einerseits und dem vorherrschenden Leitbild des Unternehmens oder der Industrie andererseits.

Die Führungskraft befindet sich zwischen den Bedürfnissen und Werten der Mitarbeiter und dem Leitbild des Unternehmens

Soll also eine neue Werteorientierung eingeführt werden, wie im Anfangsbeispiel gefordert, so kann dies nicht durch eine Führungskraft inszeniert werden. Es bedarf hierzu einer Vorleistung des Unternehmens.

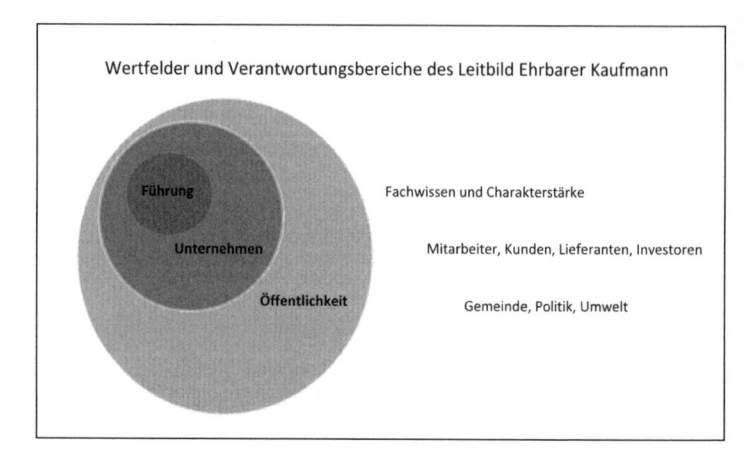

Wertfelder und Verantwortungsbereiche des Leitbild Ehrbarer Kaufmann

- Führung — Fachwissen und Charakterstärke
- Unternehmen — Mitarbeiter, Kunden, Lieferanten, Investoren
- Öffentlichkeit — Gemeinde, Politik, Umwelt

2.3 Das Unternehmensleitbild

Allgemeine Leitbilder müssen für den Unternehmenszweck spezifiziert werden, damit es eine klare Richtung gibt für den Führungsprozess. Als Unternehmensleitbild wird es dann zum übergeordneten Führungsmittel.

Beispielhaft sei hier die Frage gestellt: Wo ließe sich das klassische Leitbild des Ehrbaren Kaufmanns in einem modernen Unternehmensleitbild wiederfinden?

Dazu zunächst eine inhaltliche Ergänzung zu diesem Leitbild. Zusätzlich zum Ausgleich der Interessen zwischen den „stakeholdern" – Eigentümer, Kunden, Mitarbeiter, Öffentlichkeit – handelt der Ehrbare Kaufmann auf Grundlage eines festen Charakters. Er räumt zudem den eigenen Mitarbeitern den ersten Platz im Interessenausgleich ein und stellt Lieferanten gleichbedeutend neben Kunden (vgl. Bild oben).

Ein Unternehmensleitbild nun ist zwangsläufig ein Spagat zwischen der Verankerung von Wertvorstellungen der unternehmerischen Gesamtperspektive und einer Richtlinie für alle Mitarbeiter. Für die Führungskräfte müssen aus ihm Handlungsmuster ableitbar sein, für die dann das Unternehmensleitbild auch eine Rechtfertigungsbasis bildet. Phrasen wie „Der Mensch steht im Mittelpunkt" sind dafür wertlos.

Ein Unternehmensleitbild verankert die unternehmerische Wertvorstellung und ist Richtlinie für alle Mitarbeiter

Folgendes Beispiel im Bild rechts aus der realen Welt soll aufgrund seiner Kürze und Übersichtlichkeit hier als Modell genommen werden. Dieses Unternehmensleitbild erfasst die Priorität der Mitarbeiter in den Punkten 1. und 2., die Bedeutung des Fachwissens mit den Punkten 6. und 8., den Ausgleich mit den Stakeholdern und ihre jeweilige Bedeutung, nämlich Kunden (3. und 4.), Lieferanten (7.) und Öffentlichkeit (9).

Unternehmensgrundsätze

1. Die Zielorientierte Zusammenarbeit aller Mitarbeiter ist das Kapital unseres Unternehmens.
2. Wir wissen um die Zusammenhänge zwischen Qualität, Motivation und Unternehmenserfolg, d.h. wie fördern Mitarbeiter im Bereich der Aus- und Weiterbildung, wir beteiligen unsere Mitarbeiter am Gesamterfolg.
3. Unsere Kunden sind für uns Partner und entscheiden über den Erfolg unseres Unternehmens:
   - Wir müssen die Wünsche und Probleme unserer Kunden lösen, denn durch sie verdienen wir unser Geld und sichern unsere Zukunft.
   - Unsere Produkte müssen klare Vorteile und Nutzen für den Kunden bieten, vor allem in Qualität, technischer Ausführung, Sortimentsumfang und Lieferfähigkeit.
4. Wir müssen schneller und besser sein als der Wettbewerb, diesen Vorsprung müssen wir unseren Kunden täglich aufs Neue beweisen.
5. Unsere Ideen und unsere Kreativität sichern unseren Vorsprung; d.h. wir müssen uns ständig um neue Denkanstöße und Ideen und deren konsequente sowie professionelle Umsetzung bemühen.
6. Die perfekte Beherrschung unseres Tagesgeschäftes sichert unsere Existenz und ermöglicht es uns, die Anforderungen der Zukunft zu meistern.
7. Unser Ziel ist es, zu unseren Lieferanten eine partnerschaftliche, langfristige Beziehung aufzubauen. Voraussetzung hierfür ist der Wettbewerb in Qualität, Lieferservice, Preis und eine optimale Problemlösung.
8. Wir konzentrieren unsere ganze Kraft darauf, unsere Produkte perfekt und wirtschaftlich zu fertigen, sowie professionell zu verkaufen und zuverlässig zu liefern.
9. Wir sind uns bewusst über die Verantwortung gegenüber unserer Umwelt und dem Umfeld, in dem wir leben. Wir wollen mitgestalten und verbessern.

Quelle: Friedhelm Loh Group

Dieses Unternehmensleitbild soll lediglich als positives Beispiel hier genannt sein. Bei einem Vergleich mit dem Leitbild Ehrbarer Kaufmann fällt die fehlende Berücksichtigung des Eigentümers auf, was aber bei eigentümergeführten Unternehmen verständlich sein mag. Unternehmensspezifisch ist auch die Innovationsorientierung (Punkt 5.).

3. Führen mit Werten als Unternehmensgrundsatz
3.1 Authentisch Führen

Mitte der 90er Jahre übernahm ich bei einem mittelgroßen Industrieunternehmen, d. h. etwa 1.500–2.000 Mitarbeiter, die Verantwortung für die Einkaufsabteilung. Das Unternehmen war zuvor in Überlebensgefahr geraten und der Kapitalgeber hatte einen Führungswechsel an der Spitze veranlasst. Der Neue, ein Sanierer, hatte unter anderem die Belegschaft um 20 % reduziert.

Vom Image her galt der Einkauf als altbacken und rückständig; als Ziel wurde ihm verordnet: Sparen, Sparen, Sparen. Die Ziele im Überlebenskampf sind zwangsläufig kurzfristig. Man erwartete von mir als neuem Chef den befürchteten „harten Hund", der aufräumt, nachdem man selbst von der Entlassungswelle verschont geblieben war.

Mich erwartete die klassische Führungsherausforderung, die auch die aktuelle Kritik mit dem Shareholder-Value-Leitbild verbindet:

- **Kurzfristige, ergebnisorientierte Ziele:**
  Interessen des Anteilseigners stehen im Mittelpunkt
- **Kontinuierliches Hinterfragen von Arbeitsplätzen:**
  Vernachlässigung der sozialen Verantwortung

Die Äußerung eines Mitarbeiters zu Anfang meiner Zeit wird mir immer in Erinnerung bleiben. Er sprach mich direkt an; ich hatte ihn in keiner Weise provoziert: „Ich will von vorneherein offen mit ihnen sein, ich werde kämpfen, kämpfen um meine Rechte bis zur letzten Instanz."

Wie können notwendige Ergebnisse erzielt werden, wenn die Mitarbeiter ihre ganze Energie auf ihre Sicherheit konzentrieren?

Die Herausforderung war nun glasklar. Wie soll man notwendige Ergebnisse erzielen, wenn die Mitarbeiter ihre ganze Energie auf ihre persönliche Sicherheit konzentrieren?

Meine Antwort habe ich einen Tag später der ganzen Abteilung gegeben: Niemand hier, der seine Arbeit macht, braucht um seinen Arbeitsplatz zu fürchten. Welche das ist, werden wir, jeder Einzelne von Ihnen mit mir, gemessen an seinen Fähigkeiten festlegen. Keiner wird entlassen.

Im Nachhinein habe ich gelernt, dass die erfolgreiche Führung in einer solchen Situation im Wesentlichen auf 4 Werten beruht:

1. **Klarheit:** Dass ich als Abteilungsleiter insbesondere mit dem letzten Nachsatz an die Grenzen meiner Befugnis gegangen war, hat mich nicht lange beschäftigt. Wichtiger ist, absolute Klarheit zu schaffen. Die Neigung verunsicherter Mitarbeiter, zwischen den Zeilen zu lesen und Unklarheiten zu deuten, darf nämlich keineswegs unterschätzt werden.

2. **Glaubwürdigkeit:** Was angekündigt ist, muss getan werden, und zwar zügig. Zögern führt nur zu neuer Verunsicherung. Stellen Sie sich auch demonstrativ vor Ihre Mitarbeiter. Nutzen Sie jede halbwegs sinnvolle Gelegenheit dazu. Man darf in der akuten Situation auch übertreiben. Wer vor seinen Mitarbeitern steht, der hat seine Mitarbeiter hinter sich.

Wer vor seinen Mitarbeitern steht, hat seine Mitarbeiter hinter sich

3. **Individualität:** Es müssen Einzelgespräche geführt werden. Dabei sind Fragen wichtig. Fragen, nicht Anordnungen führen zu den Individualwerten. Natürlich können nicht alle Wünsche erfüllt werden, aber ihre Registrierung verdeutlicht: „Ich werde ernst genommen." Nur wer selbst anerkannt wird, wird auch notwendige Anpassungen anerkennen.

4. **Vertrauen:** Wer Vertrauen schaffen will, muss Vertrauen geben. Vertrauen funktioniert nur gegenseitig. Als Führungskraft heißt das: authentisch sein. Wer Werte wie Transparenz betont, wie Glaubwürdigkeit und Verantwortung für den Einzelnen, muss diese auch vorleben. Das heißt authentisch führen.

3.2 Vertrauen schaffen durch Werteorientierung

Gegenseitiges Vertrauen zwischen Führungskraft und Mitarbeitern ist der Schlüssel zu erfolgreicher Führung. Vertrauen erreicht man durch Übereinstimmung in den Werten, durch Authentizität des Führungsverhaltens im Einklang mit diesen Werten und im Idealfall mit einem korrespondierenden Unternehmensleitbild.

Stellen wir uns den vorliegenden Fall ohne eine entsprechende Unternehmenskultur vor, dann wird die Führungskraft letztendlich scheitern. Sie selbst hat Rückendeckung durch eigene Vorgesetzte nötig; eben für den eigenständig in dieser Situation eingeschlagenen Weg. Ist dieser Rückhalt vorhanden, dann haben wir die Basis für eine Unternehmens-Vertrauens-Kultur. Fixieren wir solche Grundsätze dann schriftlich, z. B.: Die zielorientierte Zusammenarbeit aller Mitarbeiter ist das Kapital unseres Unternehmens." Dann haben wir mit dieser „Mitarbeiter-Wertschätzung" ein Unternehmensleitbild als Führungsmittel zur Kommunikation über alle Ebenen hinweg.

Vertrauen erreicht man durch gemeinsame Werte, authentisches Führungsverhalten und ein passendes Unternehmensleitbild

Wohlgemerkt: Nicht immer spiegelt das Dokument „Unternehmensleitbild" die tatsächliche Unternehmenskultur. Insbesondere dann, wenn es nur als „window dressing" existiert, ist es wertlos. Ebenso ist mit der Erkenntnis, dass es eine Übereinstimmung in den Werten geben muss, dies noch nicht erreicht. Eine solche jedoch herbeizuführen – das ist die Aufgabe von Führung (siehe unteres Bild auf S. 97).

Die Ausgangssituation kann natürlich völlig anders sein als der geschilderte Fall. Folgende Grundsätze und Regeln haben aber im Allgemeinen ihre Gültigkeit, unabhängig von Krisen oder Reorganisationen im normalen Arbeitsleben.

3.2.1 Berechenbarkeit des Arbeitslebens

Berechenbarkeit ist ein Grundbedürfnis und in dem schnellen Wandel von kurzfristigen Zielen, Eigentümerwechseln und Reorganisationen zur Führungsherausforderung geworden. Für die Führungskraft heißt das, Vereinbarungen sind einzuhalten. Das gilt genauso für allgemeine Regeln wie für individuelle Absprachen. Notwendige Änderungen sind anzukündigen und zu begründen.

Kontrollfragen:
- Schaffe ich in meinem Umfeld Transparenz?
- Handle ich verlässlich und berechenbar?
- Bin ich in dem, was ich sage und wie ich agiere, ehrlich?

3.2.2 Vorbildfunktion der Führungskraft

Als Führungskraft bin ich Vorbild, was immer ich tue, wirkt sich aus auf die Kultur des nachgeordneten Bereichs. Das ist unvermeidbar. Als Vorbild muss daher das Verfolgen der gemeinsamen Ziele meine Priorität haben. Wer erkennbar eigene Interessen in den Vordergrund stellt, zum Beispiel Boni und andere Sondervergütungen, schafft sofort eine Führungslücke.

Kontrollfragen:
- Bin ich mir im Klaren über die gemeinsamen Ziele?
- Sorge ich dafür, dass es auch die Mitarbeiter sind?
- Habe ich den Mut, Dinge klar beim Namen zu nennen und eigene Fehler einzugestehen?

3.2.3 Gegenseitige Achtung

Die Achtung der Mitarbeiter untereinander ist Grundvorausetzung für werteorientierte Führung. Achtung heißt Wahrnehmen der jeweils individuellen Wertesysteme. Das schließt Konflikte nicht aus. Sie dürfen aber den menschlichen Wert eines Mitarbeiters nicht angreifen und müssen auf Basis objektiv nachvollziehbarer Tatbestände gelöst werden. Konfliktmanagement sollte eine Versöhnungsstrategie einschließen, in China heißt das: Den anderen das Gesicht wahren lassen.

Kontrollfragen:
- Handle ich in allem, was ich sage und tue, so, dass ich den anderen als eigenständige Persönlichkeit achte?
- Gehen wir offen miteinander um?

3.3 Werteorientierte Führung und Geschäftsgebaren

Eine Werteorientierung nach innen hat aber auch Konsequenzen für ein Unternehmen in seinem Umfeld. Analog den Tugenden des Ehrbaren Kaufmanns ist werteorientierte Führung die Basis und eine Voraussetzung für entsprechendes Geschäftsgebaren. Ich will dies weiter am Beispiel des Einkaufs im Unternehmen erläutern.
Die Einkaufsabteilung in größeren Unternehmen ist oft auf das Erzielen von Einsparungen reduziert. Das führt auch hier zu dem bereits beklagten kurzfristigen Denken und Handeln. Nicht nur schließt diese Eindimensionalität viele Möglichkeiten aus, wie z. B. die Verlagerung von Aktivitäten auf strategische Partner wie im Fall von „make or buy"-Entscheidungen; ein Spar-Einkauf beraubt sich auch der Möglichkeit, ein wirk-

liches Instrument modernen Managements zur Nachhaltigkeit zu sein. Und zwar von Nachhaltigkeit im Sinne von Umweltschutz und sozialer Verantwortung. Durch Lieferantenrichtlinien lassen sich bei den Zulieferern durchaus soziale Werte wie Arbeitsschutz der Mitarbeiter, Sicherstellung der Gleichberechtigung und weitere soziale Grundwerte durchsetzen. Glaubhaft ist das aber nur, wenn diese Werte auch in der eigenen Organisation selbstverständliche Standards sind. Nur selbst praktizierte Werte lassen sich durch die eigenen Mitarbeiter weitervermitteln.

Nur selbst praktizierte Werte lassen sich durch Mitarbeiter weitervermitteln

Die Übernahme der gesellschaftlichen Werte als Führungsgrundlage wird so geradezu notwendig zur Zukunftssicherung von Unternehmen. Wer sich einseitig im operativen Verhalten von den gesellschaftlichen Werten abkoppelt, zwecks Profitoptimierung oder Unternehmenswertsteigerung, erlebt das, was nun die Versicherungsbranche und die Finanzwelt in Bedrängnis gebracht hat.

4. Zukunftssicherung durch Werteorientierung

In vielen Unternehmen ist es Zeit für eine Rückbesinnung auf Werte sowohl im inneren Führungsprozess als auch im Geschäftsgebaren. Wenn eine solche Rückbesinnung aus der Versicherungs- oder Finanzwelt kommt, ist das ausschließlich begrüßenswert. Werte fordert schließlich schon das Grundgesetz ein: Eigentum verpflichtet. Die Rückbesinnung auf die Tugenden des Ehrbaren Kaufmanns kann bei der Umsetzung hilfreich sein.

Die Wertebasis für diese Tugenden ist eine Art altruistisches Geschäftsverständnis. Das heißt, nicht der Wert meines Unternehmens steht im Vordergrund, sondern der Erfolg des Kunden, analog nicht das Ausnutzen der Mittel des Gemeinwohls, sondern die aktive (Mit-)Verantwortung dafür.

Auf die besondere Bedeutung der Führung von Mitarbeitern habe ich in diesem Sinne hingewiesen. Führung auf der Grundlage von Werteorientierung heißt, Menschen in der Unterschiedlichkeit ihrer individuellen Wertesysteme wahrzunehmen, wertzuschätzen und dann für ein gemeinsames Ziel zu begeistern.

Führung heißt Menschen in ihrer Unterschiedlichkeit annehmen und für ein gemeinsames Ziel begeistern

Aber sie bedeutet noch mehr. Wer sich die Sensibilität aneignet, Werte seiner Mitarbeiter wahrzunehmen, vernetzt sich auch automatisch mit den Werten der Unternehmensumwelt. Das ist keine Selbstverständlichkeit mehr, wie die Auswüchse der Shareholder-Value-Kultur gezeigt haben.

Ein anderes Problem sind oft die Karrieren in den Großkonzernen. Wer die Karriereleiter hinaufwill, erklimmt diese nur noch mit voller Konzentration auf die Firma, mit nahezu unbegrenztem zeitlichem Einsatz. Bereits beim Führungsnachwuchs verdorren dabei die sozialen Kontakte. Schlimmer noch, schnell verlieren Talente die Bodenhaftung zur gesellschaftlichen Wirklichkeit. Die Finanzkrise lässt grüßen.

Werteorientierung erdet Führungskräfte. Sie verhindert das Abheben in Konzernwelten und Zahlenwerte. Die Verantwortlichen bleiben verbunden mit dem Puls der Zeit, was letztendlich die Unternehmenszukunft sichert.

Nachhaltigkeitsfaktor Integrität
von Michael Weber

Integrität ist eine wichtige Grundlage für die Akzeptanz einer Führungskraft. Und nur auf Basis von Akzeptanz kann eine Führungskraft wirken. COOPETITION setzt auf diesen Basisfaktor in allen Wirkungsfeldern.

Michael Weber

Nachhaltigkeitsfaktor Integrität

„Deinem Selbst sei treu, und daraus folgt, wie die Nacht dem Tag, dass Du gegenüber keinem Menschen treulos sein kannst."

William Shakespeare

1. Integrität im Führungs- und Unternehmensalltag: Selbstverständlichkeit, Modewort oder gar Luxus?

Integrität – ist doch eine Selbstverständlichkeit! So sind wir erzogen worden, so bemühen wir uns im täglichen Leben zu agieren, so erziehen wir unsere Kinder, keine Frage. Auch als Führungskraft bemühen wir uns, Erwartungen gerecht zu werden, widerstreitende Interessen auszugleichen und dabei wir selbst zu bleiben, also „integer". Warum also überhaupt die Frage?

Gegenposition: Hat nicht spätestens die Finanzmarktkrise 2008 „Gier" als den großen Antreiber des Wirtschaftslebens gebrandmarkt?[1] Ist Gier aber nicht einfach nur die übersteigerte oder gar konsequente Fortführung des von Adam Smith postulierten „Eigennutzes", der – notwendigerweise – das Wirtschaftsleben antreibt?[2] Wenn das wahr ist, heiligt dann nicht der Zweck die Mittel? Ist der Ehrliche etwa der Dumme?

Integrität statt Eigennutz?

Wie sieht es in unserem Arbeitsalltag aus? Kennt nicht jeder Kollegen oder Vorgesetzte, die als Blender und Experten im Intrigenspiel, ansonsten bar jeder Substanz, in langjährigen Positionskämpfen eine scheinbar beeindruckende Karriere vorzuweisen haben? Leichen pflastern ihren Weg, denn Führen muss man wollen. Manche gehen noch weiter in der Beschreibung der Management-Wirklichkeit, bis ins Pathologische: „Macht Macht krank" – Psychopathische Manager"[3]. Integrität, ein Modewort oder gar Luxus?

Genug der Polemik.

Ja, es gibt sie, die Karrieristen, die Intriganten und ja, nicht alles, was uns auf unserer Führungslaufbahn begegnet, hat mit dem sachlichen Ringen des Homo oeconomicus um die objektiv bestmögliche Lösung zu tun. Eifersüchteleien, Revierkämpfe, Partikularinteressen, alles bekannt. Aber ist das die Wirklichkeit? Ist das die *erfolgreiche* Wirklichkeit?

Führungswirklichkeit 2012

Seit 2006 ermittelt die „Wertekommission – Initiative Werte Bewusste Führung" durch Befragung hunderter deutscher Fach- und Führungskräfte regelmäßig die Bedeutung von Werten im Privat- wie Arbeitsleben. Die Ergebnisse der **Führungskräftebefragung 2012**[4] sprechen eine andere Sprache: Nahezu alle Unternehmen aus dem Befragungszeitraum 2011 haben Werteverständnisse und Leitbilder; in der Mehrzahl der Fälle nicht nur als Postulat, sondern auch heruntergebrochen in Geschäftsfeldstrategien, Ziel- und Bewertungssysteme der Führungskräfte.

Vertrauen und Integrität

Der Beitrag von Werten zum Unternehmenserfolg wird von 90% der Befragten als „hoch" oder „sehr hoch" angesehen, wobei mit 70% der Nennungen **Verantwortung** und **Vertrauen** die mit Abstand größte Bedeutung haben, dicht gefolgt von **Integrität**. Diese Prioritäten sind altersunabhängig, wobei **Integrität** mit zunehmender Erfahrung als noch wichtiger angesehen wird.

Interessanterweise zeigt sich dieser altersmäßige Unterschied auch und nochmals deutlich stärker bei der Frage nach dem messbaren Zusammenhang zwischen Werte-Chartas und geschäftlichen Zielvorgaben, wie Umsatz und Gewinn. Dieser Zusammenhang wird gestützt durch aktuelle amerikanische Feldstudien, wie „Integrity pays off"[5] oder die große „Ethics-profitability-study"[6], die behaupten, „integrity increases bottom-line".

In der Befragung wurden darüber hinaus die Präferenzen vertiefend untersucht durch Gegenüberstellung von Wortpaaren. In der Balance zwischen **Vertrauen** und **gesundem Misstrauen** beispielsweise entschieden sich fast *zwei Drittel* für **Vertrauen** als Basis der Zusammenarbeit. Weniger eindeutig werden die Antworten, wenn es um die Gewichtung zwischen **sozialem Zusammenhalt** und **Eigeninteresse** geht. Fast die Hälfte der Führungskräfte hält beides für wichtig.

In Zeiten zunehmender Komplexität und Dynamik scheint sich allerdings eine zunehmende Bedeutung der „weichen" Erfolgsfaktoren anzudeuten, wobei jedoch alle Altersgruppen klar zum Ausdruck brachten, dass der geschäftliche Erfolgt letztlich das Maß aller Dinge sei.

Dieser Beitrag hat zum Ziel, die Bedeutung von **Integrität als unabdingbare Voraussetzung für eine effektive und damit nachhaltige Führungsarbeit** im Unternehmen zu beleuchten.
Orientierung gibt das **Leuchtturm-Modell „Nachhaltigkeit der integren Führung"**. Integrität wird hier schrittweise fassbar gemacht: Woraus besteht sie, was macht sie aus, was bedingt sie, wie bringe ich sie zur Wirkung? Der Begriff **Nachhaltigkeit** verweist auf die langfristigen und fundamentalen Auswirkungen von (vor-)gelebter Integrität auf eine wirksame Führungsarbeit. Zuvor wollen wir jedoch die Begrifflichkeiten klären sowie mögliche Spannungsfelder aufzeigen, denen Führungskräfte ausgesetzt sind und durch die die persönliche Integrität des Managers oftmals herausgefordert wird.

Ziel:
Nachhaltig führen

2. Begriffsklärungen
2.1 Führung

Der englische Begriff **Management** heißt übersetzt **Führung** *(wir werden beide Begriffe im Folgenden synonym verwenden)*. Genauer gesagt: **Führung von Menschen in Organisationen.** Und mehr noch, es geht um **die Gestaltung von Organisationen mit Menschen.**[7]

Die **Führungsaufgabe** beinhaltet fünf Kernkomplexe[8]:
1. Für Ziele sorgen
2. Organisieren
3. Entscheiden
4. Kontrollieren
5. Menschen entwickeln und fördern

Fünf Führungsaufgaben

Zweck der Führung ist es, **wirksam**, also **effektiv** zu sein. Effektiv bedeutet, **Resultate** zu erzielen.
Um auch die **richtigen** Resultate anzustreben und zu erzielen, ist zu berücksichtigen, dass der unmittelbare Verantwortungsbereich eines Managers eingebettet ist in eine Gesamtorganisation, eine Unternehmung. Diese dient einem Geschäftszweck, einem *Kunden-Nutzen*, den es zu erfüllen gilt. „Was kann ich/was kann mein Bereich tun, um für das Ganze einen wesentlichen Beitrag zu leisten?", das ist die Frage, die sich effektive, **wirksame Führungskräfte** stellen.

Wirksame Führung

Es geht also um **Wirksamkeit**. Um wirksam zu sein, bedarf es des Einsatzes von (finanziellen) Mitteln und von Menschen. Als Führungskraft stehe ich insbesondere vor der permanenten Herausforderung, „gewöhnliche Menschen zu befähigen, außergewöhnliche Leistungen zu vollbringen".[9]

Das „Wie" des Führens wird im Folgenden zu betrachten sein (s. insbesondere Pkt. 4.2 u. 4.3).

2.2 Integrität

Integrität wird im allgemeinen Sprachgebrauch im Sinne von Anstand, Ehrlichkeit verwendet.

Sie ist aber weit mehr als das. Covey nennt sie **die Wertmaßstäbe, die wir uns setzen**. Diese Wertmaßstäbe sollen ausgerichtet sein an allgemeingültigen Prinzipien, wie z. B. Fairness und Mut. Er nennt weiter die **Übereinstimmung von Worten und Gefühlen mit Gedanken und Handlungen**.[10] Festhalten wollen wir bereits hier, dass Integrität scheinbar sehr viel mit einem selbst zu tun hat, weniger mit der Umwelt, den Umständen oder der Außenwirkung, dem Image, das jemand hat.

Integrität und Sozialkompetenz

Genauso wie **Vertrauen** wird aber auch **Integrität** als eine **unabdingbare Voraussetzung für Sozialkompetenz** angesehen.[11] Wo Integrität fehlt, kann auch das Training von Gesprächsführungstechniken, Konflikthandhabung oder anderen menschlich-psychologischen Aspekten nichts Positives ausrichten. Mitarbeiter werden dem Vorgesetzten nicht glauben, es ihm nicht abnehmen, so nett, höflich und zuvorkommend er auch sein mag.

Integrität wird spätestens dann wichtig, wenn es „schwierig" wird, eine Aufgabe, eine Mission zu erfüllen. Gerade im Bereich des Militärs gibt es daher vielfältige Veröffentlichungen und Überlegungen zu diesem Thema. Beispielhaft genannt werden soll hier General Ronald R. Fogleman, Chief of staff der US Air Force. Er postuliert folgende **Charakteristika von Integrität:**[12]

Charakteristika von Integrität

1. Sincerity (Ehrlichkeit, Aufrichtigkeit)
2. Consistency (Konsistenz im Sinne von Festigkeit, Beständigkeit, frei von Widersprüchen)
3. Substance (Substanz, Inhalt statt Image)
4. Being a good finisher (permanentes Streben, exzellente Ergebnisse zu liefern)

2.3 Nachhaltigkeit

Der Begriff **Nachhaltigkeit** hat seinen Ursprung in der Ökologie, genauer gesagt in der Forstwirtschaft.[13] Er bezeichnet ein Prinzip, dass nicht mehr Holz gefällt werden darf, als jeweils nachwachsen kann. Damit wird die Existenz des Waldes gesichert.
Das Wort entstammt dem Begriff „nachhalten", im Sinne von „längere Zeit andauern oder bleiben". Dieser Gedanke hat sich von der Ökologie auf die Gesellschaftswissenschaften übertragen mit vielfältigen Definitionen. Ihnen allen ist gemeinsam der Erhalt eines Systems bzw. bestimmter Charakteristika eines Systems, sei es die Produktionskapazität des sozialen Systems oder des lebenserhaltenden ökologischen Systems. Es soll also immer etwas bewahrt werden zum Wohl der zukünftigen Generationen."[14]
Führung aber will *wirksam* sein, sie will Ergebnisse, sie will verändern, und das „nachhaltig". Was wir heute eigentlich meinen, wenn wir im Zusammenhang mit Führung von *Nachhaltigkeit* sprechen, ist die *Nachhaltigkeit von Veränderungen* (Hans-Georg Hauser).[15] **Nachhaltigkeit von Veränderungen**
Effizienz und Effektivität in der Umsetzung dieser Veränderungen sind zwar ein Schlüssel für ein erfolgreiches Unternehmen. Sie müssen aber von **Menschen** realisiert werden, die das Bedürfnis haben, **als Person anerkannt** zu werden, nicht nur als Leistungsträger. Damit diese Nachhaltigkeit von Veränderungen gelingen kann, ist Integrität ein entscheidender, nein, *der* entscheidende Faktor. Dies allein schon deshalb, weil sie der Führungskraft und seinem Umfeld Orientierung und Berechenbarkeit bietet, um sich im Spannungsfeld unterschiedlicher Anforderungen zu behaupten. **Menschen: Personen statt Leistungsträger**

3. Spannungsfelder für integre Führung
3.1 Führungsdilemmata

Dem Anspruch des Managers, integer zu handeln, steht eine selten eindeutige Wirklichkeit gegenüber. Managementsituationen sind häufig komplex, mehrdeutig, vage oder gar widersprüchlich. Vorgaben an Führungskräfte können sich dabei gegenseitig ausschließen. Sie stehen vor sogenannten **Führungsdilemmata**. Um diese lösen zu können, müssen sie eine Entscheidung zwischen gleichwertigen, aber gegensätzlichen Alternativen treffen, wobei für beide gute Gründe sprechen. Beispiele für Führungsdilemmata sind *Tagesgeschäft/ Strategie, Selbermachen/Delegieren, Optimierung/Innovation, Konsens/* **Führungsdilemmata**

Konflikt, Authentizität/Repräsentation, Mitarbeiter-Orientierung/Ergebnis-Orientierung.

Letzteres wollen wir beispielhaft mit dem Modell des **Werte-Entwicklungs-Quadrates** auflösen:[16]

Mitarbeiter- vs. Ergebnisorientierung

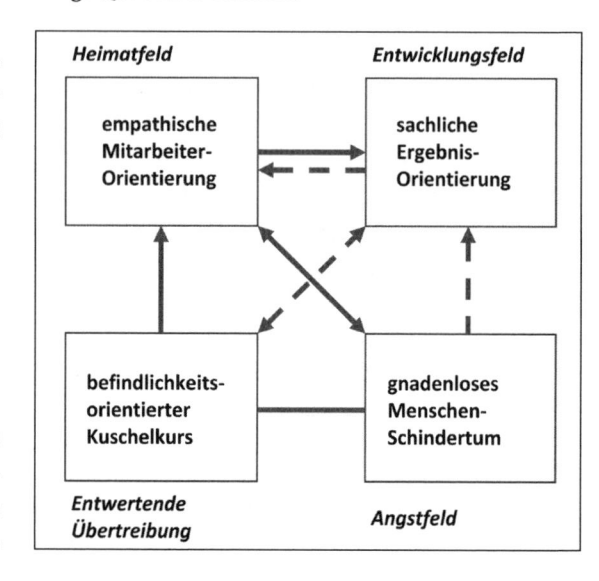

Abb. 1: Werte-Entwicklungs-Quadrat nach Schulz von Thun

Heimatfeld	*Entwicklungsfeld*
empathische Mitarbeiter-Orientierung	sachliche Ergebnis-Orientierung
befindlichkeitsorientierter Kuschelkurs	gnadenloses Menschen-Schindertum
Entwertende Übertreibung	*Angstfeld*

In der täglichen Führungsarbeit gilt es, die **Spannung zwischen Ergebnis- und Mitarbeiter-Orientierung** auszuhalten bzw. auszutarieren. Wenn ich nun beispielsweise *empathische Mitarbeiterorientierung* ausgeprägt als Wert schätze und lebe (genannt *Heimatfeld*), so kann dies u. a. daran liegen, dass ich auf gar keinen Fall als *gnadenloser Menschenschinder* erscheinen möchte *(Angstfeld)*. Diese (unbewusste) Sorge birgt die Gefahr der entwertenden *Übertreibung* meines positiven Grundwertes, so dass ich einen *befindlichkeitsorientierten Kuschelkurs (Gefahrenfeld)* fahre. Die Aufgabe des Managers, Resultate zu liefern, wird aus den Augen verloren. Dies zu erkennen, hilft, den positiven Gegenwert *Ergebnis-Orientierung (Entwicklungsfeld)* für mich als Entwicklungspfad anzunehmen, um in eine „dynamische Balance" zu kommen.

Übrigens ist das Ganze auch spiegelbildlich lesbar: der rein Ergebnisfokussierte hat „panische" Angst vor einem Kuschelkurs und neigt daher in der entwertenden Übertreibung zum *gnadenlosen Menschenschindertum*. Aufgrund gering ausgeprägter oder geübter Empathie mag ihm das ebenfalls nicht einmal bewusst sein. Sein Entwicklungsfeld ist daher die *empathische Mitarbeiter-Orientierung*.

Beide Werte sind notwendig, um wirksame Führung auszuüben. In Abschnitt 4.2 werden wir sehen, wie **Integrität** hilft, sich dieser **Balancefindung** zu stellen.

3.2 Rollen-/Erwartungskonflikte

Als Manager lebe ich in einem Spannungsfeld verschiedener Anspruchsgruppen, die wiederum mitunter ebenfalls missverständlich oder ambivalent Erwartungen äußern.

Auch hier einige Beispiele:
- Der Vorgesetzte des Managers erwartet eine schnelle Entscheidung, betont jedoch gleichzeitig die Wichtigkeit von Partizipation.
- Das Top-Management erwartet vom Manager die konsequente Durchsetzung unpopulärer Entscheidungen, die Mitarbeiter hingegen Interessenvertretung und Rücksichtnahme.
- Nicht zuletzt: Der mit einer Führungsrolle verbundene Zeitaufwand einer 60-Stunden-Woche kollidiert mit den Anforderungen der Familie.

Erwartungskonflikte

In der Fachliteratur werden diese vielfach als *Rollenkonflikte* bezeichnet.[17] Wir lehnen diese Begrifflichkeit ab, sind doch Rollen das Paradebeispiel für etwas Unechtes; nur gespielt, nicht wirklich. Stattdessen wählen wir den Begriff *Erwartungskonflikte* und folgen damit der Argumentation von Malik[18], der darauf verweist, dass sich Konflikte zwangsläufig allein schon aus den Aufgaben des Managers (s. Pkt. 2.1) ergeben, nicht aber aus einer „Rolle" heraus.

Management: Aufgabe, nicht „Rolle"

Situativ kann der Manager mit den widersprüchlichen Anforderungen umgehen – oder eher: – „jonglieren" – lernen. Nur, wie kann er nachhaltig seiner Führungsaufgabe gerecht werden und sich dabei widersprüchlichen Anforderungen gewachsen zeigen? Wie kann Integrität hier einen Orientierungsrahmen geben?

3.3 Systemische Integrität

Wir konzentrieren uns in diesem Beitrag auf die Frage, wie persönliche Integrität in Führungspositionen gelebt werden kann, so dass sie nachhaltige Wirkung entfaltet. Ohne an dieser Stelle vertiefend darauf eingehen zu können, wollen wir darauf verweisen, dass diese persönliche Integrität in Symbiose steht zu der gelebten systemischen Integrität des Unternehmens, in dem die Führungskraft tätig ist.

Persönliche und systemische Integrität

Diese systemische Integrität drückt sich aus in einer leistungsstimulierenden Unternehmenskultur.[19]
Diese Kultur wird meist kodifiziert in einem Unternehmensleitbild, das u. a. Werte und Normen/Verhaltensregeln benennt, die die Identität des Unternehmens beschreiben und damit Richtlinien für das

erwartete tägliche Verhalten der Mitarbeiter geben. Es gibt darüber hinaus auch eine nichtkodifizierte Unternehmenskultur, die sich zeigt in beobachtbaren Verhaltensweisen, Umgangsformen, Ritualen (z. B. Feiern, Konferenzen), Statussymbolen, Sprachregelungen etc.

Die Unternehmenskultur erzeugt Identifikationsmöglichkeiten für den Mitarbeiter, vermittelt so Sinn und setzt Motivationspotenziale frei (Wir-Gefühl).

Wie diese Kultur von der Unternehmensspitze top-down integer (vor-)gelebt und geprägt wird, ist entscheidend für das Freisetzen von Engagement, Initiative, Kreativität und Dynamik. Das Fehlen dieser Integrität führt zu Zynismus, innerer Kündigung, Stillstand.

Festhalten wollen wir hier, dass auch systemische Integrität von Menschen gestaltet und geformt wird.

4. Das Leuchtturm-Modell: die Nachhaltigkeit der integren Führung

4.1 Der Leuchtturm der vier Ebenen

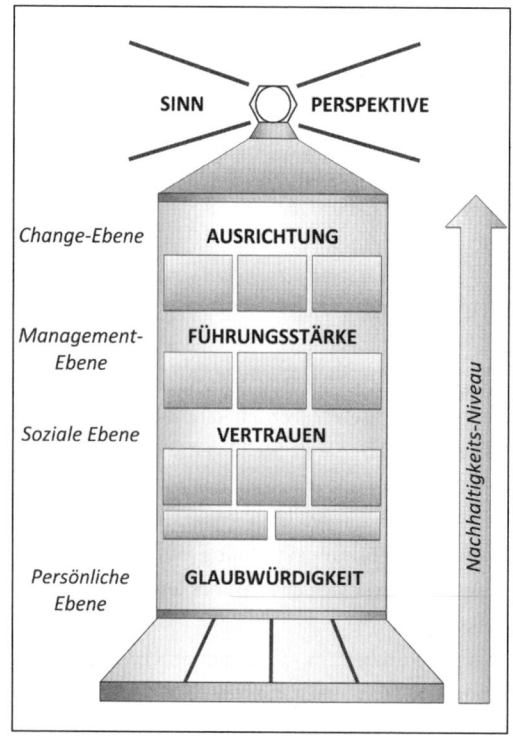

Abb. 2: Übersicht Leuchtturm-Modell

Unser **Nachhaltigkeits-Modell „Integre Führung"** hat die Form eines Leuchtturms. Leuchttürme trotzen dem Sturm, denn sie haben ein starkes Fundament. Sie sind weithin sichtbar, leuchten, geben Richtung und Orientierung; Eigenschaften, die die nachhaltige Wirkung integrer Führungskräfte sehr gut beschreiben.

Das Leuchtturm-Modell besteht aus **vier Ebenen.** Jede Ebene baut auf der vorherigen auf, kann ohne sie nicht errichtet werden. Jede weitere Ebene stellt erhöhte Anforderungen an die persönliche Integrität und steigert die Nachhaltigkeit des persönlichen Führungswirkens.

Jede Ebene steht für ein Prinzip, einen allgemeingültigen Wert, der Voraussetzung ist für den Folgewert der nächsten Ebene. Ohne **Glaubwürdigkeit** kein **Vertrauen**, ohne **Vertrauen** keine **Führungsstärke**, ohne **Führungsstärke** keine **Ausrichtung**.

Wichtig zum Verständnis von Integrität ist, dass sie auf der **persönlichen Ebene** beginnen muss mit der Klärung der wichtigsten Beziehung, der **Beziehung zu uns selbst**.[20] Erst dann folgen auf der **sozialen Ebene** die **Klärung und Gestaltung der zwischenmenschlichen Beziehungen** und die **Interaktion mit anderen**. Ein Turm ohne starkes Fundament wird nicht bestehen. Die virtuose Arbeit mit Sozialtechniken oder praktische Image-Arbeit können kein Fundament ersetzen.

Die verschiedenen Ebenen benötigen zum Aufbau und zur Stützung verschiedene Trägerelemente, auf die im Folgenden eingegangen wird. **Bindemittel** sind nötig, um Ebenen und die **Trägerelemente** fest zu verbinden. Dieser Kitt unterscheidet sich je nach Ebene in seiner Hauptzutat. Ist es in erster Linie das „Denken" auf der persönlichen Ebene, so geht es z. B. auf der Managementebene primär um den Kitt „Handeln".

Integrität: Trägerelemente und Bindemittel

4.2 Die persönliche Ebene

Auf der persönlichen Ebene geht es erst einmal allein um mich, um meine persönliche Glaubwürdigkeit. Sie ist die Grundlage von allem. Um diese zu erlangen, benötige ich **Selbst-Bewusstheit,** also das Wissen um mich selbst, das Wissen darum, innerlich frei zu sein, immer eine Wahl zu haben, wie ich äußere Einflüsse auf mich wirken lasse. In diesem Prozess geht es weiter darum, mich ehrlich zu machen, meine **persönliche Wertebasis** zu klären, die **Prinzipien**, an denen ich mein Leben und auch meine Führungsarbeit ausrichten will. Unter Punkt 2.2 haben wir das beispielhaft beleuchtet am Spannungsfeld Mitarbeiter-Orientierung/Ergebnis-Orientierung.

Abb. 3:
Leuchtturm-Modell – 1. Ebene

Persönliche Ebene — **GLAUBWÜRDIGKEIT**

Selbst-Bewusstheit | Geklärte Wertebasis | (Selbst-)Verantwortung | Authentizität

Selbstklärung

Das führt zum dritten Trägerelement, der **(Selbst-)Verantwortung**, also der bewussten Entscheidung, für mich, für mein Leben und mein Handeln Verantwortung zu übernehmen – ohne Abstriche; keine Entschuldigungen zu suchen (die Umstände, die Verhältnisse, die renitenten Mitarbeiter, der fordernde Chef etc.), keine Ausflüchte.

Authentizität ist der vierte Träger zum Aufbau von Glaubwürdigkeit. Nicht die *naive Selbstentblößung* ist hier gemeint, sondern eine *„selektive Authentizität"* (Ruth Cohn), die bewusste Entscheidung darüber, was ich von mir preisgebe.

Denken/Reflexion

Auf der Ebene des Fundamentes geht es allein um das **Denken** und das **Erspüren**. Es geht um **Innen-Schau**, um **Reflexion**, mit der ich u. a. *situationsabhängige Emotion* kanalisiere. Diese innere Haltung strahlt nach außen, es erwächst Glaubwürdigkeit. Wir sind würdig, dass uns geglaubt wird. Ohne diese Voraussetzung kann das Kernelement der Integrität, **Vertrauen**, nicht erwachsen.

4.3 Die soziale Ebene

Vertrauen, und zwar das **gegenseitige Vertrauen**, ist der Schlüsselfaktor, für eine fruchtbare, Ergebnisse zeitigende Zusammenarbeit mit anderen. Fragen des Führungsstils sind dann zweitrangig.

Umgekehrt: Ohne Vertrauensbasis nützen sämtliche Bemühungen um die Unternehmenskultur oder die Motivationslage rein gar nichts; sie werden nicht selten ins Gegenteil verkehrt und als unehrlich und manipulativ empfunden; Zynismus breitet sich aus.

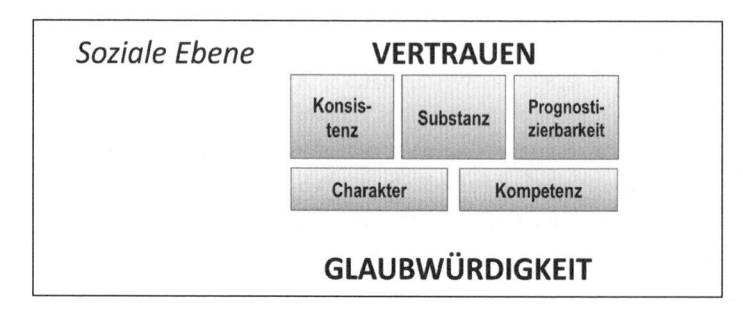

Soziale Ebene — **VERTRAUEN**

Konsistenz | Substanz | Prognostizierbarkeit
Charakter | Kompetenz

GLAUBWÜRDIGKEIT

Abb. 4:
Leuchtturm-Modell – 2. Ebene

Um aus Glaubwürdigkeit Vertrauen erwachsen zu lassen, müssen wir verstehen, woran Mitarbeiter, Kollegen, Vorgesetzte Glaubwürdigkeit festmachen. Es ist zum einen der **Charakter**, also: „Wer ist er?", zum anderen aber auch die **Kompetenz**, also: „Was kann er?" Fachliche, inhaltliche und methodische Substanz und die sichtbare Arbeit daran, diese auszubauen, sind für den Aufbau von Vertrauen essentiell.

Zu Beginn einer neuen (z. B. Mitarbeiter-)Beziehung kann ich im besten Fall einen **Vertrauensvorschuss** erwarten. Vertrauen zu zerstören, geht aber ganz schnell. Es aufzubauen, ist hingegen ein langwieriger Prozess. Dazu bedarf es dreier weiterer Faktoren bzw. Trägerelemente: **Konsistenz, Substanz** und **Prognostizierbarkeit**.

Beziehungen klären

Konsistenz in dem, was ich sage und tue, sorgt für **Verlässlichkeit**. **Substanz** meint **Inhalt (Kompetenz) und Transparenz (Charakter)**. **Prognostizierbarkeit** bedeutet **Vorhersagbarkeit** von dem, was ich tue, oder dem, was ich von anderen erwarte.

Kommunikation, **Reden**, ist das Bindemittel zum Aufbau von Vertrauen. Meinen, was man sagt – und es dann auch tun. Dies bedeutet nicht, dass ich als Manager alles sagen soll, was ich weiß oder meine. Aber wenn ich etwas sage, muss es auch so gemeint sein.

Reden

Achten Sie dabei auf Ihre Sprache. Sprache ist ein Werkzeug. Der Ton macht die Musik, gerade auch in schwierigen, emotional angespannten Situationen. Es ist ein Riesenunterschied, ob ich jemand erkläre, dass er ab sofort fliegt, oder ob ich ihm sage, dass sich die Wege trennen, weil Aufgabe, Person und Unternehmen nicht mehr zusammenpassen.

4.4 Die Management-Ebene

Auf der dritten Ebene geht es um **Führungsstärke**. Führungsstärke macht sich allein fest an **Leistung**, an den **Ergebnissen**, die erzielt werden. Es geht hier also um Managen, das **Handeln**. Effektives Handeln als Führungskraft meint in einer komplexen, arbeitsteiligen Welt immer auch das Erzeugen von **Synergien**.

Managen heißt Handeln

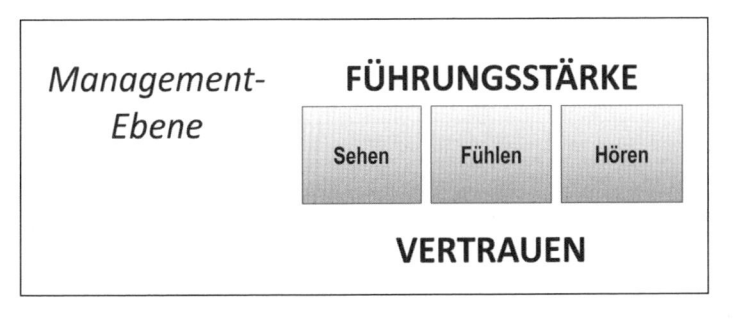

Management-Ebene **FÜHRUNGSSTÄRKE**

Sehen | Fühlen | Hören

VERTRAUEN

Abb. 5: Leuchtturm-Modell – 3. Ebene

Um Mitarbeiter zu fördern und zu entwickeln (eine der fünf Management-Aufgaben, s. Pkt. 2.1), ist es notwendig, auf allen „Kanälen" zu arbeiten: Aufbauend auf einer Plattform des Vertrauens sehe ich mein Gegenüber, meinen Mitarbeiter. Sehen heißt würdigen. (Zu-)Hören heißt würdigen. Ich bemühe mich, zu verstehen, zu fühlen. Ich entscheide (dritte Führungsaufgabe) verantwortlich auf dieser umfassenden Grundlage und gerade nicht auf Basis sachlicher Ergebnisorientierung (s. 3.1).

Entscheidungen und Maßnahmen führen zu Ergebnissen. Gute Ergebnisse sind Erfolge, Erfolge des Teams. Schlechte Ergebnisse sind Fehler, Fehler des Managers. Auch Fehler der Mitarbeiter sind Fehler des Managers, jedenfalls nach außen und nach oben (nicht nach innen). Er kann seine Leute nicht ohne Vertrauensverlust „im Regen stehen lassen", sie müssen sich auf seine Loyalität verlassen können.

Legitime Stärke Aus dem integren Handeln erwachsender **Respekt** bewirkt **legitime Stärke**. Integrität zeigt insbesondere hier ihren **nachhaltigen Effekt**: Ich muss niemanden unter Druck setzen; oder mit Belohnungen ködern, die Führungsarbeit wird leichter, da Mitarbeiter sich selber führen im Sinne der von der Führungskraft kommunizierten und erwarteten Ergebnisse.

4.5 Die Change-Ebene

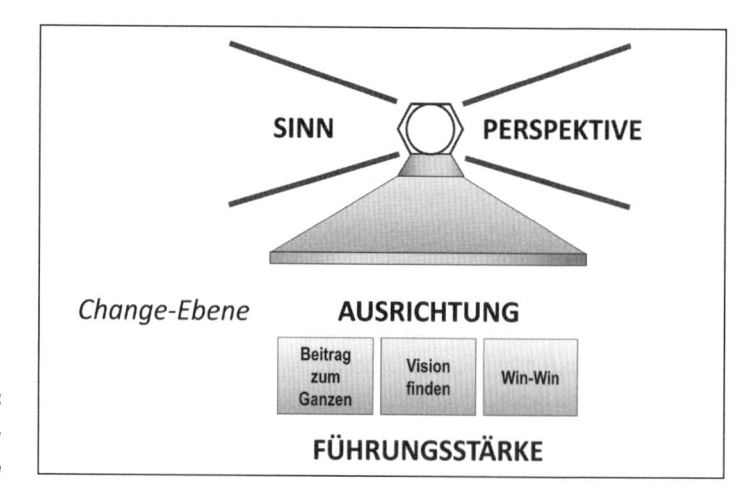

Abb. 6: Leuchtturm-Modell – 4. Ebene

Change-Ebene SINN PERSPEKTIVE AUSRICHTUNG

Beitrag zum Ganzen | Vision finden | Win-Win

FÜHRUNGSSTÄRKE

Den stärksten Nachhaltigkeitsfaktor durch integre Führung erfahren und gestalten wir auf der vierten, der **Change-Ebene**, in der es um die **Ausrichtung der Organisation** geht. Während wir auf der dritten Ebene *im* System arbeiten, wirken wir hier *auf* das System.

Warum ist das so? Dies hat zum einen mit unseren inneren Antrieben zu tun. Viktor E. Frankl, Begründer der Logotherapie, hat darauf hingewiesen, dass das höchste Streben des Menschen eben nicht darin besteht, sich selbst zu verwirklichen (Maslow), sondern im Streben nach Sinn.[21] **Sinn** aber ist immer nach außen gerichtet: Ich finde Sinn in dem, was ich für andere Menschen tue, in der „Hingabe an eine Aufgabe". Das vornehmste Wirken des Managers besteht somit darin, den Sinn der Arbeit, die zu tun ist, zu vermitteln. Welchen **Beitrag zum Ganzen** leistet der Mitarbeiter, welche Bedeutung hat das für andere, für seine „Kunden", die Empfänger seiner Leistung?

Sinn: mein Beitrag

Zum anderen hat dies zu tun mit dem Aufzeigen von **Perspektive**: Wohin geht die Reise? Das erfordert mehr, als für Ziele zu sorgen (1. Führungsaufgabe, s. 2.1). Dies erfordert, eine **Vision** zu vermitteln, die lebendig ist. Saint-Exupéry[22] hat das wunderbar beschrieben: *„Wenn Du ein Schiff bauen willst, dann trommle nicht Männer zusammen, um Holz zu beschaffen, Aufgaben zu vergeben und die Arbeit einzuteilen, sondern lehre die Männer die Sehnsucht nach dem weiten, endlosen Meer."*

Vision als Perspektive: mehr als Ziele

Der dritte Baustein, **Win-Win-Denken**, verweist auf den Stakeholder-Gedanken. Integre Manager berücksichtigen in ihrer Sinnvermittlung und Visionsarbeit die Auswirkungen auf alle betroffenen Interessengruppen und bemühen sich erkennbar, diesen so weit wie möglich gerecht zu werden. Führung ist aktives Gestalten und Führung ist vor allem Zuwendung.[23]

Führen: Gestaltung und Zuwendung

5. Synthese: Nachhaltigkeitsfaktor Integrität

Das Leuchtturm-Modell in der Gesamtschau zeigt, wie sich die **Nachhaltigkeit von Integrität in der Führungsarbeit** entwickeln lässt: Mit den gezeigten **Trägerelementen** über **Selbstklärung Glaubwürdigkeit** entwickeln, durch **Charakter** und **Kompetenz Vertrauen** gewinnen, durch **Handeln Führungsstärke** zeigen und durch **Sinn- und Perspektivenvermittlung** die Organisation transformieren helfen. Integrität bedeutet Arbeit, in erster Linie an sich selbst. Eine Arbeit, die sich lohnt. Nachhaltig!

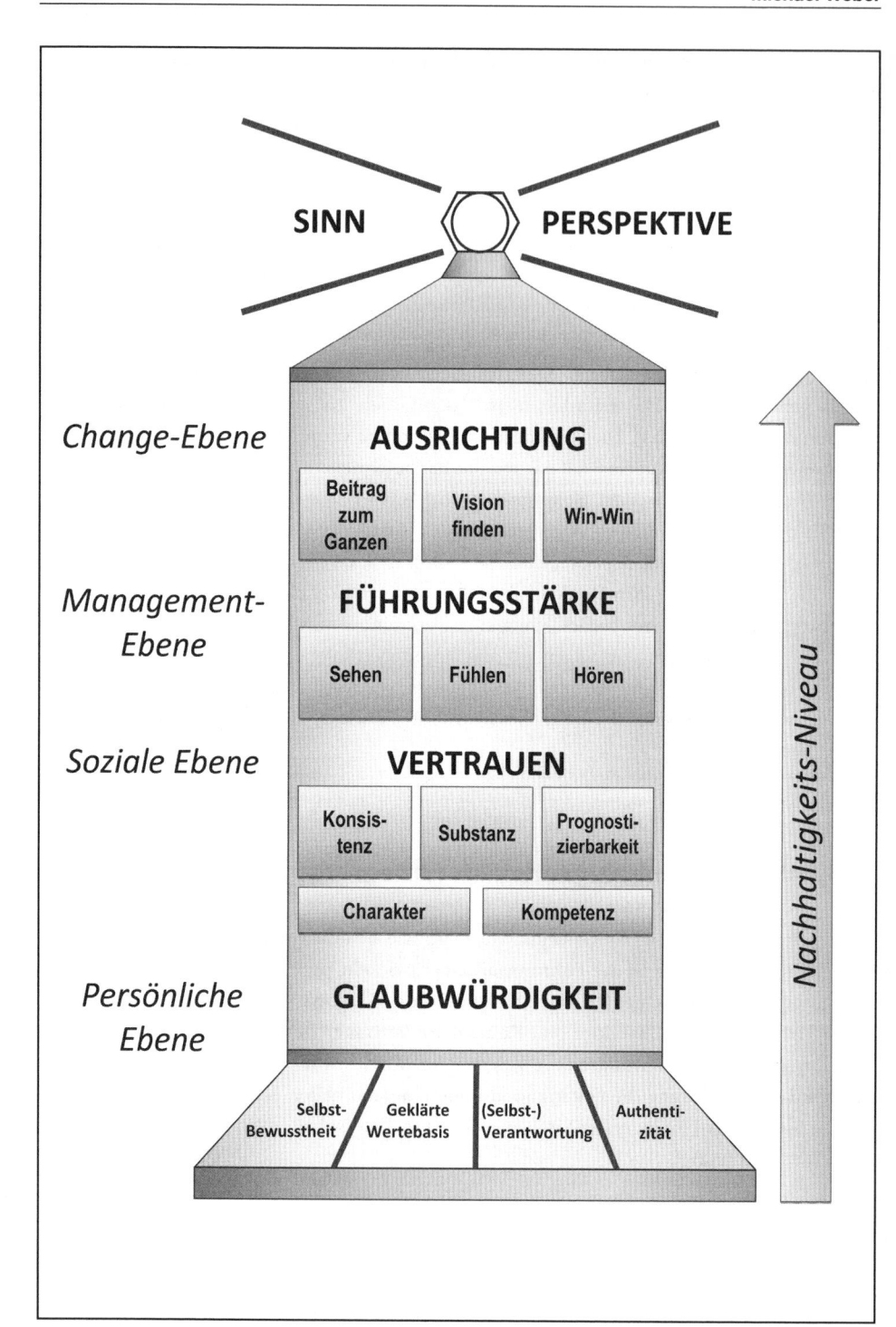

Abb. 7: Leuchtturm-Modell im Detail

1 Hans Leyendecker, Die große Gier – Warum unsere Wirtschaft eine neue Moral braucht, Rowohlt Verlag, Berlin 2007
2 Adam Smith, Der Wohlstand der Nationen, dtv Verlag, München 1999
3 Paschen/Dihsmaier, Macht Macht krank – Psychopathische Manager, aus: managerSeminare 112, Heft 7-2007
4 Bucksteeg/Hattendorf., Führungskräftebefragung 2012, Hrsg. Wertekommission – Initiative Werte Bewusste Führung, Bonn 2012
5 Quelle: http://www.snohomishtimes.com/snohomishNEWS.cfm?inc=story&newsID=230, Information Strategies Inc.
6 Quelle: http://actrav.itcilo.org/atrav-english/telearn/global/ilo/code/audit.htm, International Society of Business, Economics and Ethics
7 Fredmund Malik, Management – Das A und O des Handwerks, Campus Verlag, Frankfurt/M. 2007
8 Fredmund Malik, Führen Leisten Leben, Deutsche Verlagsanstalt, Stuttgart München 2000
9 Fredmund Malik, Führen Leisten Leben, Deutsche Verlagsanstalt, Stuttgart München 2000
10 Stephen R. Covey, Die effektive Führungspersönlichkeit, Campus Verlag, Frankfurt/M. 1993
11 Katja Unkel, Sozialkompetenz – ein Manager-Märchen?, Campus Verlag, Frankfurt/M. 2011
12 Gen Ronald R. Fogleman, The Leadership-Integrity Link, AU-24, Concepts for Air Force Leadership
13 Duden – Deutsches Universallexikon, Mannheim 2001
14 Bernd Klauer: Was ist Nachhaltigkeit und wie kann man eine nachhaltige Entwicklung erreichen?, in: Zeitschrift für angewandte Umweltforschung, Jg. 12 (1999), Heft 1
15 Hans-Georg Hauser, Wie führt man nachhaltig?, erschienen in AGOGIK Vol. 27 Heft 01/2004 Verlag Paul Haupt, Bern
16 Schulz von Thun, Miteinander reden Bd 2, Rowohlt Taschenbuch Verlag, Reinbek b. Hamburg, 23. Aufl. 1989
17 beispielhaft sei hier genannt: R. Niermeyer, Mythos Authentizität. Die Kunst, die richtigen Führungsrollen zu spielen, Campus Verlag, Frankfurt/M. New York 2010
18 Fredmund Malik, Führen Leisten Leben, Deutsche Verlagsanstalt GmbH, Stuttgart München 2000
19 Walter Simon, Führung und Zusammenarbeit, Gabal Verlag GmbH, Offenbach 2006
20 Covey bezeichnet diesen Prozess „von innen nach außen" als „Charakter-Ethik", im Gegensatz zur „Image-Ethik"; siehe auch: Steven R. Covey, Die sieben Wege der Effektivität, Campus Verlag, Frankfurt/M., 11. Aufl. 1992
21 Victor E. Frankl, Der Mensch vor der Frage nach dem Sinn, Piper Verlag, München, Neuausgabe 2010
22 Antoine de Saint-Exupéry, Die Stadt in der Wüste (Citadelle), Karl Rauch Verlag, Düsseldorf 1969
23 Anselm Grün, Menschen führen Leben wecken, Vier-Türme-Verlag, Münsterschwarzach Abtei, 7. Aufl. 2004

Sicher in der Unsicherheit
von Michael W. Maier

Schnelle Veränderungen und vielfältige Einflüsse bestimmen die Wirklichkeit in Unternehmen und damit auch in der Führung. Die zwangsläufig vorhandene Unsicherheit einordnen und trotzdem sicher zu sein, setzt notwendige Kräfte für COOPETITION frei. Der Autor erläutert den hierfür notwendigen Betrachtungs- und Wirkungsmechanismus.

Michael W. Maier

Sicher in der Unsicherheit
**Vom entspannten Umgang
mit der Unsicherheit**

1. Willkommen in der Unsicherheit

Führungskräfte müssen permanent Entscheidungen treffen. In der Regel handelt es sich dabei um eine bunte Mischung aus wichtigen oder weniger wichtigen, sofort oder später zu treffenden Entscheidungen mit mehr oder weniger großer Tragweite.

- Wie zuversichtlich gehen Sie an diese Entscheidungen und ihre Umsetzung heran?
- Wie sicher können Sie die Resultate abschätzen?
- Verfügen Sie über ausreichende Informationen zur Absicherung Ihrer Entscheidungen, oder treffen Sie die Entscheidung, obwohl Sie unsicher sind?
- Wie viele dieser Entscheidungen führen Sie auf Ihnen völlig unbekanntes Territoriu?
- Wie viele dieser Entscheidungen sind mit großer Unsicherheit behaftet?
- Fühlen Sie sich dabei entspannt?
- Wie geben Sie zu, was Sie nicht wissen?
- Was bedeutet Unsicherheit für Sie?
- Wie gehen Sie mit Unsicherheit um?
- Sehen Sie zwischen Führung und dem „Managen" von Unsicherheiten einen direkten und fassbaren Zusammenhang?
- Geht es Ihnen gut im Umgang mit Unsicherheit?
- Was glauben Ihre Kollegen und Mitarbeiter, wie Sie selbst mit Unsicherheit umgehen?

- Wie gehen Sie mit unsicheren Mitarbeitern um?
- Wie können Sie eine souveräne Haltung erreichen?

Als reflektierende Führungskraft beschäftigen Sie sich sicherlich aufgrund vielfältiger eigener Erfahrungen mit diesem Themenkreis. Die zunehmende Komplexität in unserer heutigen Welt führt auch zu einem steigenden Maß an Unsicherheit.

Gelassenheit als Voraussetzung für Leistungsfähigkeit, Lern- und Veränderungsfähigkeit

Unsicherheit bedeutet für die meisten Menschen Stress – das Gegenteil von Entspannung. Erkenntnisse der Hirnforschung beweisen allerdings: Das Gehirn kann erst in einem entspannten Zustand wirklich aktiv werden! Diese Gelassenheit scheint Voraussetzung für eine hohe Leistungs- und damit auch Lern- und Veränderungsfähigkeit des Menschen zu sein. Und das wiederum sind genau die Fähigkeiten, die wir in unsicheren Zeiten so dringend benötigen.

Führen heißt Entscheiden, oft unter Unsicherheit. Unsicherheit macht orientierungslos. Genau dies zu vermeiden sind die Hauptaufgabe und der Schlüssel zur erfolgreichen Führung.

Und darum geht es in diesem Beitrag: Unsicherheit im Führungskontext (be-)greifbar zu machen, Wege zu einem entspannteren und damit souveränen Umgang mit dem Faktor Unsicherheit aufzuzeigen, um damit verbundenen Stress zu minimieren.

2. Unsicherheit im Führungskontext

Überkommene Führungsideale

In vielen Unternehmen besteht folgendes Bild von „guter" Führung:
- Gute Führungskräfte haben stets alles im Griff,
- dürfen keine Unsicherheit zeigen,
- benötigen niemanden, der sie in ihren Führungsaufgaben unterstützt,
- sind entscheidungsfähig und -freudig,
- führen sachbezogen über hohe fachliche Kompetenz.

Stress als Ungleichgewicht zwischen Anforderungen und individuellen Möglichkeiten

Über solche Vorstellungen werden – offen oder insgeheim – Führungskräfte rekrutiert, selektiert und gemessen. Die meisten Führungskräfte versuchen diesem Bild gerecht zu werden und stehen dabei dauerhaft unter dem Zwang, unterschiedlichste Interessen und Bedürfnisse unter Bedingungen zunehmender Unsicherheit auszugleichen. Aus diesem Spannungsverhältnis permanenter Balanceakte und daraus resultierender Konflikte entsteht Stress – der je nach Persönlichkeit als bereichernd oder als bedrohlich empfunden wird.

Bei chronischer Überlastung jedoch fängt Stress an zu schaden. Nicht umsonst hat die Weltgesundheitsorganisation WHO Stress zur größten Gesundheitsgefahr im 21. Jahrhundert erklärt – stressbedingte Arbeits- und Produktivitätsausfälle kosten uns ernstzunehmenden Schätzungen nach weltweit jährlich über 300 Milliarden Euro.

Mithilfe einer kognitiven Stressbewältigung kann es durch eine veränderte Wahrnehmung, Bewertung und Haltung gelingen, Unsicherheit als vermeintlichen Stressfaktor auszuschalten.

Unsicherheit als Stressfaktor ausschalten

Je unsicherer das Terrain, desto mehr Führungsqualität ist gefragt. Unglücklicherweise sind Führungskräfte oft schlecht oder gar nicht vorbereitet oder auch unfähig, ihre Gefühle der Unsicherheit zuzugeben, da dies immer noch als Versagen oder zumindest als mangelnde Führungseigenschaft ausgelegt wird.

Unabhängig davon, auf welchem Gebiet und in welcher Rolle Sie tätig sind – unsere Welt verlangt ständig steigende Höchstleistungen. Diese sind aber auf Dauer nur abrufbar, wenn man sich der Ungewissheit und Unsicherheit stellt, die eigenen Gefühle der Unsicherheit überwindet und damit entspannt genug bleibt, sein Bestes zu geben. Und mehr: seine Umgebung und seine Mitarbeiter aufgrund dieser Haltung zu überzeugen und dauerhaft zu motivieren, das heißt sie einzuladen, sie zu ermutigen und sie zu inspirieren.

Überwinden Sie Gefühle der Unsicherheit

2.1 Begriffsbestimmung – Ungewissheit, Risiko und Unsicherheit

Zunächst erscheint es für ein gemeinsames Verständnis zielführend, in diesem Zusammenhang oft verwendete Begrifflichkeiten klar voneinander abzugrenzen. Kennzeichnend ist, dass es in den verschiedenen wissenschaftlichen Disziplinen je nach Kontext und Blickwinkel unterschiedliche Definitionen für Ungewissheit, Risiko und Unsicherheit gibt.

Im wissenschaftlichen Diskurs wurden die Begriffe Unsicherheit, Risiko und Ungewissheit erstmals innerhalb der konzeptionellen Erweiterung der neoklassischen Entscheidungstheorie und damit einhergehender Unterstellung einer plausiblen Rationalität systematisch untersucht. Entscheidungen unter Unsicherheit liegen vor, wenn nicht uneingeschränkt bekannt ist, welche aller möglichen Umweltsituationen tatsächlich eintreten und welche Auswirkungen die Umsetzung einer bestimmten Wahlalternative haben wird. Man unterscheidet hierbei zwischen Entscheidungen unter Risiko und Entscheidungen unter Ungewissheit. In beiden Fällen ist die Menge aller möglicherweise eintretenden Umweltsituationen bekannt, lässt im ersten Fall eine Berechnung, im zweiten Fall zumindest eine Schätzung der Erwartungswerte zu.

„known unknowns" Andere Definitionen beschreiben Ungewissheit als Zustand, in dem etwas nicht feststeht und man nicht weiß, wie sich etwas entwickeln wird. Risiko beschreibt das Eintreten eines Ereignisses mit der Möglichkeit negativer Auswirkungen bezogen auf die Abweichung von gesteckten Zielen. Ungewissheit und Risiken werden in der englischsprachigen Literatur auch als „known unknowns" bezeichnet.

„unknown unknowns" Demgegenüber wird Unsicherheit sehr treffend mit „unknown unknowns" beschrieben. Das bedeutet, dass man hinsichtlich der Erwartung zukünftiger Ereignisse gar nicht weiß, was man nicht weiß. Diese Art der Unsicherheit wurde bereits 1921 von Frank Knight beschrieben.

Unsicherheit folgt keinen Regeln Unsicherheit widersetzt sich damit vorhandenem Wissen und Erfahrungen und unterscheidet sich damit fundamental von Ungewissheit und Risiko. Unsicherheit ist nach dieser Definition unvorhersehbar und nicht kalkulierbar.

Selbst-Unsicherheit Innerhalb der Verhaltenswissenschaften, insbesondere psychologischer Forschungsansätze, wird Unsicherheit als ein Zustand beschrieben, der als aversiv wahrgenommen wird und Bestrebungen zur Wiedergewinnung von Sicherheit auslöst. Unsicherheit wird im Sinne von Gefahr oder Bedrohung, als Zustand des Nicht-Wissens, aber auch der Selbst-Unsicherheit im Verhalten beschrieben. Es wird angenommen, dass Menschen diese Unsicherheiten in der Regel vermeiden oder reduzieren möchten, um kognitive, emotionale oder (Verhaltens-)Sicherheiten wiederherzustellen.

2.2 Facetten der Unsicherheit

Unsicherheit begegnet uns Tag für Tag in den unterschiedlichsten Bereichen unseres Lebens, Auslöser und Auswirkungen sind dabei sehr verschieden. Aus diesem Grund erscheint eine erweiterte interdisziplinäre Sichtweise unter Einbeziehung der verschiedenen Forschungsansätze und Erkenntnisse einzelner Wissenschaftsbereiche sinnvoll, insbesondere um unsere Wahrnehmung, unser Fühlen, Denken und Handeln im Umgang mit Unsicherheit und unserer Umwelt besser zu verstehen. Ein solcher Denkansatz geht damit weit über eine ökonomische Dimension hinaus.

Unsicherheit

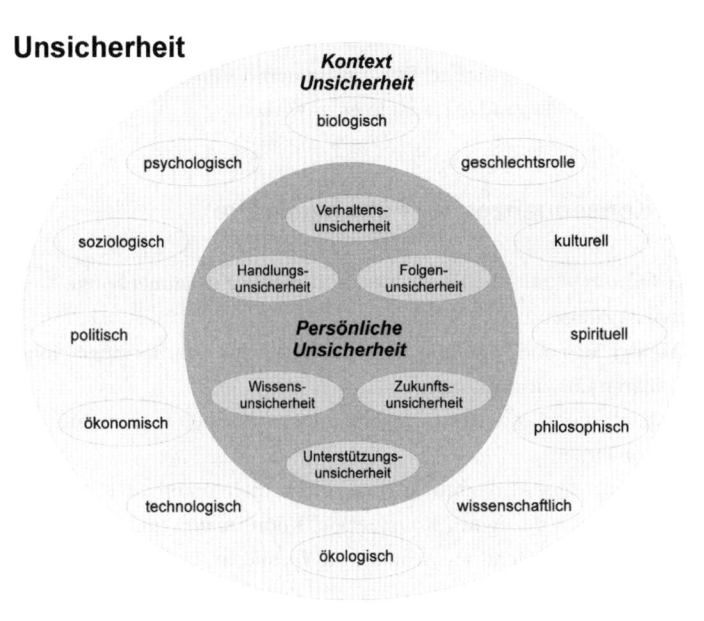

Kontext Unsicherheit: biologisch, geschlechtsrolle, kulturell, spirituell, philosophisch, wissenschaftlich, ökologisch, technologisch, ökonomisch, politisch, soziologisch, psychologisch

Persönliche Unsicherheit: Verhaltensunsicherheit, Handlungsunsicherheit, Folgenunsicherheit, Wissensunsicherheit, Zukunftsunsicherheit, Unterstützungsunsicherheit

Diese Vielfalt an Einflussfaktoren unserer komplexen modernen Welt wird individuell erfasst und verarbeitet, dabei spielen persönliche Betroffenheit, zur Verfügung stehende relevante interne und externe Ressourcen und Informationen, Verantwortlichkeit sowie potenzielle Konsequenzen eine gewichtige Rolle (siehe IRB-Modell).

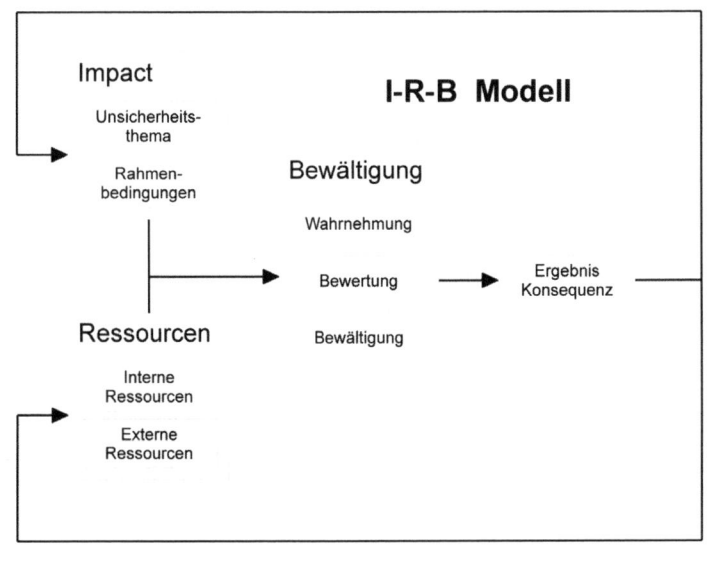

I-R-B Modell

Impact
- Unsicherheitsthema
- Rahmenbedingungen

Bewältigung
- Wahrnehmung
- Bewertung
- Bewältigung

→ Ergebnis Konsequenz

Ressourcen
- Interne Ressourcen
- Externe Ressourcen

Quelle: Lantermann / Döring-Seipel

Gerade in einer Führungsrolle sind Beobachtungs-, Urteils- und Entscheidungsprozesse maßgeblich, um steuernd und richtungsweisend auf eigenes und fremdes Handeln einzuwirken.

2.3 Konsequenzen für Führungskräfte

Für Führungskräfte bedeutet dies, sich dieser Zusammenhänge stets bewusst zu sein:
- Mensch sein und begreifen, dass man selbst das Resultat einer evolutionären Entwicklung ist.
- sich selbst und andere im Umgang mit Unsicherheit kennen und verstehen lernen.
- aufgrund dieser Erkenntnisse eigenes Handeln innerhalb einer Führungsrolle in Bezug auf Kooperation, Koordination und Kommunikation entsprechend ausrichten und Vorbild im Umgang mit Unsicherheit sein.

Im Führungskontext und für die weiteren Überlegungen wird Unsicherheit hier als die Möglichkeit des Eintretens unvorhersehbarer und unkalkulierbarer Ereignisse oder Entwicklungen (unknown unknowns) verstanden. Unsere individuelle Wahrnehmung, unser Empfinden und unser Verhalten im Umgang mit Unsicherheit hängen unmittelbar damit zusammen.

3. Evolution

Innovation als feste Konstante der Evolution

Die Natur hat bisher erfolgreich Widerstandsfähigkeit durch Evolution bewiesen und passt sich permanent sich verändernden Gegebenheiten (Unsicherheit) an. Permanente und radikale Veränderungen des Lebensraumes und der Lebensbedingungen mit natürlicher Auslese waren und sind ein natürlicher Vorgang. Ob man von einer bewussten „Überlebensstrategie" einzelner Spezies hinsichtlich zukünftiger gravierender Ereignisse sprechen kann, sei hier dahingestellt. Zu beobachten ist jedenfalls, dass sich Organismen aufgrund der unterschiedlichsten Krisen erfolgreich anpassen konnten. Die Notwendigkeit der Innovation ist somit gleichermaßen in der Natur wie in der Wirtschaft eine feste Konstante.

Wir Menschen betrachten uns gerne als „Krone der Schöpfung", ausgestattet mit Verstand, Intelligenz, Bewusstsein und vor allem der Fähigkeit zur Reflexion und Planung, die uns angeblich von anderen

Lebewesen unterscheidet. Biologisch gesehen sind wir jedoch ebenfalls ein Zellhaufen, bestehen zu 2/3 aus Wasser, und verfügen über ein erstaunliches drei Pfund schweres Organ mit 100 Milliarden Nervenzellen und Trillionen von Synapsen, das uns mittels eines hochkomplexen elektrochemischen Netzwerks durchs Leben führt – unser Gehirn.

Über die Arbeitsweise unseres Gehirns wissen wir trotz großer Fortschritte in den letzten Jahren immer noch relativ wenig. Wir können auch heute höchstens ansatzweise erahnen, wie es uns – neben vielen anderen lebenswichtigen Funktionen – in unseren Gefühlen, unseren Entscheidungen und Handlungen und somit unserem Verhalten lenkt. Resultierend aus einer evolutionären Entwicklung, komplizierten neurobiologischen Prozessen, Genetik und Instinkten. Sich dieses stets vor Augen zu halten hilft uns dabei, unser Wesen, unsere Rolle und unser Verhalten auch im Führungskontext besser zu verstehen.

Manche meinen, es wäre schön, wenn wir unsere Emotionen restlos durch Denken kontrollieren könnten. Darüber kann man streiten – auf jeden Fall ist und bleibt es illusorisch.

Von Anbeginn wird unser Denken von der Evolution geformt. Unser Gehirn ist jedoch – biologisch gesehen – noch nicht auf die heutige Umwelt optimiert. Seit der Jäger- und Sammlerzeit, in der blitzschnelles und intuitives Reagieren Überleben sicherte, haben wir uns in den letzten 10.000 Jahren eine völlig veränderte Welt geschaffen, die wir kaum mehr verstehen und in der Nachdenken eine immer entscheidendere Rolle im Überleben spielen wird. Mehr denn je ist klares rationales Denken notwendig; es ist aufwendig, mühsam und anstrengend und muss intuitives schnelles Denken situationsgerecht und abhängig von den Konsequenzen integrieren.

Integration von rationalem und intuitivem Denken

4. Neurowissenschaftliche Erkenntnisse
4.1 Unsicherheit als emotionaler Zustand

Eine integrative Sichtweise unter Einbeziehung der jüngsten Forschungsergebnisse innerhalb der Gesellschaftswissenschaften und insbesondere der Neurowissenschaften erklärt auch, warum wir generell vom rationalen Homo oeconomicus Abschied nehmen sollten, der ohne Emotionen und Intuition auskommt. Gerade Unsicherheit ist weniger ein logischer als vielmehr ein fundamental emotionaler Geisteszustand. Hierin liegt der große Trugschluss pseudorationaler Theorien und Forderungen von Managementexperten, die diese empirisch-wissenschaftlichen Erkenntnisse und Lebenserfahrungen ignorieren.

Abschied vom Homo oeconomicus

4.2 Die Macht des Unterbewusstseins

In unserem Gehirn entsteht die Simulation der Realität

Erst seit einigen Jahren kommt man den komplexen biochemischen und neurologischen Wirkungszusammenhängen in unserem Gehirn zumindest ansatzweise näher. Obwohl die hieraus gewonnenen Erkenntnisse und davon abgeleiteten Schlussfolgerungen durchaus kontrovers diskutiert werden, wird deutlich, dass unsere Wahrnehmung, unser Empfinden, Denken und Handeln von unserem Gehirn – vergleichbar einem Autopiloten – offensichtlich weitgehend unbewusst verarbeitet und gesteuert werden.

Zum einen verfügen wir zur Wahrnehmung nur über bestimmte Rezeptoren (sonst könnten wir z. B. Handygespräche ohne entsprechende Technik mithören), zum anderen sind unsere kognitiven Fähigkeiten schlichtweg beschränkt. Unser bewusstes Denken spielt sich linear-sequentiell ab: Wir entscheiden, welchen Gedanken wir zuerst denken und was wir davon ableiten, um das wiederum zur Grundlage des nächsten Gedankens zu machen. Mit nur wenigen Informationseinheiten ist der orbitofrontale Cortex, unser Frontallappen im Gehirn, in dem sich unser Bewusstsein abspielt, ausgelastet und dementsprechend schnell überfordert.

Unsere Wahrnehmung ist lückenhaft

Unsere Wahrnehmung ist damit lückenhaft, was wir wahrnehmen wird von unserem Gehirn automatisch ausgewählt. Dies ist auch sinnvoll, bewusst könnten wir in einer unvorhersehbaren Welt nicht leben – das würde uns hoffnungslos überfordern. Unbewusste Schaltkreise in anderen Hirnregionen haben längst schon entschieden, bevor wir mit dem Denken anfangen.

Dazu kommt, dass unser Unbewusstes – unser Erfahrungswissen, unsere unbewusste Wahrnehmung und Informationsverarbeitung – mit einer vielfach höheren Verarbeitungsgeschwindigkeit als in unserem Bewusstsein arbeitet und sich zudem unserer Kontrolle entzieht.

Das wird ebenfalls deutlich an den bewusst nicht kontrolliert einsetzenden Körperreaktionen, die bei entsprechendem Stimulus unmittelbar vom Unterbewusstsein angestoßen werden, lange bevor wir beispielsweise eine Stress-Situation vollständig bewusst erfassen.

Empathie z. B. ist uns durch Spiegelneurone sozusagen angeboren. Das sind Nervenzellen, die im eigenen Körper ein bestimmtes Programm realisieren können, aber auch dann aktiv werden, wenn wir beobachtet werden oder auf andere Weise miterleben, wie ein anderes Individuum dieses Programm in die Tat umsetzt. Menschen übernehmen somit Gefühle voneinander. Auch unsere Emotionen resultieren aus unglaublich schnell einsetzenden biochemischen und neuronalen Prozessen.

Intuition: Bauchgefühl

Intuition – oft auch als Bauchgefühl bezeichnet – ist nichts anderes als unbewusst gesteuertes Handeln aufgrund individuell erworbener Erfahrungen, Kenntnisse oder Fähigkeiten.

Was hat das nun alles mit dem Umgang mit Unsicherheit zu tun?

Alle lebenden Wesen von den Einzellern bis zum Menschen haben eines gemeinsam – wir sind anscheinend darauf programmiert, unbewusst und bewusst aufgrund von Bekanntem bzw. unserer Erfahrungen in und mit unserer Umgebung zu handeln. Daher fühlen sich viele Menschen unwohl, wenn sie mit Unsicherheit konfrontiert werden, mit vielfältigen Empfindungen: Stress, Kontrollverlust, Entscheidungsschwäche oder -unfähigkeit, Ablehnen von Verantwortung, schwindendes Selbstvertrauen, Zweifel, fehlender Zuversicht, Einnehmen einer defensiven Haltung, Ängsten, Ohnmacht, Frustration und schlimmstenfalls Resignation, verbunden mit Beeinträchtigung der mentalen sowie physischen Gesundheit. Das vermeiden zu wollen erklärt das natürliche Bedürfnis nach Sicherheit.

Wir leben permanent in der Vergangenheit

Andauernder Stress senkt unsere Denkleistung. Bei Übererregung des orbitofrontalen Cortex, in dem sich die komplexeren Denkprozesse abspielen, verkürzt unser Gehirn drastisch die Informationsmenge, die es verarbeitet, und greift auf archaische Notfallprogramme (panikartige Flucht, Angriff oder atemloses Erstarren) zurück, die in tiefer liegenden Hirnregionen gespeichert sind. Diese sind jedoch für die Bewältigung unserer heutigen Probleme denkbar ungeeignet. Hier wird deutlich, welchen Einfluss eine entspannte Haltung gegenüber der Unsicherheit auf die notwendige innere Ruhe im Frontalhirn ausübt, um so das erforderliche ruhige und abwägende Nachdenken zu ermöglichen.

Wert der inneren Ruhe

5. Unternehmenswirklichkeit

Unsicherheit nimmt zu, wenn das Volumen an Informationen zunimmt. Viele Manager verhalten sich immer noch so, als könnten sie die Zukunft vorhersagen. Gestützt auf aufwendige Planung, die Entwicklung komplexester Szenarien unter Zuhilfenahme ausgefeilter mathematischer Methoden und Verfahren und unter Zuhilfenahme der heutigen Möglichkeiten der modernen Informationstechnologien. Sie verkennen dabei, dass die IT-Technologie selbst maßgeblich zu der zunehmenden Komplexität und Dynamik der Welt und damit der Unsicherheit beiträgt. Wer dieser Entwicklung mit weiterer Daten- und Informationsverarbeitung begegnet, wird dieses Problem nicht lösen, sondern eher verstärken. Grundsätzlich ist an vorausschauender Planung nichts auszusetzen, solange wir uns nicht zu Tode analysieren und in

Zukunft ist keine Fortsetzung der Vergangenheit

grandioser Selbstüberschätzung meinen, damit alle entscheidungsrelevanten Informationen richtig zu erfassen und zu bewerten. Die weltweite Wirtschaftskrise 2008 hat deutlich gemacht, wie wenig Nutzen detaillierte Pläne und Risikoberechnungen haben.

Begreift man nach der neueren Systemtheorie Unternehmen nicht mehr nur als Mittel für einen von außen gesetzten Zweck (Shareholder Value), sondern als sich selbst organisierende soziale Systeme, in dem der Unternehmenszweck in seiner eigenen Überlebensfähigkeit liegt, dann wird deutlich, dass Führung hier als organisationale Fähigkeit und nicht mehr nur als Leistung einzelner herausragender Persönlichkeiten betrachtet wird.

Führung heute

In diesem Selbstverständnis wird das tayloristisch geprägte hierarchische Denken von einem marktbezogenen Außen-innen-Verhältnis abgelöst, in dem das unternehmerische Handeln darauf abzielt, ständig Problemlösungen mit überdurchschnittlichem Kundennutzen anbieten zu können. Das Überleben hängt damit entscheidend von der Bereitschaft und den Fähigkeiten aller Mitglieder einer Organisation ab, diesem Unternehmensziel bzw. Selbstverständnis zu folgen.

Neue Wertesysteme, die auf dem menschlichen Streben nach Wertschätzung, Sicherheit und Anerkennung basieren

Unabdingbare Voraussetzung ist ein klares, konsistentes und für alle Organisationsmitglieder verständliches und nachvollziehbares Wertesystem, das auch tatsächlich gelebt wird. Basierend auf dem menschlichen Streben nach Wertschätzung, Sicherheit und Anerkennung erfordert dies ein ungleich höheres Maß an Vertrauen und Akzeptanz, das im täglichen Miteinander stets neu erarbeitet werden muss, um ein gemeinschaftliches Wollen zu erzeugen. Denn Wollen ist deutlich machtvoller als hierarchisch verordnetes Müssen.

In vielen Unternehmen ist dieser notwendige Paradigmenwechsel noch nicht angekommen, obwohl sich gezeigt hat, dass partizipativ geführte Unternehmen sich gerade in turbulenten und unsicheren Zeiten äußerst erfolgreich und mit höheren Renditen durchgesetzt haben.

Die Unternehmenswirklichkeiten stellen sich oft anders dar: Renditegier, Kurzzeitdenken und Kostenwahn gepaart mit Demotivations- oder Misstrauenskultur haben internes und externes Vertrauen und damit Glaubwürdigkeit systematisch verspielt. Aus fehlendem Vertrauen resultieren Unsicherheit und Angst – der größte Leistungskiller – sowie gravierende Motivations- und Produktivitätseinbußen.

Paradigmenwechsel zu einem neuen Führungsverständnis

Damit dieser Paradigmenwechsel zur Entwicklung der organisatorischen Führungsfähigkeit gelingt, bedarf es eines entsprechenden Führungsverständnisses – basierend auf Kooperation, kollektiver Intelligenz und einer Abkehr von einer Welt der pseudorationalen Allmachtsphantasien, auf dem Weg zu einem integrativen Menschen- und Wirtschaftsverständnis im Sinne einer Verhaltens-Ökonomie.

6. Persönlichkeit und Unsicherheit

Nur wenn man als Führungskraft in unsicheren Zeiten sicher ist, kann man Sicherheit weitervermitteln und ein klares, sachliches Konzept von Unsicherheit haben. Die größte Herausforderung für Führungskräfte in der Unsicherheit ist zu verstehen, dass es nicht darum geht, alleine den richtigen Weg zu finden, sondern Übereinstimmung und Zustimmung von den Mitarbeitern zu bekommen.

Sicher in der Unsicherheit

6.1 Mensch sein

Die Erkenntnisse der Neurowissenschaften im Hinblick auf die eigene Persönlichkeit zu verstehen und zu akzeptieren ist eine grundlegende Anforderung an eine Führungskraft und erleichtert den Umgang mit Unsicherheit sowie möglicher Selbstunsicherheit bei sich und anderen.

Beobachten Sie sich, wie Sie sich in bestimmten Situationen verhalten, und achten Sie auf Ihre Körpersignale und Emotionen. Mensch sein bedeutet auch klarzustellen, dass Entscheidungen ambivalent sind und immer ein Risiko beinhalten. Lassen Sie die Unvorhersehbarkeit von Unsicherheit als innere Haltung zu. Dann brauchen Sie auch nicht so zu tun, als könne man Unsicherheit beherrschen. Zeigen Sie Ihre Gefühle – das sorgt für Authentizität, Souveränität und Sympathie, die durch Spiegelneurone in einer Art emotionaler Ansteckung Ihre Umgebung bewegt und überzeugt. Bleiben Sie gelassen und optimistisch, dann überträgt sich Ihre Gelassenheit und Zuversicht automatisch auf andere. Begründen Sie Entscheidungen mit Ihrem „Bauchgefühl". Akzeptieren Sie, dass es keine objektive Wahrnehmung gibt und jeder Mensch in seiner eigenen Welt lebt.

Unsicherheit und Unvorhersehbarkeit akzeptieren

6.2 Eigenwahrnehmung

Wichtig ist eine realistische Selbsteinschätzung, die es permanent zu überprüfen gilt. Daraus beziehen Sie Ihr Selbstbewusstsein und Ihre Selbstsicherheit. Ein erster Schritt wäre (falls noch nicht vorhanden) das Erstellen eines Persönlichkeitsprofils (z. B. GPOP Golden Profiler of Personality), um seine persönlichen Ausprägungen bzw. Neigungen zu kennen, sein Handeln zu reflektieren und zu wissen, wie man auf Menschen und Situationen reagiert und so eine höhere Kompetenz im Umgang mit der Umwelt zu gewinnen.

Der Blick in den Spiegel

Die Art der Situationsbewertung und ihre emotionale Einbettung legen bestimmte Bewältigungshandlungen nahe oder lassen sie unwahrscheinlich werden. Ob eine Bewertung als Bedrohung oder Chance erfolgt, ist abhängig vom jeweiligen Anforderungsdruck und von den für die Bewältigung zur Verfügung stehenden internen Ressourcen:

- Bildung, Alter, Status
- Erfahrung
- Reflexionskompetenz
- Resignationsneigung
- Ambiguitätstoleranz
- soziale Orientierung
- spirituelle Orientierung

- Selbstvertrauen, Zielorientierung
- Selbstwirksamkeitserwartung
- Belastbarkeit
- Optimismus
- Lernmotivation
- Entscheidungsfreude
- materielle Orientierung

Stärken weiter ausbauen

Je nach Persönlichkeitsstruktur werden das Empfinden und der Umgang mit Unsicherheit entsprechend der inneren Ressourcen unterschiedlich ausfallen. Eine pragmatische Empfehlung lautet, sich diesbezüglich eher auf seine Stärken zu konzentrieren und diese zu vertiefen und seine Energie weniger auf den Änderungsversuch eher schwach ausgeprägter Eigenschaften zu verwenden. Fragen Sie sich lieber, welche Stärken sich hinter Ihren Schwächen verbergen.

6.3 Fremdwahrnehmung

Menschen brauchen Rückmeldungen, um sicher zu sein, dass sie richtigliegen. Gerade für Führungskräfte ist es wichtig zu wissen, wie sie von ihrer Umwelt in den verschiedensten Situationen wahrgenommen werden. Suchen Sie 360-Grad-Feedbackgespräche mit Vorgesetzten, Kollegen und Mitarbeitern über Ihre Wirkung in Situationen, in denen es um Unsicherheit geht. Diese Hinweise sind weitere wichtige Informationsquellen, die Sie innerhalb Ihres Reflexionsprozesses unbedingt nutzen sollten.

6.4 Persönlichkeitsentwicklung

Leaders are made, not born

Ein Patentrezept für einen stressfreien Umgang mit Unsicherheit kann es nicht geben. Nachfolgende Empfehlungen sind als Anregungen zu verstehen – sie können und sollen die eigene Auseinandersetzung mit einem derart komplexen Thema nicht ersetzen.

Entwickeln Sie Ihre Führungskompetenzen laufend weiter, finden Sie Ihren persönlichen Weg und bleiben Sie vor allem authentisch. Reflektieren und verbessern Sie den eigenen Führungsstil, ignorieren Sie die Normen und Rezepte eines „guten" Führungsstils.

Verlassen Sie die Komfortzone
Manche Menschen haben von Natur aus eine hohe Ambiguitätstoleranz. Sie beziehen ihre Motivation und Energie aus der Suche und der Auseinandersetzung mit dem Nichtwissen, gerade das Nichtvorhandensein einer Lösung treibt sie an auf der Suche nach neuen Wegen und Lösungen, denn was nicht herausfordernd ist, ist in ihren Augen uninteressant.

Zukunft ungewiss! Interesse?

Auch wenn Sie nicht zu diesen Menschen zählen, kann man an einer solchen Einstellung sehr wohl arbeiten. Stellen Sie Regeln und Prozesse in Frage, und überlegen Sie „was würde passieren, wenn". Suchen Sie nach Alternativen, selbst wenn es bereits eine zufriedenstellende Lösung geben sollte. Stellen Sie sich auf den Standpunkt, wenn Sie etwas nicht wissen, dass Sie es herausfinden und auf die Organisation übertragen möchten.

Experimentieren Sie, und akzeptieren Sie bei sich und anderen, dass dabei Fehler und Konflikte auftreten werden. Suchen und stellen Sie sich schwierigen Herausforderungen. Bleiben Sie flexibel und neugierig. Halten Sie Gegensätze und Mehrdeutigkeiten aus und versuchen Sie nicht in „richtig" und „falsch" aufzulösen.

Veränderungstraining
Eine weitere Möglichkeit, Unsicherheit und Stress zu reduzieren und die Angst vor Veränderungen abzubauen, besteht darin zu trainieren, sich veränderten Situationen auszusetzen und sich darin – je nach Trainingsfortschritt – immer schneller anzupassen, sich also darin wohl zu fühlen. Damit erreichen Sie, dass Sie eine Routine hierfür entwickeln und sich dadurch viel schneller zurechtfinden, wenn Sie mit einer unvorhersehbaren Situation konfrontiert werden.

Veränderungstraining als Antistress-Training

Beispielsweise können Sie im privaten Bereich Veränderungspotential bei alltäglichen Vorgängen suchen und eine diesbezügliche persönliche Verhaltensweise bewusst verändern.
Bleiben Sie bei dieser Veränderung, bis Sie sich daran gewöhnt haben. Finden Sie heraus, was diese Verhaltensänderung in Ihnen bewirkt. Haben Sie dabei negative Emotionen, Unsicherheit oder Verwirrung wahrgenommen? Oder waren Sie überrascht, wie viel Spaß Ihnen die Veränderung bereitet? Wie schnell haben Sie sich an das neue Verhalten angepasst?

Wenn Sie beginnen, Dinge immer wieder neu zu verändern, werden Sie feststellen, daß Ihnen das zunehmend leichter fallen wird und sogar Spaß macht.

Handlungsfähig bleiben

Überzeugung folgt dem Handeln

Krisenmanagement ist Chefsache: Seien Sie mutig, ergreifen Sie die Initiative und nehmen Sie das Heft in die Hand. Handeln und entscheiden Sie selbstbewusst, so schaffen Sie Selbstbewusstsein und Vertrauen. Handeln Sie nach der Maxime: Ich könnte richtig liegen. Ich könnte falsch liegen. Aber ich bin nicht unsicher. Selbstbewusstes Handeln schafft Selbstvertrauen – die Überzeugung folgt dem Handeln. Signale geben: Wir packen es an. Begründen Sie Ihre Entscheidung auch mit Ihrer Intuition oder Ihrem „Bauchgefühl", wenn entscheidungsrelevante Informationen fehlen.

Intuition

Intuition lässt sich entwickeln

Lassen Sie Intuition bei sich und anderen zu. Intuition lässt sich entwickeln, nicht von heute auf morgen, aber durch Erfahrung, Übung und Training. Denken Sie an Kampfpiloten, die permanent darauf trainiert werden, in Sekundenbruchteilen überlebenswichtige Entscheidungen treffen zu müssen; ihre intuitive Leistungsfähigkeit im fliegerischen Bereich wird dadurch enorm gesteigert. Auch Sie können Ihre Intuition innerhalb Ihres Umfelds verbessern, solange die Unternehmens- und Entscheidungskultur dies zulässt. Berücksichtigen Sie dabei jedoch, dass Ihre intuitive Entscheidung nicht notwendigerweise automatisch die Beste sein muss und auch zu einem Misserfolg führen kann. Intuition hängt von der inneren Einstellung ab, an der man arbeiten kann. Übrigens: Auch Szenario-Entwicklung verlangt Übung.
Verstecken Sie sich nicht hinter Team-Entscheidungen – auch wenn Führung als organisationale Fähigkeit verstanden wird, tragen Sie Verantwortung, der Sie gerecht werden müssen.

Kommunikation

Konsistenz von Haltung, Handlung und Kommunikation

Kommunikation spielt eine Schlüsselrolle beim Umgang mit Unsicherheit. Mangelnde Kommunikation resultiert in mangelndem Erfolg und höherer Unsicherheit. Organisationen bzw. Ihre Mitarbeiter haben eine sehr feinfühlige Wahrnehmungsfähigkeit und beobachten sehr genau, wie Sie sich verhalten – nicht nur in der verbalen oder schriftlichen Kommunikation, sondern auch in Ihrer Körpersprache. Auch das, was Sie nicht tun, gehört zu Ihrer Kommunikation. Achten Sie auf Konsistenz von Haltung, Handlung und Kommunikation.

Bringen Sie Dinge klar und verständlich auf den Punkt. Versuchen Sie Komplexes zu vereinfachen. Bleiben Sie ehrlich. Wägen Sie äußerst sorgfältig ab, ob es sinnvoll ist, Dinge ganz oder teilweise zu verschweigen oder erst später zu kommunizieren, denn damit riskieren Sie, möglicherweise Vertrauen und Glaubwürdigkeit dauerhaft zu zerstören. Versuchen Sie direkt zu kommunizieren, nicht über Dritte.

Fakten versus Mythen: Behalten Sie die Kontrolle – begegnen Sie Gerüchten und Falschmeldungen sofort mit Fakten, denn den „Flurfunk" können Sie nicht kontrollieren. Führen Sie aufklärende persönliche Gespräche mit den Mitarbeitern einzeln, aber sofort nacheinander. **Fakten versus Mythen**

Teilen Sie sich mit: Ihre Ansicht, Ihre Einschätzung, Ihre möglichen Bedenken, Ihre Hoffnung. Auch, dass Sie nichts wissen (sofern Sie nichts wissen).

Zeigen Sie Präsenz: Management by walking-around kann verhindern, dass Mitarbeiter Ihr Verhalten anderen gegenüber fehl- oder überinterpretieren.

Kollektive Intelligenz

Setzen Sie Feedback-Instrumente ein, holen Sie Ihre Vorgesetzten, Kollegen, Mitarbeiter, Kunden, Geschäftspartner etc. ab. Vertrauen Sie nicht darauf zu glauben oder zu wissen, wie „das Top-Management" denken und entscheiden würde, fragen Sie und bitten Sie um eine Meinungsäußerung.

Nehmen Sie das Verbesserungswissen der Mitarbeiter sehr ernst – würdigen, entwickeln und nutzen Sie es. Sie verschenken bares Geld, wenn Sie das Wissen der Organisation nicht zu nutzen wissen. Hören Sie aufmerksam zu, auch unangenehmen Botschaften.

Suchen Sie den vertrauensvollen Gedankenaustausch mit Gleichgesinnten – außerhalb des eigenen Bereichs oder Unternehmens innerhalb horizontaler Netzwerkstrukturen. **Gedankenaustausch suchen**

Ziehen Sie zur Sicherstellung einer objektiven Sichtweise und Vermeidung von „Bunkermentalität" neutrale Begleiter (ggfs. Berater, Coach) hinzu, dies ist kein Zeichen von Schwäche, sondern von Mut, sich mit seinen eigenen Defiziten auseinanderzusetzen.

Emotionale Intelligenz

Mitarbeiter müssen ihre Gefühle, Unsicherheiten und Ängste mitteilen können. Sprechen Sie mit ihnen darüber. Gehen Sie emotional auf Ihre Mitarbeiter ein, aber setzen Sie Wertschätzung und emotionale Intelligenz nicht mit einer „Kuschelführung"-Mentalität gleich. Sorgen Sie je nach Situation für die richtige Nähe, aber auch notwendige Distanz. **Führung mit Herz**

Gehen Sie davon aus, dass Spiegelneurone Ihre Botschaften unbewusst übertragen und verstärken – positiv wie negativ.

Achten Sie auf Ausgewogenheit zwischen Mitarbeiterführung und fachlicher Führung.

Schützen Sie sich mit einer gesunden Dosis an Bescheidenheit, Selbstzweifel und Demut vor Überheblichkeit, Arroganz und Eigensinnigkeit.

Erzeugen Sie positive Unsicherheit durch positive Überraschungen – hier sind Ihrer Kreativität keine Grenzen gesetzt. Auch kleine Gesten können Großes bewirken.

Das Dilemma der Reaktionsgeschwindigkeit

Reaktionsgeschwindigkeit spielt eine wichtige Rolle

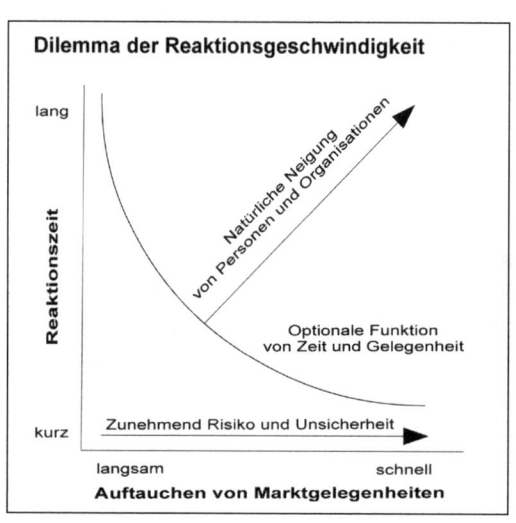

Dilemma der Reaktionsgeschwindigkeit

(Diagramm: Reaktionszeit [lang/kurz] über Auftauchen von Marktgelegenheiten [langsam/schnell]; Kurve „Natürliche Neigung von Personen und Organisationen"; „Optionale Funktion von Zeit und Gelegenheit"; „Zunehmend Risiko und Unsicherheit")

Quelle: Koulopolous, Thomas M.

In unserer globalen Wirtschaft ist zu beobachten, dass die Geschwindigkeit, in der Fenster von Marktgelegenheiten auftauchen und sich wieder schließen, permanent zunimmt. Hieraus resultiert das Dilemma der Reaktionsgeschwindigkeit: In einer durch Unsicherheit geprägten Situation wäre es natürlich, sich für die Entscheidung mehr Zeit zu geben, um alle Optionen abzuwägen. Tatsächlich kann es überlebenswichtig sein, schnell zu entscheiden, um sich bietende Gelegenheiten nicht zu verpassen, die sonst der Wettbewerb nutzt.

Notwendigkeit plausibler Annahmen an Stelle von explizitem Wissen

Prognosen und Expertenmeinungen kritisch gegenüberstehen

Bauen Sie falsche Ideale der Gewissheit von Entscheidungen ab und akzeptieren Sie pragmatische Hypothesen als Entscheidungsgrundlage. Schnell entscheiden müssen kann bedeuten, ohne gesicherte Informationen nur aufgrund von Annahmen zu entscheiden. Hier bewährt sich die bekannte 80/20-Regel. In Bezug auf unvorhersehbare Ereignisse helfen Ihnen Prognosen und Expertenmeinungen nicht wirklich weiter. Auch wenn Sie bei Planungen immer vom pessimistischsten Szenario ausgehen, schützt das nicht vor Überraschungen. Leben Sie damit und erwarten Sie das Unerwartete.

Erwarten Sie das Unerwartete!

Unsicherheit erfordert radikales Denken, Kreativität und Innovation

Die Notwendigkeit schneller Entscheidungen erfordert oftmals radikales, kreatives und innovatives Denken, gepaart mit einem hohen Maß an Reaktions- und Entscheidungsfreudigkeit, Flexibilität und Intuition. Das klingt plausibel, ist aber leichter gesagt als getan. Diese persönlichen bzw. organisatorischen Fähigkeiten kann man nicht verordnen, sie müssen in der Regel konsequent erarbeitet werden, was Zeit erfordert und sich nicht von heute auf morgen entwickeln kann. Überlegen und bewerten Sie einmal, inwieweit diese Fähigkeiten auf Ihr Unternehmen oder Ihren Bereich zutreffen und ob Sie diesbezüglich Entwicklungspotentiale sehen. Gibt es in Ihrem Team die radikalen kreativen Querdenker und wenn ja, gehört es zum Selbstverständnis der Organisation, deren Beiträge in Entscheidungsprozessen entsprechend zu bewerten und zu berücksichtigen?

Risikotolerant sein

Unternehmerisches Handeln ist stets mit Risiken und Unsicherheit verbunden und erfordert Mut. Falsch verstandene und zu starke Fokussierung auf das Minimieren von Risiken kann oftmals Minimierung von Chancen bedeuten. Fragen Sie sich z. B., welche Risiken Ihr Wettbewerb eingehen würde. Ein Risiko heute einzugehen kann zukünftige Risiken oder Unsicherheiten verhindern und mindern.

Risikotoleranz versus Risikominimierung

Stressreduzierung

Freiräume schaffen

Stress entsteht dann, wenn eigene Ressourcen in Gefahr geraten oder verloren gehen. Ziel muss es daher sein, seine Ressourcen mit geeigneten Strategien zu schützen, auszubauen oder wiederzugewinnen, um wieder gelassen zu werden. Dies kann z. B. durch Lernen, Erweiterung von Wissens- und Selbstkompetenzen erfolgen. Schaffen Sie sich dafür bewusst und gezielt Rückzugsräume im eigenen Bereich – machen Sie Termine „mit sich selbst", um notwendige Zeit zum Nachdenken zu gewinnen. Delegieren Sie möglichst viele fachliche Aufgaben, um sich auf wesentliche Führungsaufgaben zu konzentrieren.

7. Schaffen einer zukunftsgerichteten Unternehmenskultur

Umgang mit Unsicherheit in die Unternehmenskultur integrieren

Immer mehr Topmanager sind mittlerweile davon überzeugt, dass die Unternehmenskultur eine immer größere Bedeutung für nachhaltigen wirtschaftlichen Erfolg haben wird. Es erscheint somit konsequent, den Umgang mit Unsicherheit und Wandel auch in die Unternehmenskultur zu integrieren.

7.1 Die richtige Einstellung

Warum ist die „richtige Einstellung" wichtig? Unsere innere Überzeugung lenkt unser Denken, unsere Wahrnehmung und unsere Bewertung. Man kann Menschen nicht dazu motivieren, etwas zu wollen. Man kann sie aber als Vorbild mit einer entsprechenden Haltung einladen, ermutigen und inspirieren, diese Haltung nachzuvollziehen, um gemeinsame Ziele zu erreichen, Unsicherheit zu überwinden und erfolgreich zu sein.

Denn dauerhafter eigener Antrieb und die dazu notwendige Energie entstehen nur aus eigener Überzeugung und Begeisterung. Eine klare und überzeugende eigene Einstellung zur Unsicherheit zählt deshalb viel und beeinflusst das Verhalten anderer.

7.2 Unsicherheit: Evolution der Möglichkeiten!

Wertschöpfung durch Vertrauen und Wertschätzung

Die Wirklichkeit lehrt uns, dass wir Unsicherheit als permanenten Bestandteil unseres Lebens akzeptieren, zulassen und somit in unserem Weltbild verankern müssen. Führungskräfte stehen vor der Aufgabe, dies in Wertesystemen von Organisationen umzusetzen und die Voraussetzungen für Anpassungsfähigkeit und langfristiges Überleben im Wettbewerb zu schaffen. Gleichzeitig müssen sie Orientierung und Sicherheit im Umgang mit Unsicherheit vermitteln. Dies gelingt am ehesten in einem Klima, das von hohem gegenseitigem Vertrauen und Wertschätzung als Grundlage menschlicher Kooperation geprägt ist, in dem kreatives Querdenken, radikales Hinterfragen und ein hohes Maß an Selbstorganisation und Selbstverantwortung gefordert und gefördert wird.

Organisationales Führungsverständnis

Mit einer Entscheidungskultur, die Intuition zulässt und Experimentierfreudigkeit fördert und nicht bestraft. Mit dem Selbstverständnis als lernende Organisation, die Fehler als wichtigen Teil eines Lern- und

Verbesserungsprozesses begreift. Mit einem organisationalen Führungsverständnis, das Unternehmen in die Lage versetzt, kurzfristig auf Unvorhersehbares flexibel zu reagieren.
Eine Unternehmenskultur des Zusammenhaltes, in der die Gründe für die Handlungen des Managements zeitnah, transparent und nachvollziehbar kommuniziert werden; in einer Ära des postheroischen Managements, in der auch Führungskräfte Mensch sein dürfen.

Gemeinsam Unsicherheit überwinden

Erkennen und nutzen Sie die Chancen und Potentiale, die eine derartige Haltung und Unternehmenskultur Ihnen und Ihrem Team bieten!

Eine Rückschau auf die Evolution und unsere (Wirtschafts-)Geschichte zeigt an zahllosen Beispielen, dass aus Krisen und unsicheren Zeiten stets Neues hervorgegangen ist. Wir sind, wie wir sind. Warum begreifen und nutzen wir dann Unsicherheit nicht als Evolution der Möglichkeiten – für einen entspannten und damit souveränen Umgang mit Unsicherheit?!

Wir sind, wie wir sind

Zu guter Letzt: Die beste und älteste Entspannungsmethode ist Lachen. Nachdem Säbelzahntiger heute eher selten geworden sind, fragen Sie sich, ob Sie nicht manchmal nur einem Papiertiger gegenüberstehen.

Liebe zum Lachen

Umgang mit Komplexität
von Ulrich Rauterberg

Wirtschaft ist komplex, Unternehmen sind komplex, menschliche Beziehungen sind komplex, Führung ist komplex. Mit komplexen Sachverhalten und Situationen souverän umgehen zu können wird somit zum Basisfaktor, als Führungskraft mit COOPETITION wirken zu können.

Ulrich Rauterberg

Umgang mit Komplexität
**Mit vernetztem Denken und Handeln
die Zukunft gestalten**

1. Komplexe Systeme verstehen

Radikale Umbrüche im Wirtschaftsalltag konfrontieren die Manager von heute mit sehr komplexen Herausforderungen. Mit linearen Strategien sind diese nicht zu bewältigen. Als einzig funktionierendes Modell hat sich das vernetzte Denken bewährt. Auf dieser Basis können Sie Ihr Unternehmen gesund, stark und lebensfähig machen und halten.

Die Zeiten sind rasant und unübersichtlich. Wirtschaftsunternehmen sehen sich zunehmend mit komplexen Problemsituationen konfrontiert. Gewohnte Strukturen verschwinden. Neue Wettbewerber drängen in den angestammten Markt. Oft verändert sich ein Problem schon, während man noch an der Lösung arbeitet. Die Zukunftsgestaltung wird immer schwieriger.

Wie lauten systemverträgliche Antworten, die auch die Zukunft sichern? Welche Zusammenhänge und Reibungspunkte sind dabei zu beachten, wo kann man ansetzen? Das sind einige der zentralen Fragen, auf die wir dringend Antworten suchen.

Die Zukunft sichern

1.1 Komplexität managen

Stellen Sie sich vor, bei einem Schachspiel sind einige Figuren durch Bänder verbunden und einige Figuren sind nur zu erahnen! Können Sie das managen?

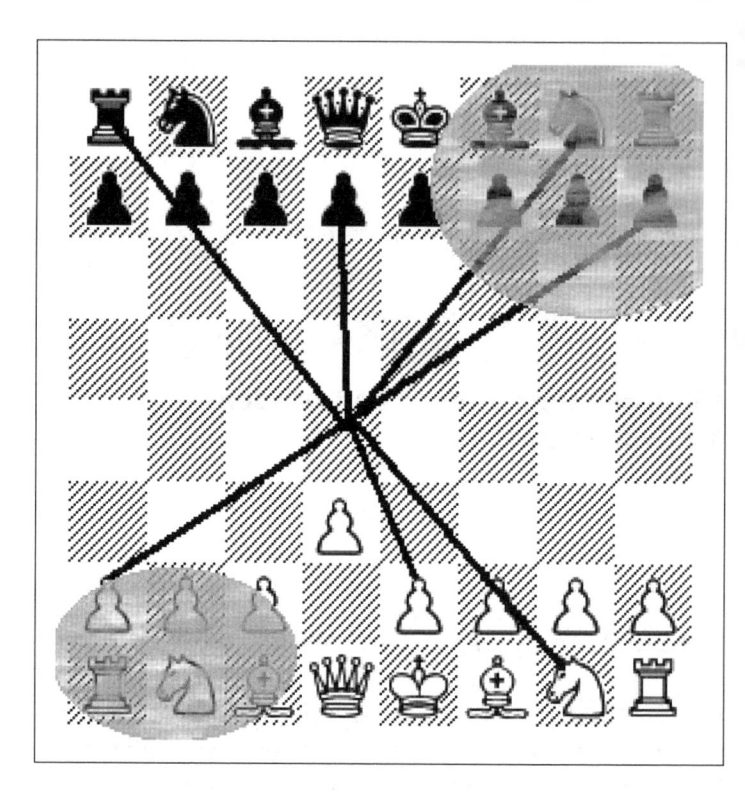

Komplexe Vorgänge verlangen daher ein Denken in Zusammenhängen, das sich an der Struktur organisierter Systeme orientiert. Als Vorschulkinder erlebten wir schon einmal, was dieses Denken erfordert, denn hier lernten wir nur fächerübergreifend. Wenn wir etwas über Feuer lernten, wurde in Geschichte, Biologie und Deutsch darüber geredet und den Abschluss bildete ein Besuch bei der Feuerwehr. Wir müssen es nicht neu lernen, wir können es! Unsere jetzt antrainierten linearen Denkstrukturen helfen uns nicht dabei, den Wandel zu initiieren.

Kurzfristig werden wir Erfolge verzeichnen, langfristig führt ein solches Handeln in ein Dilemma.

Häufig löst unser Handeln Wirkungen und Faktoren aus, die den Erfolg ins Gegenteil verkehren. Toll aufbereitete Auswertungen aus unserem Controlling können nur vergangenheitsorientiert sein. Sie reichen nicht aus, um Ihr Unternehmen in eine erfolgreiche Zukunft zu steuern. Einfache Hochrechnungen führen zu Fehlplanungen und Fehlinvestitionen. Sie taugen zwar für statistische Phänomene; in komplexen Situationen liefern sie jedoch nur in Wachstumsphasen und innerhalb eines überschaubaren kurzen Zeitabschnitts brauchbare Ergebnisse.

Was wir benötigen, ist vielmehr ein neuer, anderer Zugang zu unserer

Problemsituation. Mein Vorschlag für Ihre Managementaufgaben ist die Herangehensweise aus systemorientierter Sicht. Damit können Sie dynamische Systeme gestalten und lenken. Voraussetzung ist, dass Sie als Manager Ihr Unternehmen als komplexes System erfassen und angemessen mit ihm umgehen.³

Systemorientierte Sicht

Erforderlich ist ein vernetztes Denken, das auf den Gesetzen der Systemtheorie, der Kybernetik, basiert. Diese Gesetzmäßigkeiten, auf denen das Management der Natur beruht, sind auch für Manager hochaktuell. Denn deren größte Herausforderung besteht darin, trotz der Komplexität des Wettbewerbs die eigene Handlungsfähigkeit zu bewahren und selbstgesteckte Ziele zu erreichen. Nur so kann die ökonomisch-rechtliche Selbstständigkeit eines Unternehmens erhalten werden.³

1.2 Ein vernetztes Beispiel

Kein Manager kann sein Problem isoliert betrachten und bearbeiten. Aufgrund der engen Verbindungen zu anderen Leistungserbringern spüren sie indirekt auch Änderungen in diesen Bereichen. Hinzu kommen die gesellschaftlichen, ökonomischen, ökologischen und politischen Wechselwirkungen. Sie befinden sich in einem damit vernetzten, undurchsichtigen, lebenden Organismus.

Jedes Unternehmen stellt, wie jeder Organismus auch, ein komplexes System dar, das offen ist und zur Umwelt in einem lebendigen Kontakt steht. Es ist nicht möglich, einen Parameter allein zu ändern, ohne gleichzeitig alle anderen zu beeinflussen. Wenn wir an einer Stelle eingreifen, werden sich die Beziehungen aller anderen Teile zueinander verändern und damit auch das Bild des Ganzen. Selbst wenn ein System aus vielen Komponenten besteht – es ist immer einmalig.

Einkauf, Lager, Entwicklung, Produktwissen, Innovationsbereitschaft, Verkaufsgeschick, Marketing – dies alles webt ein ganz spezielles Wirkungsnetz und steht in einer Ordnung zueinander. In unserem Beispiel bildet das System „Maschinen Importeur S. Auber". Wenn wir einen Fehler in einem Bereich zu verantworten haben, wird er irgendwo anders wieder auftauchen und sich auf andere Bereiche übertragen; vielleicht geht er auch in unserem System erst einmal auf Tauchstation, um dann umso gemeiner an anderer Stelle wieder zuzuschlagen. Diese eine, einmal getroffene Entscheidung entwickelt ein gepflegtes Eigenleben. Korrigieren können wir diese Entscheidung in den seltensten Fällen; wir können nur noch Symptome lindern.

Das Eigenleben von Fehlern

> **Ein Beispiel:**
> S. Auber ist Inhaber eines mittelständischen Handelshauses für Reinigungstechnik. Sein Hauptstandbein ist der Generalimport von innovativen Reinigungsmaschinen aus Spanien. Das Unternehmen besteht in Deutschland aus 80 Mitarbeitern. Es gibt in Deutschland drei andere große Unternehmen, die vergleichbare Maschinen herstellen, sodass es massiven Konkurrenzdruck gibt. Die Ertragssituation bei S. Auber ist kritisch: Das Unternehmen überlegt, massiv auf Nischenbearbeitung zu setzen. Als neuer Renner hat sich auf einer der Leitmessen der Einsatz von Trockeneis zur Bodenreinigung herausgestellt.
> Als innovativer Manager hat sich S. Auber die alleinigen Vertriebsrechte für Deutschland gesichert. In seinem Unternehmen ist S. Auber für seine Innovationsfreude berühmt – und berüchtigt.
> Es werden sich wieder einmal Produktsortiment, Preise, Beratungsangebot, Lagerumfang und sonstige Dienstleistungen ändern. Alle Mitarbeiter müssen geschult und eingearbeitet werden. Zusätzlich müssen einige organisatorische Veränderungen durchgeführt werden; denn es gilt, unterschiedliche Maßnahmen zu koordinieren.

Aus diesen Veränderungen können auch Informations- und Kommunikationsprobleme resultieren. Läuft der Informationsaustausch nicht glatt, behindert dies die Funktionsfähigkeit von S. Auber. Daher müssen Störfaktoren eliminiert werden. Man muss dazu wissen, dass gleiche Störfaktoren verschiedene Effekte auslösen und verschiedene Faktoren die gleiche Symptomatik verursachen können Ob ein System überlebensfähig ist oder nicht, liegt vor allem an der Art der Kommunikation zwischen seinen Teilen. Mängel im Informationstransfer und in der Kommunikation führen dazu, dass die Mitarbeiter in den einzelnen Sektoren keine einheitlichen Ziele verfolgen.

Informationstransfer ist wichtig

Unter Zeitdruck besteht die Gefahr, Perspektiven nicht zu erkennen und nicht zu diskutieren. S. Auber sieht die Nischenbearbeitung in einem ganzheitlichen Konzept als Chance, die Wettbewerbsfähigkeit und Lebensfähigkeit zu sichern. Für die Mitarbeiter stehen höhere Jobanforderungen und Arbeitsplatzsicherheit im Vordergrund. Den Kunden ist die Befriedigung ihrer Bedürfnisse wichtig. Das Controlling denkt an die damit verbundenen Investitionen und mahnt zur Vorsicht. Die Neupositionierung beeinflusst sowohl das wirtschaftliche als auch das soziale Umfeld von S. Auber. All dies ist bei der Strategiefindung und beim Management zu berücksichtigen.

1.3 Das Überleben ermöglichen

Wenn wir Darwin glauben wollen, werden nur die fittesten überleben. Somit ist schneller, größer, stärker ein Garant dafür, alles zu überleben! Ich wage dies zu bezweifeln. Ist es wirklich richtig, um jeden Kunden mit allen Mitteln zu kämpfen? Diese Strategie kann ganz schnell ins Gegenteil umschlagen. Denn heute steht eindeutig der größtmögliche Nutzen für den Kunden im Zentrum aller Vorgänge. Das Spiel des „Survival of the fittest" wird für sich entscheiden, wer sein System im Sinne des Kunden beherrscht.

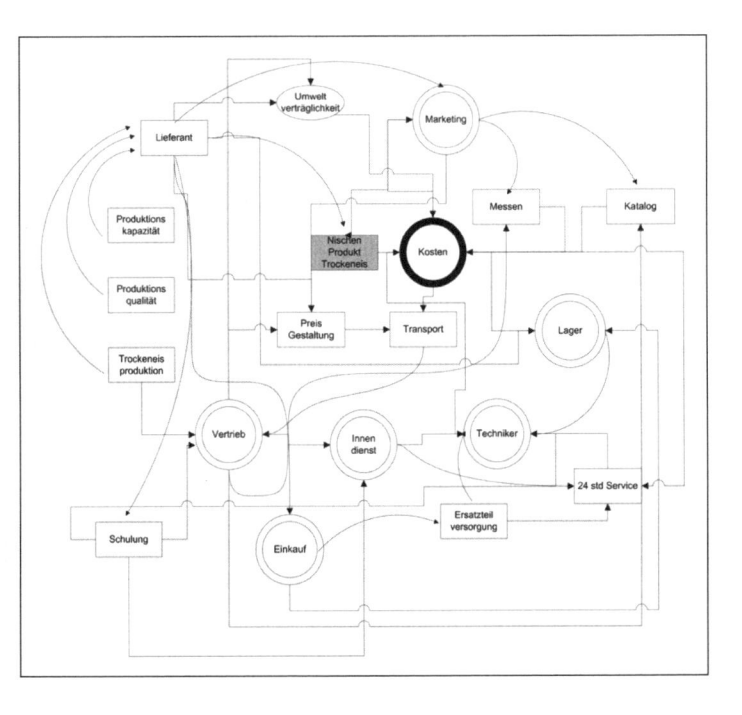

Unser Topmanager S. Auber kann sich mit entsprechender Übersicht und mit seinem qualifizierten Team durch seine neu entdeckte Nische besser am Markt darstellen. Je besser die Qualität der Leistungen, desto schwächer die Konkurrenz, desto besser seine Wettbewerbsposition, desto höher sein Gewinn, desto mehr kann er investieren, desto besser ist die Qualität der Leistungen und so weiter. Umgekehrt: je besser die Konkurrenz, desto schlechter die eigene Wettbewerbsposition und so weiter. Durch negative Rückkopplung in Kreisprozessen reguliert sich das System selbst und hält sich in einem Gleichgewicht.

Je besser die Umsetzung der Idee der Trockeneisreinigung ist, desto besser die Kundenzufriedenheit, desto besser der Umsatz, desto besser der Gewinn.

2. Vernetzt denken

Wenn wir uns die Systematik der komplexen Aufgabenstellung von unserem Manager S. Auber anschauen, lässt dies den Eindruck zu, dass die Realisierung der einzelnen Komponenten ausreicht, um die Komplexität zu verstehen. Wird ein Mitarbeiter nach seinen Erfahrungen gefragt, zeigt sich dagegen schnell, dass die Beziehungen zwischen den Teilen ebenso wichtig sind wie diese selbst. Allein aus der Kenntnis der Teile lässt sich das Ganze nicht konstruieren.

Ein komplexes System ist mehr als die Summe seiner Teile.
Das zeigt zum Beispiel ein stark gerastertes Bild von Albert Einstein. Sieht man sich das Bild von Nahem an, stellt es sich lediglich als Ansammlung von Quadraten mit unterschiedlichem Helligkeitsgrad dar. Betrachtet man das Bild jedoch aus größerer Entfernung oder blinzelt stark, ergeben die Quadrate unverwechselbar Einsteins Gesichtszüge. Sobald das Bild unscharf wird und die Trennlinien verschwinden, setzt unser Gehirn die Quadrate zueinander in Beziehung und erkennt Muster. Entscheidend für die Erkennung von Mustern sind somit die Beziehungen zwischen den Teilen.

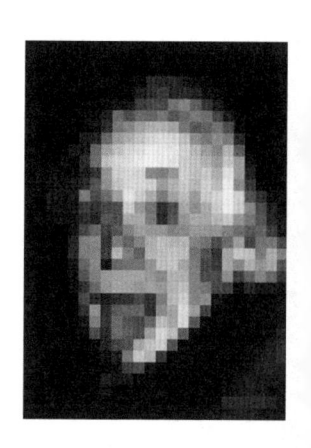

Das Netz der Wechselwirkungen

Das Ganze ist mehr als die Summe seiner Teile.
Das Mehr ist Struktur, Organisation, das Netz der Wechselwirkungen.
Unser Gehirn ergänzt ein Bild trotz fehlender Teile zu einem Ganzen.

Umgang mit Komplexität

Sobald die Teile eines Systems vernetzt werden, ist nur noch ein Bruchteil der Daten nötig, um es zu charakterisieren. Denn mehr Information bedeutet nicht automatisch, besser informiert zu sein.

Auf die wesentlichen Schlüsselkomponenten kommt es an.
Ohne die Beziehungen und damit die wechselseitigen Abhängigkeiten zwischen einzelnen Segmenten zu kennen, ist ein System nicht zu verstehen und nicht zu gestalten. Probleme nehmen keine Rücksicht auf Bereichsgrenzen. Ein Unternehmen lässt sich – wie jedes andere System auch – nicht als Ganzes entwickeln, wenn jeder Bereich isoliert betrachtet wird. Die Rolle, die ein bestimmter Ausschnitt im Gesamtsystem spielt, kann erst aus den Verbindungen zwischen den Bereichen erkannt werden und nie aus dem Einzelbereich selbst.[4]

3. Vom Sklaven zum Meister der Komplexität

„Wie isst man einen Elefanten?" – „Scheibenweise."
Also wird ein großes Problem in seine einzelnen Probleme zerlegt. Aber reicht das für unsere S.-Auber-Aufgabenstellung?
Unübersichtliche Systeme, wie unsere S.-Auber-Firma können sicherlich mit den Systemgesetzen ordentlich gesteuert, geregelt und gestaltet werden.
Wir können nicht in einem komplexen System einen genau definierten Zustand erreichen oder konstruieren, unser Ziel muss vielmehr lauten: Wir wollen den kompletten Organismus in seiner Lebensfähigkeit gesund und wuchsfreudig halten.

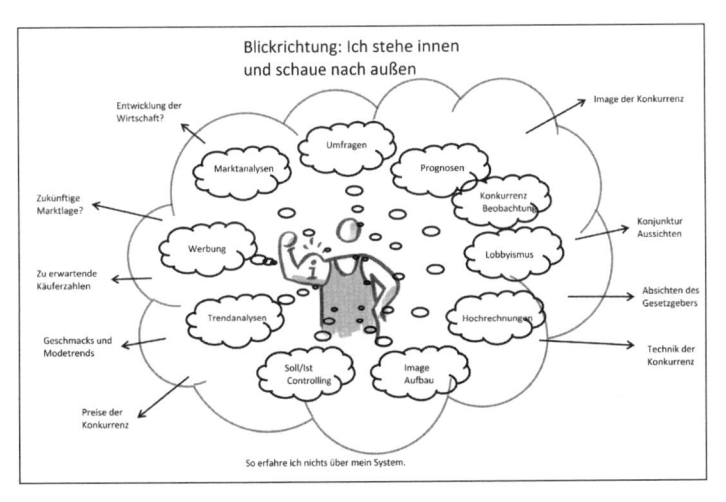

Übliche unsystemische Sichtweise

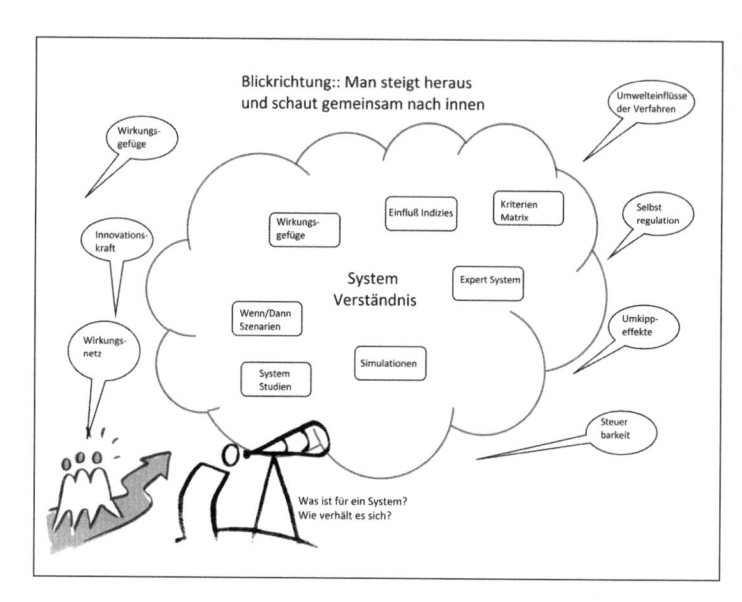

Neue systemische Sichtweise

Die Denk- und Sichtweise in der Betrachtung eines vernetzten Unternehmensbildes unterscheidet sich in der evolutionären, ganzheitlichen, funktionsorientierten und kybernetischen Sicht der Dinge. Das Ziel ist die Stärkung der Überlebensfähigkeit des Unternehmens. Man strebt keine Zustände an, sondern Fähigkeiten des lernenden lebenden „Organismus" Unternehmen.

Durch systemorientiertes Management stellen S. Auber und sein Team die Weichen so, dass Schäden geringere Chancen haben aufzutauchen. Durch kybernetische Selbststeuerung machen sie das System stabil gegen Störungen. Dann kann das System seine Funktion, ähnlich wie ein lebender Organismus, trotz störender Einflüsse von außen erfüllen.[1]

4. Handeln, aber wie
4.1 Das System im Team bezwingen

Die Voraussetzungen dafür schafft S. Auber dadurch, dass er sich ein Team zusammenstellt, das genau diesen Anforderungen an die neue systemorientierte Denkstruktur gewachsen ist.

Für eine erfolgreiche Zusammenarbeit im Team gibt es zwei Schlüsselfaktoren: Menschen werden in ihrem sozialen Verhalten dann als effektiv betrachtet, wenn sie

- das tun, was andere benötigen – sowohl bei Arbeitsaufgaben als auch bei sozialen Aktivitäten.

- es so tun, wie andere es benötigen. Sie verwenden dann einen Verhaltensstil, welcher den Bedürfnissen der anderen gerecht wird.

Auf dem Markt gibt es viele Persönlichkeitsmodelle, die meisten jedoch – Modelle nach C. G. Jung, H. J. Eysenec, F. Riemann, A. H. Maslow – beruhen auf der Beschäftigung mit klinisch kranken Persönlichkeiten. Der amerikanische Psychologe Witliam Moulton Marston entwickelte in den 20er Jahren des letzten Jahrhunderts auf der Basis umfassender Studien ein ebenso einfaches wie praktikables Persönlichkeitsmodell, das auf Verhaltensforschungen bei „gesunden" Menschen fußt („Emotions of Normal People", New York 1928).

Marston beschrieb vier grundlegende Verhaltensmuster, die sich in jedem Menschen wiederfinden lassen, allerdings in unterschiedlichem Ausmaß. Menschliches Verhalten ist zunächst eine Folge zweier wesentlicher Einflüsse oder Variablen, und zwar je nachdem, ob eine Person
- ihre Umgebung als eher günstig oder ungünstig wahrnimmt.
- sich in ihrem Umfeld als eher stark oder weniger stark sieht.

Daraus entwickelte Marston ein Modell mit den vier Verhaltenstypen:

Dominant, Initiativ, Stetig und Gewissenhaft

Erfolg oder Misserfolg eines Teams werden vom persönlichen Verhaltensstil jedes Mitglieds und von den Interaktionen zwischen den einzelnen Teammitgliedern bestimmt. Um die Reibungsverluste untereinander zu vermindern, muss man die individuellen Unterschiede im Team verstehen, respektieren und schätzen lernen. Entwickeln Sie Anpassungsfähigkeit, um Ihr Verhalten an die Bedürfnisse der anderen Teammitglieder anzupassen und dadurch Konflikte zu verhindern.[2]

Teamarbeit	Dominant	Initiativ	Stetig	Gewissenhaft
Wert für das Team	Richtungsweisend, ergreift die Initiative, Motor	stellt Kontakte zu Menschen her; beeinflusst andere	arbeitet kontinuierlich, spezialisiertes Arbeiten, schafft Beziehungen	konzentriert sich auf Details, achtet auf Standards
Stärken	ziel- und ergebnisorientiert, ausdauernd, löst Probleme schnell	Begeisterung, motiviert und gewinnt andere, setzt sich ein	kann mit anderen gut umgehen, gutes Teammitglied	gründlich, ausdauernd, analysiert alle Daten mit Präzision
mögliche Schwächen	unsensibel gegenüber Gefühlen anderer, ungeduldig, autoritär	impulsiv, konzentriert sich ungern auf Fakten und Details	opfert Ergebnisse für harmonische Beziehungen, wird nur ungern initiativ	sehr vorsichtig, zu gründlich, vergisst darüber Termine
motiviert durch	Ergebnisse, Herausforderungen, Taten, Aktionen	Anerkennung, Zustimmung, Beifall, Gesehenwerden	Beziehungen, Anerkennung, Verständnis, Wertschätzung	Qualität, Bestätigung, Dinge „richtig" tun können
Zeitmanagement	Ziel: jetzt, sofort; effiziente Nutzung der Zeit, kommt schnell zum Wesentlichen	Ziel: Zukunft; eilt von einer interessanten Sache zur nächsten	Ziel: Gegenwart; Zeit für persönliche Beziehungen auf Kosten der Aufgabe	Ziel: Vergangenheit; arbeitet langsam, um Genauigkeit zu erreichen
Kommunikation	einseitig, kein guter Zuhörer, kann Gespräche in Gang bringen	enthusiastisch, anregend, mitreißend, oft einseitig, kann andere inspirieren	kommuniziert in beide Richtungen, guter Zuhörer	guter Zuhörer, besonders bei Sachgesprächen, kann zwischen den Zeilen lesen
emotionale Reaktion	distanziert, unabhängig	Höhen und Tiefen, begeisterungsfähig	warm, freundlich	sensibel, vorsichtig
Entscheidungsfindung	impulsiv, hat immer das Ziel vor Augen	intuitiv, schnell, spontan, viele Gewinne und Verluste	nach Rücksprache, langsam, bespricht sich mit anderen	weicht Entscheidungen aus, zögernd, gründlich, braucht genaue Informationen, Fakten
Verhalten unter Druck	beherrschend, autoritär	angreifend	nachgebend	ausweichend
wäre effektiver durch	Zuhören	sich eine Denkpause gönnen und Daten mit einbeziehen	die Initiative ergreifen, positiver auf Änderungen reagieren	die eigenen Vorstellungen anderen mitteilen

4.2 Wissen für die Systembeherrschung sammeln

In einer extern moderierten Firmenveranstaltung hat S. Auber alle Informationen innerhalb eines Tages gesammelt:
Durch den Einsatz der World-Café-Methode wurden durch intensives Befassen mit den verschiedenen Themen hervorragende, von allen akzeptierte Ergebnisse erzielt.

Denn: ... die wichtigsten Gespräche finden in der Kaffeepause statt ... und so geht's:

- Gastfreundlichen Raum schaffen

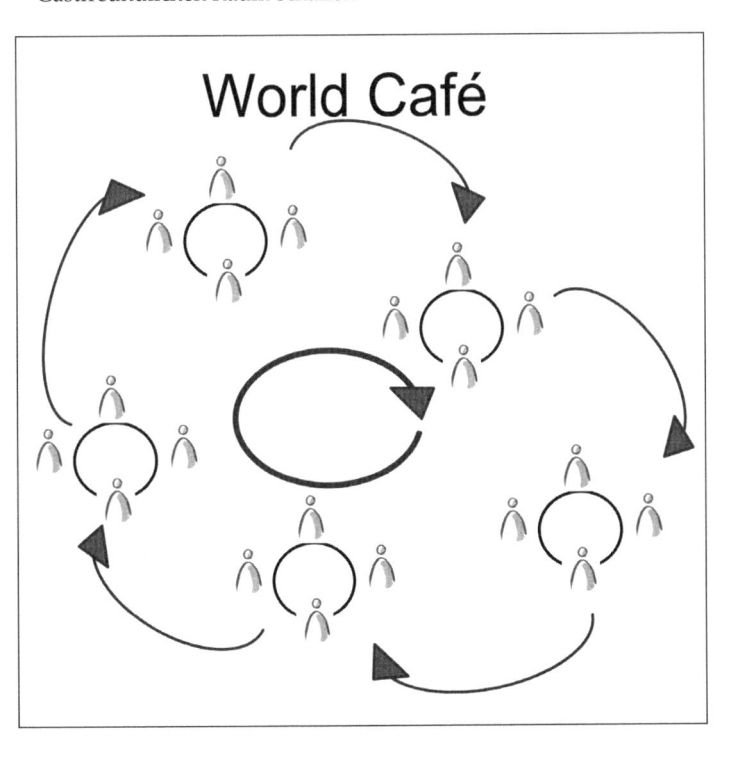

- Teilnehmer begrüßen, Vorgehen und Prinzip klären
- 3–4 Gesprächsrunden mit wechselnden Sitzkonstellationen

Pro Tisch
- Ein Gastgeber pro Tisch begrüßt und fasst zusammen
- Papiertischdecken werden als Notizfläche benutzt
- Moderator gibt den Runden Frageimpulse
- Abschluss: Teilnehmer tauschen Erkenntnisse im Plenum aus

4.3 Entscheidungen benötigen Informationen

Informationsgewinn ohne Zeitverlust – die besten Wirtschaftsbücher kann man in 15 Minuten lesen

Die „business bestseller summaries" sind 8-seitige Kurzfassungen der interessantesten Wirtschaftsbücher, ausgewählt von der Redaktion des größten deutschsprachigen Wirtschaftsbuchmagazins und zusammengefasst von kompetenten Fachjournalisten, Wissenschaftlern und häufig auch von den Buchautoren selbst.

Mit den Zusammenfassungen reduzieren Sie Ihren Leseaufwand von mehreren hundert Seiten pro Buch auf handliche 8 Seiten und verkürzen so eine Lesezeit von normalerweise 8–12 Stunden auf 15–20 Minuten. So lassen sich in kürzester Zeit alle relevanten Inhalte auf den Punkt bringen. Sie lesen weniger und wissen mehr. Weitere Informationen finden Sie unter www.business-bestseller.com

5. Murphy's Law und das wahre Leben
(Entscheidungen in Unsicherheit treffen)

Bis hierhin haben S. Auber und sein Team gute Vorarbeit geleistet. Durch den Einsatz der verschiedensten Methoden hat sich ein Gesamtverständnis des Systems eingestellt. Mögliche Reaktionen des Systems sind vorhersehbar und durch das Gesamtverständnis, leicht zu handhaben.

Als zentrale Frage- und Problemstellung formulieren S. Auber und sein Team: Welche Zusammenhänge und Konfliktfelder müssen wir beachten, um die Lebensfähigkeit unserer Firma nach der Nischenorientierung zu erhöhen und zu sichern? Das relativ unscharfe Oberziel ist in dieser Form nicht umsetzbar. Im ersten Schritt konkretisiert das Team deshalb seine Zielvorstellungen und definiert Unterziele. Diese konkretisiert es zum Schluss in Maßnahmen.

Murphys Gesetz heißt in der bekannten Form:

„Alles, was schiefgehen kann, wird auch schiefgehen."
(„Whatever can go wrong, will go wrong.")

Und dann gilt es als Manager Entscheidungen zu treffen, auch Entscheidungen mit einem mehr oder weniger hohen Unwissenheits- und Unsicherheitsfaktor. Aber dadurch, dass wir das System verstanden haben, können wir bei eventuellen Fehlentwicklungen sehr fein an den einzelnen Stellschrauben nachjustieren.

Um exaktere Entscheidungen zu treffen, mag das Wissen um die Fuzzylogik helfen.

Fuzzylogik (engl. fuzzy ‚verwischt', ‚verschwommen', ‚unbestimmt'; fuzzy logic, fuzzy theory ‚unscharfe Logik' bzw. ‚unscharfe Theorie') ist eine Theorie, welche vor allem für die Erklärung von Unsicherheiten und Unschärfen umgangssprachlicher Beschreibungen entwickelt wurde. Fuzzylogik wird heute in unterschiedlichen Bereichen eingesetzt: Anwendung findet sie in den Bereichen Automatisierungstechnik, Betriebswirtschaft, Medizintechnik, Unterhaltungselektronik, Fahrzeugtechnik, Regelungstechnik, künstliche Intelligenz, Spracherkennung u. v. a. m. Nützlich ist die Verwendung von Fuzzylogik oft dann, wenn keine mathematische Beschreibung eines Sachverhaltes oder Problems vorliegt, sondern nur eine verbale. Auch wenn – wie fast immer – das vorhandene Wissen Lücken aufweist oder teilweise veraltet ist, bietet sich der Einsatz von Fuzzylogik an, um doch noch zu einer fundierten Aussage über einen aktuellen oder künftigen Systemzustand zu gelangen. Dann wird aus sprachlich formulierten Sätzen und Regeln mittels Fuzzylogik eine mathematische Beschreibung gewonnen, die in Rechnersystemen genutzt werden kann.

6. Was uns hilft zu überleben (Simulationen)

Gerade auf Basis der Fuzzylogik sind in den letzten Jahren einige Softwarelösungen entstanden, welche Ihnen dabei helfen können, komplexe Systeme zu verstehen. Bei Interesse empfehle ich hier eine konzentrierte Recherche, auch im Hinblick auf Passgenauigkeit zum Unternehmen.

Sensitivitätsmodell Prof. Vester®
Das computerisierte Planungs- und Mediationswerkzeug für komplexe Systeme. Anwendungsgebiete finden sich überall dort, wo Fragestellungen zu komplexen Systemen nicht mit der üblichen linearen Vorgehensweise zu beantworten sind.

7. Das Tun

*„Ein jegliches hat seine Zeit,
und alles Vornehmen unter dem Himmel hat seine Stunde."*

(Prediger 3,1, Bibel)

Zum Lösen komplexer Situationen gibt es nicht die eine immer anwendbare Regel, es gibt nicht den „Magic Button", um mit allen Situationen und all den verschiedenartigen Realitätsstrukturen fertig zu werden. Es muss immer darum gehen, die richtigen Dinge im richtigen Moment und in der richtigen Weise zu tun und zu bedenken. Es ist nicht das einzig Heilbringende, in einer bestimmten Art zu denken, ob vernetzt oder systemisch. Grundsätzlich ist ein Bündel an Fähigkeiten notwendig, aber im Wesentlichen kommt es immer darauf an, seinen „gesunden Menschenverstand" einzubringen, bezogen auf die jeweilige Situation.

---

1 Vester, Frederic: „Die Kunst vernetzt zu denken", dtw Wissen 8 Auflage 2011
2 Seiwert, L.J; Gay F.: „Das 1x1 der Persönlichkeit", persolog 2010
3 Richter, M.: „Mit vernetztem Denken die Zukunft gestalten"
4 Dörner, Dietrich: „Die Logik des Misslingens", rororo 10 Auflage 2011

Katalysator Gelassenheit
von Matthias Lux

Nicht alles funktioniert sofort in der Mitarbeiterführung. Schwierigkeiten und Rückschläge gehören zur Lebenswirklichkeit im Management. COOPETITION verlangt geordnetes Reagieren, ob durch „Kurshalten" oder durch „Veränderungen". Und ein wichtiger Basisfaktor dafür ist, gelassen zu bleiben.

Matthias Lux

Katalysator Gelassenheit

1. Gelassenheit

„*Gelassenheit ist eine anmutige Form des Selbstbewusstseins.*"
(Marie von Ebner-Eschenbach)

Es gibt viele Wege, Gelassenheit zu erlangen, und alle haben eines gemeinsam: Sie schaffen eine Unterbrechung unserer Reiz-Reaktions-Kette. Die Reiz-Reaktions-Kette ist ein individuelles, durch unsere Geschichte, Erfahrungen und Denkschemata geprägtes Verhaltensmuster, das in den unterschiedlichen Situationen entsprechend abläuft. Dieses sorgt dafür, dass wir in den erlernten und eingefahrenen Bahnen reagieren. Da ist kein Raum für Zweifel oder Reflexion und damit auch kein Raum für Alternativen. Gelassenheit bedeutet in diesem Zusammenhang das **Loslassen** der Vorstellung, wir könnten durch unseren bloßen Willen die Dinge dazu bringen so abzulaufen, wie wir uns das wünschen (oder befürchten – der Unterschied liegt einzig in der wertigen Einfärbung der Ergebnisse). Durch unsere kulturelle und materielle Prägung sind wir darauf konditioniert „die Kontrolle zu behalten", ergebnisorientiert zu denken und zu handeln. Der Zustand der Gelassenheit ändert daran nichts. Einzig der weitere Verlauf der Ereignisse, nachdem wir sie durchdacht, entschieden und angestoßen haben, wird „gelassen". Das bedeutet, alles zu tun, um die gewünschten Ergebnisse zu erreichen, und alles zu lassen, sobald wir dies getan haben. Durch emotionales Anhaften bzw. Wünsche an diese Ergebnisse, werden sie nicht wahrer. Durch wachsames „Lassen" wird aber unser Leben ein-

> Gelassenheit bedeutet Loslassen

facher, und zwar schlicht dadurch, dass wir keinen weiteren Ballast erschaffen. Die Erwartungen werden dann zur Last, wenn ihnen große Bedeutung ohne Einflussmöglichkeit zuerkannt wird.

Wahre Gelassenheit als Quelle der Stärke und Kraft wurzelt in Selbsterkenntnis gepaart mit Verständnis und Anerkennung dessen, was ist. Im Kern strahlt die Erkenntnis, dass die Dinge sind, wie sie sind, und dass „ich die Welt nicht verändern kann", wohl aber meine Sicht auf die Dinge. Somit ist sie in der Tat eine anmutige Form des **Sich-selbstbewusst-Seins**.

> Gelassenheit ist eine anmutige Form des Sich-selbst-bewusst-Seins.

1.1. Bedeutung

Die Suche nach der Gelassenheit ist keine neue Erfindung, sie ist so alt wie die Menschheit. In vielen Denkrichtungen taucht sie auf: Bei Platon erscheint als sokratische Tugend die besonnene Gelassenheit. Angesichts der Gefahr, dass Gelassenheit mit Stumpfheit, Trägheit, Gleichgültigkeit oder Fatalismus gleichgesetzt wird oder dazu führen kann, bedarf es einer vernünftigen Begründung und Rechtfertigung der Gelassenheit. Diese wird (unter anderem) darin gesehen,

- dass es unvernünftig erscheint, an Unverfügbarem und Unverrückbarem etwas ändern zu wollen.
- dass das Unverfügbare/Unbeeinflussbare nicht grundsätzlich die Möglichkeit eines vernünftigen Lebens berührt.
- dass es darum geht, in der Gegenwart zu leben.

Im Mittelalter spricht Meister Eckhart, einer der großen christlichen Gelehrten, auch von Abgeschiedenheit und meint dabei ein Loslassen von der Ichbezogenheit bezogen auf den Willen.

Ein zentraler Begriff der buddhistischen Geistesschulung ist Upekkhā – Gleichmut, einer der Vier Grenzenlosen Geisteszustände (Liebe, Mitgefühl, Mitfreude und Gleichmut). Diese Art von Gelassenheit soll die Fähigkeit zum Ausdruck bringen, alle Menschen als gleich zu betrachten und keine Unterschiede zwischen sich selbst und anderen zu machen.

Das Loslassen ist ein zentraler Aspekt der Gelassenheit; aber um etwas loszulassen, muss ich mir erst bewusst sein, dass ich an etwas festhalte.

1.2. In der Ruhe liegt die Kraft

„Eile ist der Versuch, schneller als die Zeit zu leben. Aber nur Gelassenheit und Ruhe können aus einer Stunde zwei machen." (Jochen Mariss)

„Leben ist Leiden" sagt der Buddhismus. Dem ist an sich nichts hinzuzufügen. Leben ist Leiden, zumindest wenn wir uns so entscheiden. Nichts was in der Welt geschieht, hat die Macht, uns zu verletzen oder zu berühren. Wir selbst entscheiden, was wir betrachten, wie wir es bewerten und wie viel Macht wir diesem zugestehen. Schön, dass es so einfach ist, damit haben wir das Problem erkannt. Gefahr erkannt, Gefahr gebannt!? Leider haben wir nicht gelernt, wie unser inneres Bewertungsverfahren abläuft, wann es beginnt, wie es Informationen verarbeitet und wie es schlussendlich zu einem Ergebnis kommt. Wenn wir durch die Stadt laufen und auf der Straße einem Menschen begegnen, der laut mit sich selbst spricht, dann wissen wir recht schnell, womit wir es zu tun haben, oder? Zugegeben eine sozialverträgliche Verhaltensweise sieht anders aus. Der Unterschied zwischen diesem Menschen auf der Straße und uns selbst ist allerdings nur in der Lautstärke begründet. Läuft nicht in jedem von uns ein ununterbrochener Monolog ganz ähnlicher Art ab? Alles, was wir wahrnehmen, wird von uns intern verarbeitet, kategorisiert und bewertet.

Die **Bewertungskriterien** sind das Ergebnis unseres Lebens, der Prägungen und Begegnungen, der Erfahrungen und Überlegungen, denen wir in der Vergangenheit begegnet sind. Wie so vieles bei uns Menschen läuft auch dieser Prozess weitgehend unbewusst ab. Wir kommen zu Einschätzungen von Situationen und Menschen, von denen wir gar nicht sagen können, wie wir dazu kommen. Was als Orientierung und Standortbestimmung begonnen hat, entwickelt sich irgendwann zum Selbstläufer, zu einem sich selbst erhaltenden System, das nicht mehr mit der Bewertung aufhört. Unproblematisch? Solange unsere Pläne und Hoffnungen mit der Realität übereinstimmen, sicherlich. Aber was geschieht, wenn unser Umfeld einfach nicht wie geplant reagiert? Wenn die sorgsam geplante Zukunft in der Gegenwart anders aussieht? Dann gerät unter Umständen die eigene Person in den Fokus der Bewertungen, dann werden Rechtfertigungsstrategien, Schuldzuweisungen, Verdrängung oder ähnlich Hilfreiches aufgefahren. Gelassenheit in bewegten Zeiten, das ist die Kunst. Und um dorthin zu kommen, bedarf es der Selbsterkenntnis, der **Selbstreflexion** und des Abstands. Zu Anfang steht die Selbsterkenntnis. Anzuerkennen, dass vieles von dem, was wir als Kontrolle über etwas betrachtet haben, uns eher als ausführendes Element dastehen lässt. Danach steht das Beobachten, das Betrachten der Mechanismen, die da am Werke sind, ohne eine weitere Iteration der Bewertungen zu etablieren – wertfreies Sich-selbst-Beobachten. Die daraus resultierende Möglichkeit ist Raum. Raum zwischen der Bewertung und dem Handeln, möglicherweise auch Raum, anders zu handeln. In diesem Abstand von Reiz und Reaktion liegt die Freiheit, über sich selbst hinauszuwachsen.

Im Zusammenhang mit unserer Umwelt kommt auch noch das Resonanzprinzip zum Tragen. Frei nach dem Motto „Wie man in den Wald hineinruft, so schallt es heraus". Im Umgang mit anderen Menschen wird offensichtlich, was wir meist nur ahnen, nämlich unser Bild von der Welt. Wie wir mit anderen umgehen, hängt ursächlich damit zusammen, wie wir selbst die Welt wahrnehmen und bewerten.

2. Mal anders entscheiden
2.1. Menschenbild

„Jeder Mensch wird als Original geboren und fast jeder stirbt als Kopie."

(Marco Aldinger)

Es ist wichtig, dass wir über unser eigenes Selbstbild und unser Menschenbild reflektieren

Jeder, der führt, tut dies vor dem Hintergrund seines Menschenbildes. Es ist wichtig, dass wir über unser eigenes **Selbstbild** und über das Bild des Menschen reflektieren. Denn auf diesem Menschenbild fußen alle Verhaltensweisen und Entscheidungen, die wir im Umgang mit Menschen an den Tag legen. Bewährungsprobe kluger Menschenführung ist der Umgang mit Kritik und Dissens. Spannungen müssen ausgehalten und Konflikte ausgetragen werden, damit Probleme untereinander nicht gleich zum Bruch oder Zusammenbruch führen. Nötig ist auch hartnäckige Freundlichkeit und die Fähigkeit, mit sachlichen Antworten persönliche Provokationen oder Wichtigtuerei ins Leere laufen zu lassen. Man muss kritisieren, ohne jemanden als Person infrage zu stellen. Für annehmbare, sachliche und nicht unnötig verletzende Kritik braucht man ein Gespür dafür, wie es im anderen aussieht. Man muss Mitarbeiter als Individuen wahrnehmen. Wer führt, muss zuhören können, dem Gegenüber Raum geben und Zeit schenken, sich zurücknehmen und den anderen zur Geltung kommen lassen. Dadurch weckt er oft mehr gemeinschaftliches Verantwortungsgefühl als durch eigenes Reden.

*„Wenn der Meister regiert, ist sich das Volk kaum bewusst, dass es ihn gibt.
Der Zweitbeste ist ein Führer, den man liebt.
Der Nächste einer, vor dem man Angst hat.
Der Schlechteste ist einer, den man verachtet.
Der Meister redet nicht, er handelt.
Wenn sein Werk getan ist, sagt das Volk:
'Unglaublich, wir haben es ganz allein vollbracht.'"* **(Laotse)**

Daher ist es wichtig zu erkennen, dass die Grundlage einer jeden Managementtätigkeit in der Führung der eigenen Person liegt. Denn die Art und Weise, wie wir mit uns selbst bzw. mit anderen umgehen, und welche Wirkung wir dadurch entfalten, machen letztlich Managementerfolg aus.

Vorgestern war Führung simpel. Der Chef sagte an und der Mitarbeiter hatte zu folgen. Das tat er auch. Aber eben auch nicht mehr. Der Chef kontrollierte, der Mitarbeiter musste sich anpassen und rechtfertigen. War die Anweisung vom Grunde her unsinnig, so setzte der folgsame Mitarbeiter diesen Unsinn um. Hauptsache, er konnte später nachweisen, genau das getan zu haben, was der Chef ihm aufgetragen hatte. Ab gestern wurde Führung schwieriger. Der Mitarbeiter sollte mitdenken, kooperativ eingebunden werden. Das stellte höhere Anforderungen an den Chef, der sich auf den Mitarbeiter einstellen, sich im Vorfeld genau die Wegmarken überlegen musste, die der Mitarbeiter dann in eigenen (kreativen) Bahnen ablaufen sollte. Belohnt wurde er für mängelfreie Erreichung eines abgesteckten Zieles. Heute ist Führung fortschrittlich und zeitgemäß – eigentlich. Die autoritäre Führung per Aufgaben wurde abgelöst von der kooperativen Führung per Ziel. Mitarbeiter werden „abgeholt" und „mitgenommen". Damit ist Führung aber immer noch nicht zukunftstauglich. Denn „abholen" und „mitnehmen" sind Begriffe, die besser zum Umgang mit Kindern passen, als dass sie in die Welt des Austausches zwischen **mündigen Erwachsenen** gehören.

Führung findet im Austausch zwischen mündigen Erwachsenen statt

Denn Führung hat mit Menschen zu tun. Das ist soweit nichts Neues. Es lohnt sich aber, sich genau das einmal wirklich bewusst zu machen. Welchen Stellenwert hat der Mensch für mich persönlich als Führungskraft? Was bedeutet das für die Arbeitswelt? Sind meine Mitarbeiter in erster Linie dazu da, dem Unternehmen zu „dienen"? Sind sie Produktionsfaktoren, die mit mehr oder weniger Unterstützung funktionieren sollen? Oder sind sie in erster Linie Mensch und in zweiter Mitarbeiter? Menschen sind kein Mittel zur Gewinnerzielung. Ein Mensch ist immer, um hier einmal Immanuel Kant zu zitieren, **„Zweck an sich"**. Das bedeutet, er muss Mensch sein dürfen und als solcher geachtet und respektiert werden.

Ein Mensch ist immer „Zweck an sich"

Was bedeutet das nun für Führung in Unternehmen? Führung heißt, dafür zu sorgen, dass jeder Einzelne sich entsprechend seinen eigenen Potenzialen bestmöglich entwickeln kann. Der Mensch ist nicht endgültig in dem, wie er ist, sondern entwicklungsfähig. Führungskräfte, die an das Potenzial von Mitarbeitern glauben und sie darin bestätigen, ermöglichen, dass Geführte zu dem werden, was sie ihren Potenzialen entsprechend sein können. Um dies zu erreichen, muss der Führende dem Geführten geistig nahe kommen. Das heißt, er muss zum Rollentausch mit dem Geführten bereit und in der Lage sein. Dieser **Perspektivenwechsel** stellt zwingende Fragen: Was ist das Selbstverständnis des anderen? Was bewegt, motiviert ihn? Welche Sicherheiten braucht er, die ich ihm als Führender geben kann? Welche Freiheiten helfen ihm dabei, sich zu entfalten? Solche und ähnliche Fragen führen unmittelbar in die „Verantwortung durch Führung", das heißt: Führende müssen ein Bewusstsein dafür entwickeln, dass jeder von ihnen eine Verantwortung hat, die darin besteht, alles erdenklich Mögliche zu unternehmen, das dem anderen zu Authentizität verhilft. Nur so entsteht Erfolg – für den Einzelnen und für das Unternehmen. Hierzu ist es nötig, den Menschen in seiner Individualität und Einzigartigkeit zu meinen. So können Führende in anderen etwas entzünden. Das bedarf der **Achtsamkeit** vor dem, was ist. Eine geistige Präsenz im Augenblick, um andere bewusst wahrzunehmen. Wenn der Mensch also mehr ist als ein „zu manipulierender Produktionsfaktor", muss sich eine Führungskräfteentwicklung mit geistigen Fragen auseinandersetzen. Es reicht dann nicht mehr aus, sich von Trainern Regeln beibringen zu lassen, wie Führung „richtig funktioniert". Führungskräfte müssen aushalten, dass es in der Führung keine Gewissheiten und feste Regeln geben kann, sie werden damit zu Suchenden, nicht zu Wissenden. Das Klammern an Führungsmodellen, an toolbasierter Führungskräfteentwicklung, gehört der Vergangenheit an. Führende müssen sich auf die Grundlage von Führung besinnen, nämlich die Auseinandersetzung mit der eigenen Haltung und dem eigenen Selbstverständnis, bei dem es gilt, sich für das Wesen anderer zu interessieren, herauszufinden, was sie bewegt, was ihnen Sorgen bereitet, was ihrem Handeln zugrunde liegt. Daraus resultiert eine **Geisteshaltung**, die zum Stellenwert des Menschen klar Position bezieht. Die geistige Grundhaltung ist Dreh- und Angelpunkt von Führung. Das beginnt damit, dass Führende nicht als Vorgesetzte mit ihren Mitarbeitern sprechen, sondern von Mensch zu Mensch. Es gibt nur Individuen, die wiederum Individuen führen. Aber um verantwortlich zu sein, braucht man Gelassenheit, emotionale Beweglichkeit und persönliche Souveränität. Sie ist kein Ding, das man „tragen" kann, sondern ein verbindendes Gefühl. Ein innerer Zustand. Deshalb ist Verantwortung auch nicht „schwer". Sondern die Quelle der Leichtigkeit.

Marginalien:
Achtsamkeit vor dem, was ist. Eine geistige Präsenz im Augenblick, um andere bewusst wahrzunehmen

Auseinandersetzung mit der eigenen Haltung und dem eigenen Selbstverständnis

3. Aus Fehlern lernen

Ausgehend von einem Menschenbild, das von **Anerkennung der Individualität** des anderen, von Respekt gegenüber dem Anderssein und der Erkenntnis, dass manche Dinge nur bedingt beeinflusst werden können, geprägt ist, können wir auch mit dem Scheitern umgehen.

> Ein Menschenbild, das von Anerkennung der Individualität des anderen geprägt ist

3.1. Die Kraft des Scheiterns

„Wenn du entdeckst, dass du ein totes Pferd reitest, steig ab!"
(Indianisches Sprichwort)

Sich dem Scheitern stellen, das bedeutet zunächst: zulassen, wahrnehmen, genau anschauen, realisieren, was passiert ist. Dazu braucht es viel Mut! Es kann ziemlich wehtun, sich eingestehen zu müssen: Es gelingt nicht, was ich mir so sehr wünsche und vorgenommen habe. Sich eigenem Scheitern stellen bedeutet: Unangenehme Gefühle können hochkommen und mancher Schmerz ist nochmals zu durchleben. Gefühle zulassen – Inneres aussprechen. Zum Scheitern gehören Schmerz und Ohnmacht, Hilflosigkeit und Unsicherheit, Trauer und Traurigkeit, Ärger und Wut, Scham und Angst. Zerbrechen tut weh und die eigene Ohnmacht dabei ist schwer auszuhalten. Scheitern hat viel mit persönlichen Bewertungen und unseren eigenen Maßstäben zu tun. Ob wir etwas als gelungen oder als gescheitert betrachten, hängt von den Maßstäben ab, mit denen wir etwas messen. Woran scheitere ich? An meinen eigenen Idealen und Zielvorstellungen? An den Werten und Normen unserer Gesellschaft? Loslassen und Weggeben hieße dann: Ich lasse meine Vorwürfe anderen gegenüber los. Darauf verzichten können, mich vor mir selbst oder vor anderen zu rechtfertigen, entfacht eine beglückende Dimension des Lebens. Gegebenheiten ertragen lernen nach dem Motto von F. C. Oetinger:

„Gott gebe mir die Gelassenheit, Dinge hinzunehmen, die ich nicht ändern kann, den Mut, Dinge zu ändern, die ich ändern kann, und die Weisheit, das eine vom anderen zu unterscheiden."

Die meisten Menschen versuchen Erfahrungen des Scheiterns zu vermeiden und wenn sie sich als unvermeidbar herausstellen, sie so schnell als möglich zu überwinden. Dabei bietet sich doch genau an diesen Stellen die Möglichkeit, sonst unbewusste Bewertungsmechanismen und **Glaubenssätze** vor diesem Hintergrund auf den Prüfstand zu stel-

Vor dem Hintergrund des Scheiterns können sonst unbewusste Glaubenssätze auf den Prüfstand gestellt werden

len. Wir können die Situation nutzen, um innezuhalten und mit dem Abstand der gestaltgewordenen Befürchtungen uns selbst ohne die Brille unserer Erwartungen zu betrachten. Durch die Grenzsituation – das Scheitern – werden wir auf uns selbst zurückgeworfen; denn wir selbst müssen uns nun wie Münchhausen am eigenen Schopf aus dem Sumpf ziehen. Dabei können wir feststellen, dass sich der Sumpf, in dem wir uns vermeintlich befinden, doch nur aus unserer eigenen Sicht auf die Welt, unseren eigenen Bewertungen zusammensetzt. Es ist unsere Entscheidung, wie wir damit umgehen. Gewiss: Durch Reflexion wird sich an der Situation selbst nichts ändern, aber durch die Veränderung der Sichtweise auf das Erlebte können wir uns selbst befreien.

3.2. Phönix aus der Asche

Wer begriffen hat,
- dass jeder einzelne Mensch eine individuelle Geschichte und damit eine ebenso individuelle Sicht auf die Welt hat,
- dass jeder Einzelne sich innerhalb seiner eigenen Bewertungskriterien bewegt und damit unter Umständen ein ganz anderes Verständnis der Situationen hat,
- dass nicht die Umstände uns belasten, sondern die durch uns erfolgte Bewertung dieser Umstände,
- dass jeder Einzelne von uns einzigartig und unvergleichlich ist,
- dass andere aufgrund derselben Tatsachen ganz unterschiedliche Schlussfolgerungen ziehen können,
- dass jedem Einzelnen derselbe Respekt gegenüber seiner Person gebührt, den wir auch für uns selbst erwarten,

Das Müssen loslassen

der kann loslassen. **Das Müssen loslassen:** „Das muss so funktionieren", „Der muss sich so verhalten", „Das muss ich erreichen". Wie gesagt: Es geht nicht darum, die Hände in den Schoß zu legen und darauf zu hoffen, dass sich alles zum Besten wenden wird. Es geht vielmehr darum, nicht „an den Früchten der Arbeit" kleben zu bleiben, sondern den Erfolg zu genießen, wenn er sich einstellt, und die „Niederlage" zu akzeptieren – sollte sie uns besuchen. Die Situation an sich ist nichts, das, was wir daraus machen, alles. In diesem Sinne ist „jeder seines Glückes Schmied" oder **„Seiner Hölle Hüter"**, je nach Gusto.

Gelassenheit stellt sich ein, sobald wir Abstand gewinnen von den Reizen, die auf uns einströmen, und von unseren Reaktionen, die sich automatisch einzustellen haben. Die Kupplung eines Kraftfahrzeugs trennt die Kraft des Motors von der Umsetzung durch das Getriebe und setzt das Gefährt erst in Gang, wenn die Trennung willentlich

unterbrochen wird. Mit der Gelassenheit verhält es sich ganz ähnlich: Durch sie wird unsere unwillkürliche Reaktion von dem auslösenden Ereignis getrennt. Somit entsteht ein Dazwischen, in dem sich neue Wege offenbaren können.
Wir alle werden irgendwann Fehler machen, falsch urteilen, scheitern. Das ist kein Problem. Durch das Loslassen unserer eigenen Verurteilung werden wir uns wie der Phönix aus der Asche unserer eigenen verbrannten Idealvorstellungen erheben. Mit der Erkenntnis, nichts wirklich Wichtiges verloren zu haben. Wir können mit Gelassenheit auf die gegenwärtige Situation und in die Zukunft blicken. Durch den Freiraum, der uns mit der Selbstreflexion erwächst, können wir an und mit uns selbst wachsen. Wir können uns auf ein Neues selbst erfinden, getreu dem Motto:

„Die einzige Konstante im Universum ist die Veränderung."

(Heraklit von Ephesus)

Lassen Sie sich dazu auffordern:
- Lernen wir verlieren und Misserfolge ohne Leiden wegzustecken.
- Begreifen wir Reklamationen als Chance; sie helfen uns, Schwächen zu erkennen.
- Hören wir ganz besonders gut zu, wenn uns die Botschaft nicht passt.
- Übernehmen wir Verantwortung auch für unsere Misserfolge und die unserer Mitarbeiter.
- Holen wir Konflikte an die Oberfläche und tragen wir sie mündlich aus – nichtangesprochene Konflikte sind ein Übel.
- Nutzen wir die Energie von Gegenkräften. Energie kann umgelenkt und für uns nutzbar gemacht werden.
- Lernen wir uns kennen, jedes Mal aufs Neue.
- Lernen wir einander kennen, Verständnis kommt nur miteinander.
- Respektieren wir einander, jeden so, wie er ist.
- Erkennen wir, dass unser eigenes Betrachten nicht auf andere übertragbar ist.

Gelassenheit ist immer die Brücke für neue Erfolge!

Fordern, Fördern und Motivieren älterer Mitarbeiter
von Gerald Fichtner

Nicht erst seit der Demografische Wandel ins Bewusstsein gerückt ist, ist der richtige Umgang mit älteren Mitarbeitern ein wichtiges Handlungsfeld in der Mitarbeiterführung. Und da die Zahl dieser Mitarbeiter zunimmt, gerät dieser Bereich automatisch zu einem Basisfaktor für COOPETITION.

Gerald Fichtner

Fordern, Fördern und Motivieren älterer Mitarbeiter

1. Demografischer Wandel als Chance für ältere Arbeitnehmer?

1.1 Ältere Arbeitnehmer und ihr Stellenwert im Unternehmen

Der lange proklamierte demografische Wandel ist in vollem Gange. Jeder Betrieb ist in gewisser Weise heute schon davon betroffen – auch wenn die subjektive Reflexion vieler Unternehmer, aber auch Beschäftigter noch anders aussieht. Der Beschäftigungsrückgang führt auch zu einem Rückgang des Arbeitskräfteangebots. Das größte Kontingent der Arbeitskräfte stellen die 30- bis 49-Jährigen. Die steigende Anzahl

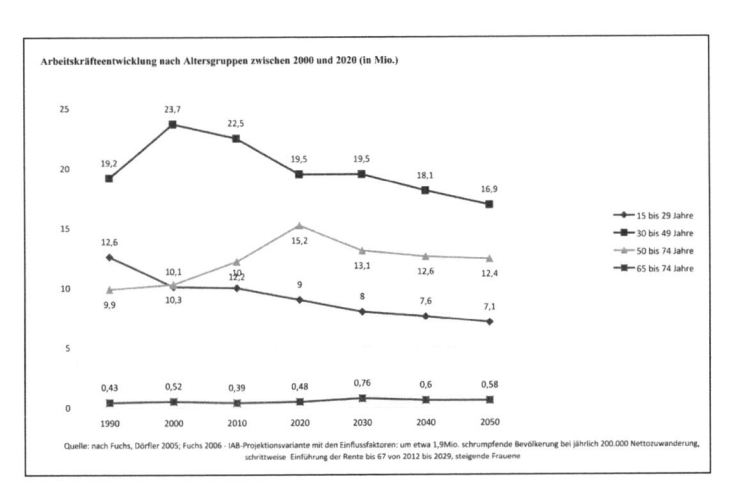

Arbeitskräfteentwicklung nach Altersgruppen zwischen 2000 und 2020 (in Mio.)

Quelle: nach Fuchs, Dörfler 2005; Fuchs 2006 - IAB-Projektionsvariante mit den Einflussfaktoren: um etwa 1,9 Mio. schrumpfende Bevölkerung bei jährlich 200.000 Nettozuwanderung, schrittweise Einführung der Rente bis 67 von 2012 bis 2029, steigende Frauene

der 50- bis 64-Jährigen sowie der 65- bis 74-Jährigen bewirkt, dass die älteren die jüngeren Arbeitskräfte zahlenmäßig überrunden („Altersschereneffekt").

Wenn wir die schrittweise Heraufsetzung des Rentenalters auf 67 bis 2020 und die 2009 ausgelaufene Altersteilzeit berücksichtigen, wird besonders deutlich: Eine planmäßige Personalstrategie ist notwendig, die sich an einer „gesunden Altersmischung" orientiert.

Gesunder Altersmix im Unternehmen

Wie unterscheiden sich überhaupt ältere Arbeitnehmer im Unternehmen von jüngeren?

„Ältere sind nicht weniger, sondern anders leistungsfähig als Jüngere!"
In der öffentlichen Wahrnehmung und in der betrieblichen Praxis gibt es sehr unterschiedliche Auffassungen über die Leistungsfähigkeit älterer Mitarbeiter, sowohl was das körperliche als auch was das geistige Potential betrifft. Dabei gilt heute allgemein die praktisch bedeutsame Erkenntnis, dass aus dem kalendarischen Alter eines Menschen allein keine Rückschlüsse auf seine Leistungsfähigkeit abzuleiten ist. Entscheidend ist die individuelle Biografie: günstige oder weniger günstige Lebensumstände, Gesundheit oder Krankheit.

Ältere sind nicht per se alt – Alter ist relativ

Wann und ob jemand alt oder jung ist und welche altersgemäßen Rollen er dadurch einzunehmen hat, ist abhängig vom gesellschaftlichen Zusammenhang. Auch die subjektive Deutung, die subjektive Empfindung des Alters, das sog. „gefühlte Alter" spielt eine Rolle, wobei sich das Bild über das Alter mit dem eigenen Älterwerden verändert (siehe Kasten unten).

> *Als ich 5 Jahre alt war, war meine Mutter 25,*
> *und ich fand sie sehr alt.*
> *Als ich 25 Jahre alt war und sie 45,*
> *fand ich sie alt.*
> *Als ich 45 Jahre war, war sie 65,*
> *und ich fand sie sehr jugendlich.*
> *Als ich 48 Jahre alt war, starb meine Mutter,*
> *und ich fand, sie sei sehr jung gestorben.* **(Max von der Grün)**

Ältere verfügen mit steigendem Lebensalter über menschliche Fähigkeiten, die sich bis zu einem individuellen Maximum erhöhen können: Lebens- und Berufserfahrung, Urteilsvermögen, Verantwortungsbewusstsein und Zuverlässigkeit – die Aufzählung ließe sich fortsetzen. Trotz eines biologischen und damit physisch bedingten Altersabbaus bleiben einige Fähigkeiten altersbeständig, insbesondere Aufmerksamkeit, Konzentrationsfähigkeit sowie die Fähigkeit zur Informationsaufnahme und auch die Lernfähigkeit.

Nicht nur der enorme Erfahrungsschatz älterer Mitarbeiter, sondern auch ihre Fähigkeiten machen sie so wertvoll für das Unternehmen. Wenn ihre Vorschläge und Ideen sowie ihr Einfühlungsvermögen aktiv in die Unternehmensprozesse eingebunden werden, bedeutet dies ein wertvolles Gut für die Personalstrategie.

1.2 Maßnahmen gegen Altersdiskriminierung stärken die Wettbewerbssituation

Viele Unternehmen hegen nach wie vor zahlreiche Vorurteile gegenüber der Leistungsfähigkeit älterer Arbeitnehmer. Dabei wird die Defizithypothese vertreten, die von einem automatischen altersbezogenen Leistungsabbau ausgeht. Die jugendzentrierte Personalpolitik führt oftmals dazu, dass ältere Mitarbeiter de facto ausgegrenzt und damit diskriminiert werden. Beispielsweise investieren nach einer Umfrage von TNS Infratest 85 % der befragten Unternehmen in die Weiterbildung jüngerer Mitarbeiter, aber nur 44 % für ältere.[1] Die Unternehmen rechtfertigen dies u. a. mit der Amortisierung der Kosten, der bei Älteren angeblich nicht erkennbaren Produktivitätssteigerung[2]: Zwei zentrale Problembereiche sind aus der Altersstrukturentwicklung im Unternehmen ersichtlich:

Der Jugendwahn hat keine Zukunft

1. der sukzessive altersbezogene Leistungswandel
   Bestimmte Leistungskomponenten in der Qualifikation, in der Motivation nehmen zu, andere nehmen ab oder bleiben gleich.
2. altersbezogene Leistungseinschränkungen im Alter;
   Diese sind nicht per se alterskonnotiert, sondern zurückzuführen auf die jeweilige spezifische Berufstätigkeit und arbeitsplatztypische Karriereverläufe.

Insgesamt kann davon ausgegangen werden, dass ältere Mitarbeiter tendenziell ein höheres Gesundheitsrisiko entwickeln, wovon aber nicht alle betroffen sind.
Eine altersgerechte Personalentwicklung ist deshalb notwendig, die auf die Zieldimensionen Gesundheit, Qualifikation und Motivation abzielt. Das sog. Alternsmanagement beeinflusst damit Laufbahn- und Arbeitsgestaltung, die letztlich Auswirkungen auf alle drei Zieldimensionen haben.
Dabei wirken drei Handlungsfelder auf die einzelnen Zieldimensionen:
- die Förderung des individuellen Gesundheitsverhaltens
- die altersgerechte Weiterbildung
- die Gratifikations- und Anreizgestaltung

Zieldimensionen der Personalentwicklung

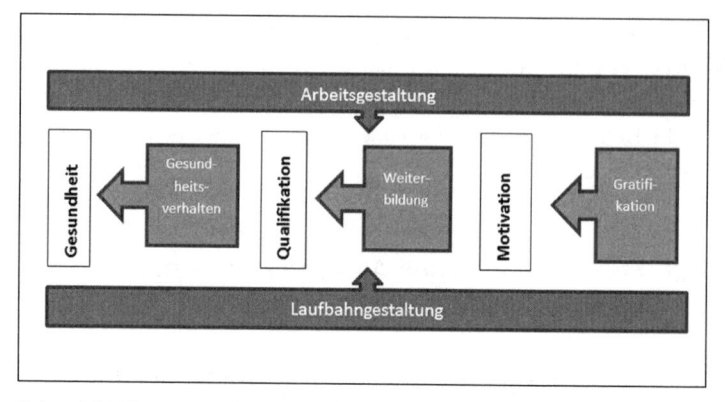

Quelle: nach Freich Freichs: Arbeitsfähigkeit erhalten ACE CERT als Gesamtkonzept zur Bewertung alternsgerechter Personalpolitik; Dokumentation der Tagung „Gesundheit, Qualifikation und Motivation älterer Arbeitnehmer…", Becker Stiftung, 01./02.10.2009 in Bonn

Betriebliches Alternsmanagement kann letztlich nur umgesetzt werden, wenn es die genannten Handlungsfelder im Blick behält und mit Inhalten füllt. Dazu müssen bestimmte Rahmenbedingungen realisiert sein. Das erfordert eine komplexe Betrachtung der Handlungsfelder und deren systematische Verzahnung unter aktiver Einbindung der Beschäftigten – nicht nur der älteren.

Um im Wettbewerb zu bestehen, müssen Unternehmen Arbeit und Arbeitsprozesse gestalten, die ein gesundes und routiniertes Arbeiten bis ins höhere Erwerbsalter ermöglichen.

Ein Beispiel für die Arbeitsgestaltung als Handlungsfeld ist die Dingolfinger Autofabrik von BMW, in der Monteure an Fertigungsstraßen Hocker erhielten, damit sie sich auch an Steharbeitsplätzen hinsetzen können. Darüber hinaus wurde neuartiges Werkzeug entwickelt, das den Kraftaufwand reduziert. Die außerdem montierte Sprossenwand in der Werkhalle erlaubt Gymnastikübungen zur Entspannung.

Aspekte der Unternehmensprozesse

Bevor aber die Prozesse in Unternehmen umgesetzt werden können, ist eine Analyse der Ausgangssituation erforderlich, v. a. unter folgenden Aspekten:

- Rekrutierung von Fach- und Arbeitskräften
- betriebliche Gesundheitsförderung
- Qualifikations- und Kompetenzentwicklung
- Wissensmanagement
- Arbeitsorganisation
- Arbeitszeitorganisation

Dazu ein Beispiel aus der alternsgerechten Arbeitsgestaltung im Handwerk (siehe Abbildung)

Arbeitsgestaltung in einem Handwerksbetrieb mit 21 Beschäftigten – Auszug

Außendienst	Belastungen	Maßnahmen
Technik	Belastung von Rücken und Gelenken beim Tragen schwerer Teile	Treppensteigegerät
Organisation	Stress bei zeitgerechter Auftragsbearbeitung, da Auftrag unklar und wichtige Angaben fehlen - nächster Kunde wartet	Erstellung eines Auftragszettels, der notwendige Informationen bei der telefonischen Auftragsannahme systematisch erfasst
Person	Monteur kann Bearbeitung des Auftrags nicht mit Kunden besprechen, da er keine Preise kalkulieren kann – Auseinandersetzung mit unzufriedenem Kunde	innerbetriebliche Qualifizierung zur Preisgestaltung
Innendienst	**Belastungen**	**Maßnahmen**
Technik	Arbeitsplatz schlecht beleuchtet, zugig und laut	Verlegung des Arbeitsplatzes
Organisation	Probleme der Mitarbeiterinnen untereinander, da Zuständigkeiten für Kunden nicht eindeutig geklärt	Festlegung fester Innendiensttage und Kundenzuordnungen
Person	fehlende Ansprechzeiten der Geschäftsführung für Rückfragen von Mitarbeiterinnen - Stress durch mangelnde Absprachemöglichkeiten	interne Schulung der Mitarbeiterinnen zur Rechnungsvorbereitung, um Geschäftsführung zu entlasten

Quelle: @ Weber 2003 – BMBF-Vorhaben Demografie-Initiative I.

2. Aufgaben von Führungskräften bei der Integration älterer Mitarbeiter

2.1 Rahmenbedingungen schaffen – Wertediskussion

„Nicht das Alter ist das Problem, sondern unsere Einstellung dazu."

(Cicero)

Eine alternsgerechte Arbeitskultur orientiert sich ganzheitlich an den Unternehmensinteressen. Dazu ist es jedoch notwendig, nicht nur die Beschäftigten in den Fokus zu rücken, sondern alle Ebenen im Unternehmen anzusprechen und zu erreichen. Die drei Akteursebenen sind:

1. Unternehmensleitung: Sie schafft Voraussetzungen, die ein bestimmtes Verhalten sowie Werte und Normen ermöglichen und Orientierung für Führungskräfte geben.
2. Führungskräfte: Sie erfüllen die Bedingungen der Unternehmensleitung mit Leben. Dazu müssen sie Arbeitsbedingungen selbst gestalten können und im direkten Kontakt zu den älteren Mitarbeitern stehen.
3. Beschäftigte: Sie gehen ihrer Arbeit nach, wobei sie sich in den gesetzten Rahmenbedingungen bewegen und ihren direkten Führungskräften Mitteilungen über ihre Arbeitssituation geben.

Die Führungskräfte stehen im Fokus

Grundlegende Betrachtungen einer alternsgerechten Arbeitskultur führen direkt zu Fragen der Motivation und Zufriedenheit, die zu weiteren drei Ebenen, den Zielebenen, hinführen:

- „arbeiten dürfen": Sind Möglichkeiten vorhanden und ist das Unternehmen gewillt, ältere Arbeitnehmer zu beschäftigen?
- „arbeiten können": Sind die Voraussetzungen dafür geschaffen, dass die Arbeitnehmerinnen und Arbeitnehmer bis zum Rentenalter arbeiten können?
- „arbeiten wollen": Sind die Mitarbeiter dazu motiviert, bis zum gesetzlichen Rentenalter zu arbeiten?

Diese 3 x 3-Ebenen bilden die Grundlage für eine strukturierte Betrachtung einer alternsgerechten Arbeitskultur.

Zielebenen \ Akteursebenen	Unternehmensleitung	Führungskräfte	Beschäftigte
„Arbeiten dürfen" Beschäftigte dürfen bis zum gesetzlichen Renteneintrittsalter arbeiten.	Das Unternehmen ist gewillt und in der Lage, ältere Beschäftigte zu fördern und arbeitsfähig zu halten.	Führungskräfte wissen um das Thema „Arbeit & Alter", sind sensibilisiert und motiviert, sich durch eine alternsgerechte Mitarbeiterführung für eine alter(n)sgerechte Arbeitskultur zu engagieren.	Die Beschäftigten wissen und erfahren, dass ein langes gesundes und motiviertes Erwerbsleben von Seiten des Unternehmens erwünscht ist.
„Arbeiten können" Beschäftigte können bis zum gesetzlichen Renteneintrittsalter arbeiten.	Das Unternehmen schafft positive Rahmenbedingungen, die ein langes Erwerbsleben möglich machen.	Führungskräfte gestalten aktiv das Arbeitsumfeld der Beschäftigten, um eine lange Erwerbstätigkeit möglich zu machen.	Beschäftigte sind körperlich und mental in der Lage, ihre Arbeit aktuell und langfristig zu verrichten. Die Voraussetzungen für den Erhalt der Arbeitsfähigkeit sind vorhanden.
„Arbeiten wollen" Beschäftigte möchten bis zum gesetzlichen Rentenalter arbeiten.	Das Unternehmen schafft positive Rahmenbedingungen, die ein langes Erwerbsleben wünschenswert machen.	Führungskräfte sind befähigt, die Arbeitsmotivation der (älteren) Beschäftigten zu gestalten und zu fördern.	Beschäftigte sind motiviert, bis zum gesetzlichen Rentenalter zu arbeiten und lange arbeitsfähig zu bleiben.

→ bis zum Rentenalter arbeiten können, wollen und dürfen!

Quelle: Modellprogramm des IFGP, Institut für gesundheitliche Prävention, „Menschen in altersgerechter Arbeitskultur" (MiaA), 2009

Die Aufgabe der Unternehmensleitung soll hier nicht weiter erörtert werden.

Erhaltung der Arbeitsfähigkeit = zentrale Aufgabe

Zentrale Zielebene ist vielmehr der Blick auf die Beschäftigten, um die Arbeitsfähigkeit zu erhalten. Die Unternehmensleitung kann Rahmenbedingungen für eine alternsgerechte Arbeitskultur schaffen. Entscheidend ist jedoch, dass die Mitarbeiter das Thema „Arbeit und Alter" auch akzeptieren und mit Leben erfüllen. Bezogen auf die Zielebenen stehen dabei folgende Fragen und Überlegungen im Mittelpunkt:

1. Die Beschäftigten wissen um die Möglichkeit einer langen Erwerbskarriere in ihrem Unternehmen

- Sind die Beschäftigten informiert über spezielle Angebote zur Förderung älterer Mitarbeiter?
- Kennen die Mitarbeiter Ansprechpartner, die über Möglichkeiten der Förderung informieren können (intern/extern)?
- Sind die Mitarbeiter über die Unternehmensphilosophie in Kenntnis gesetzt?

2. Die Beschäftigten haben die Möglichkeit, ihre Bedürfnisse den Führungskräften mitzuteilen
   - Verfügen die Mitarbeiter über ein gewisses Maß an Gesundheitskompetenz?
   - Wissen Beschäftigte, wie sie ihre Arbeitsfähigkeit erhalten können?
   - Werden Angebote zur Erhaltung der Arbeitsfähigkeit von Mitarbeitern angenommen?

3. Die Einstellung zum Alter und zum Thema „Arbeit und Alter" bei den Beschäftigten ist bekannt
   - Welches Altersbild herrscht bei den Beschäftigten vor?
   - Haben Beschäftigte Interesse an einer individuellen Anpassung ihrer Arbeitsgestaltung?
   - Gibt es evtl. Reibungspunkte mit anderen Altersgruppen und wenn ja, welche?

Bei diversen Befragungen gab nur etwa die Hälfte der Beschäftigten an, sie könne sich vorstellen, bis zum regulären Rentenbeginn zu arbeiten. Als Gründe wurden in erster Linie psychische Belastungen angegeben. Dazu zählen Zeitdruck und Hektik, zunehmende mentale Anstrengung und hoher Erfolgsdruck.
Wie reflektieren ältere Mitarbeiter Arbeitskultur? Was ist für sie altersgerecht? Dazu eine Grafik aus der Studie des MiaA-Projekts:

Wertschätzung/Anerkennung/ Würdigung – Respekt/Achtung –
Umgang – Akzeptanz – Rücksichtnahme/Verständnis – Toleranz –
Offenheit – Gleichberechtigung – Fairness – keine Stigmatisierung

Gestaltungsmöglichkeiten – Erfahrung einbringen können – Partizipation

Perspektiven – Möglichkeiten

Betreuung – Angebote (BGF, Arbeitszeitmodelle)
alternsgerechte Arbeitsgestaltung – Passung von Anforderung und Möglichkeiten – personengerechtes Arbeitsumfeld

Gesundes Miteinander (Jung und Alt) – Zusammenarbeit – Integration

Quelle: Modellprogramm des IFGP. Institut für gesundheitliche Prävention, „Menschen in altersgerechter Arbeitskultur" (MiaA), 2009

Werte als Anker

Oftmals wurde bisher der Schwerpunkt der Gestaltung einer alternsgerechten Arbeitskultur auf die Gesundheit gelegt. In der Grafik rangiert die betriebliche Gesundheitsförderung (BGF) weit hinter den werteorientierten Ansätzen. Vor allem Wertschätzung und Anerkennung stehen bei älteren Mitarbeitern im Vordergrund. Erkennbar ist aber auch, dass sehr wenig altersspezifische Aspekte enthalten sind. Vieles wurde genannt, was zur ganz alltäglichen Arbeit von Unternehmen und Führungskräften gehören sollte.

Wertschätzung im Unternehmen
Deutlich erkennbar geht es um die sozialen Beziehungen im Unternehmen, die sich positiv oder negativ auf Wirtschaftlichkeit und Unternehmenserfolg auswirken.
Wertschätzung wird oft verwechselt mit „Nicht-Diskriminierung", „Chancengleichheit" oder „Gleichstellung". Um soziale Beziehungen darzustellen, bekam jeder Begriff ein eindeutiges Verständnis (siehe Abbildung).

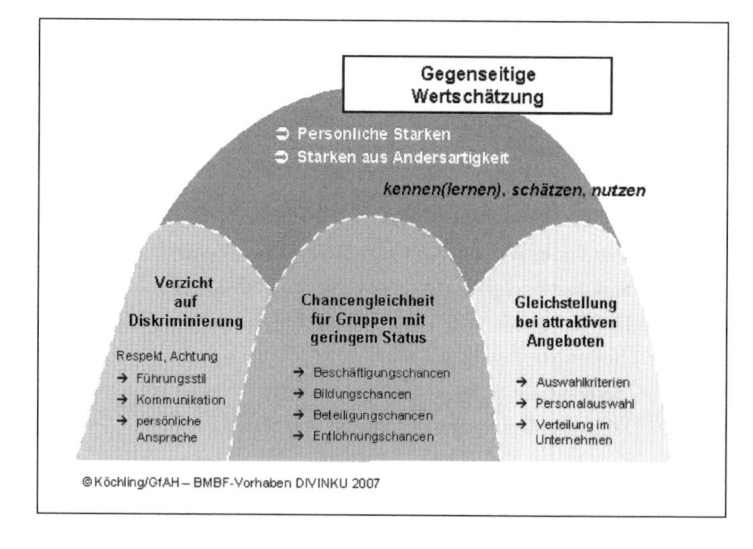

Gegenseitige Wertschätzung
- Persönliche Stärken
- Stärken aus Andersartigkeit

kennen(lernen), schätzen, nutzen

Verzicht auf Diskriminierung
Respekt, Achtung
→ Führungsstil
→ Kommunikation
→ persönliche Ansprache

Chancengleichheit für Gruppen mit geringem Status
→ Beschäftigungschancen
→ Bildungschancen
→ Beteiligungschancen
→ Entlohnungschancen

Gleichstellung bei attraktiven Angeboten
→ Auswahlkriterien
→ Personalauswahl
→ Verteilung im Unternehmen

© Köchling/GfAH – BMBF-Vorhaben DIVINKU 2007

Wertschätzung betrifft alle Mitarbeiter

Ganz allgemein bezeichnet Wertschätzung die positive Bewertung eines anderen Menschen. Sie gründet auf einer inneren Haltung dem anderen gegenüber. Dabei ist sie eher unabhängig von Taten und Leistungen, auch wenn solche die subjektive Meinung beeinflussen. Bei gegenseitiger Wertschätzung im Unternehmen stehen die individuellen persönlichen Stärken im Mittelpunkt. Für gesunde und stabile soziale Beziehungen im Unternehmen ist es wichtig, dass die Mitarbeiter geschätzt, ihre Potentiale erkannt und entsprechend genutzt werden. Wertschätzung hängt auch immer mit *Selbstwert* zusammen. Wer seinen eigenen Selbstwert für hoch erachtet, wird auch anderen eher Wertschätzung entgegenbringen.

In Unternehmen existieren ganz unterschiedliche soziale Gruppierungen. Vorgesetzte und Nicht-Vorgesetzte, „Techniker" und „Kaufleute", ältere und jüngere Mitarbeiter, Migranten/Migrantinnen, Leiharbeitskräfte, Auszubildende u. a. Personengruppen unterscheiden sich nicht nur nach Geschlecht, Alter und Herkunft („Diversity-Ansatz"), sondern auch nach Beschäftigungsverhältnis, Status, Aufgabengebiet, Betriebszugehörigkeitsdauer, Bildungsabschluss usw. Daraus resultierende Gruppenkonflikte sind prägend für die sozialen Beziehungen. Ziel ist, sie in eine *Wertschätzungs-Kultur* umzuwandeln, die offene oder verdeckte soziale Reibungen bzw. Konflikte entschärft.

Gelebte Wertschätzung findet auf mehreren Ebenen im Unternehmen statt:
- Wertschätzung zwischen Unternehmen und Beschäftigten
- Wertschätzung zwischen Führungskräften
- Wertschätzung zwischen Führungskräften und Mitarbeitern
- Wertschätzung zwischen den Mitarbeitern
- Selbstachtung und Selbstwertgefühl des einzelnen Mitarbeiters

Ausgehend von einer betrieblichen Bestandsaufnahme haben sich Wertschätzungs-Trainings bewährt. Was sind Wertschätzungs-Trainings? Wertschätzungs-Trainings sind Instrumente der Personal- und Organisationsentwicklung. Sie dienen verschiedenen Zwecken wie
- Verbesserung der sozialen Integration aller Mitarbeiter
- Lösung von Konflikten oder Kommunikationsproblemen

Wertschätzungs-Trainings vor dem Hintergrund des demografischen Wandels sollen Brücken schlagen zwischen den unterschiedlichen Generationen und dabei Unsicherheiten, Ängste und ggf. Vorurteile abbauen und überwinden. Voraussetzung für wirkungsvolle Trainings sind eine exakte Bestandsaufnahme zur Aufdeckung aktueller Probleme im Unternehmen und die Ermittlung der Anforderungen an das Leitbild sowie dessen schriftliche Fixierung.

2.2 Qualifizierte Führungskräfte sichern den Unternehmenserfolg

Führungskräfte sind die entscheidenden Multiplikatoren bei der Gestaltung einer altersgerechten Arbeitskultur. Ihre Führungsaufgabe besteht darin, Beschäftigte zu einer möglichst langen Erwerbskarriere zu motivieren und ihre Arbeitsfähigkeit durch eine entsprechende

Arbeitsgestaltung zu erhalten. Analysen verschiedener Autoren und Institutionen zeigen eindeutig:

Führungsverhalten als Erfolgsgarant des Unternehmens

- Gutes Führungsverhalten ist nachweislich ein Faktor, der zur Verbesserung der Arbeitsfähigkeit älterer Arbeitnehmer beiträgt.
- Schlechter Führungsstil wirkt sich negativ auf das Erreichen betrieblicher Ziele sowie den Krankenstand aus und erzeugt zudem beruflichen Stress.

Bezogen auf die verschiedenen Zielebenen bedeutet dies:

„Arbeiten dürfen":
- Ist den Führungskräften die Position der Unternehmensleitung zum Thema „Arbeit und Alter" bekannt, vor allem zur alternsgerechten Unternehmenskultur?
- Wie stehen die Führungskräfte selbst zum Thema „Alter" sowie „Arbeit und Alter"?
- Reflektieren sie selbst ihr eigenes Alter?
- Sind Führungskräfte für das Thema sensibilisiert und dazu motiviert, sich aktiv damit auseinanderzusetzen?
- Kennen die Führungskräfte die Altersstruktur im Unternehmen und speziell in ihrem Bereich?
- Entspricht der Führungsstil den Anforderungen an eine alternsgerechte Mitarbeiterführung?

„Arbeiten können":
- Erkennen Führungskräfte den Bedarf, Aspekte des Arbeitsumfeldes zu überprüfen und möglicherweise zu verändern?
- Sind Führungskräfte bereit, bei den Beschäftigten nachzufragen und sie mit einzubeziehen?

Arbeiten dürfen, können und wollen

- Reagieren Führungskräfte auf den gewachsenen Bedarf durch die Schaffung und Nutzung von Gestaltungsmöglichkeiten in den Handlungsfeldern?
- Gestalten Führungskräfte aktiv das Arbeitsumfeld, um die Gesundheit der Beschäftigten zu fördern?

„Arbeiten wollen":
- Sind sich Führungskräfte ihrer Verantwortung als Vorbild und Werteträger bewusst?
- Gibt es einen Dialog zwischen der Führungskraft und den Beschäftigten bzw. dem Team?
- Wie steht es um die Teamkultur?
- Wissen Führungskräfte um die Wirkung bestimmter Führungsstile hinsichtlich der Motivation?

- Nutzen Führungskräfte die Gestaltungsspielräume in ihrem Bereich zur Schaffung einer alternsgerechten Arbeitskultur?
Führungskräfte sind die entscheidenden Gestalter einer alternsgerechten Arbeitskultur.

3. Generationen-Management im Arbeitsleben
3.1 Erhaltung der Arbeitsfähigkeit alternder Belegschaften

Eine Personalentwicklung, die sich an Leistung und Innovationsfähigkeit älterer Beschäftigter ausrichtet, sieht sich im Zuge der demografischen Entwicklung künftig mit höheren Anforderungen in Bezug auf die verschiedenen Handlungsfelder konfrontiert.

Förderfelder zur persönlichen und betrieblichen Arbeitsfähigkeit

Förderfelder zur persönlichen und betrieblichen Arbeitsfähigkeit

- Gesundheitsförderung
- Betrieb
- Führungskultur
- Gesundheit
- Betriebsklima
- Person
- Arbeitsbedingungen
- Kompetenz
- Ergonomische Gestaltung
- Personalentwicklung

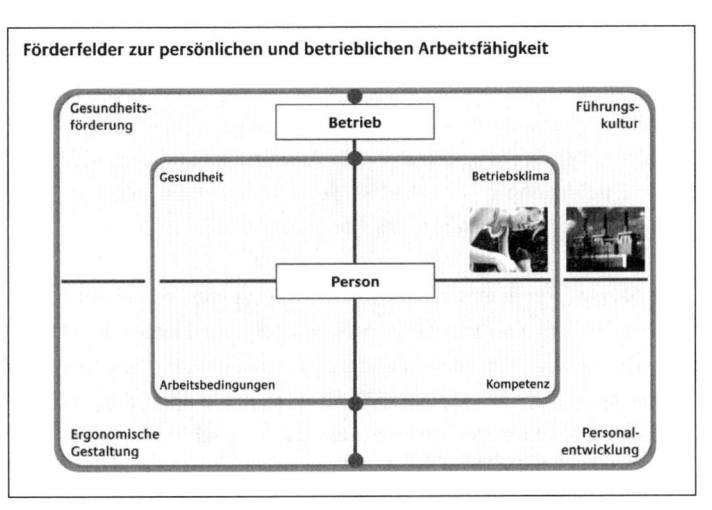

Quelle: Geissler-Gruber, Hollinetz 2007

Die Erhaltung und Entwicklung der Beschäftigungsfähigkeit und Leistungsbereitschaft der Mitarbeiter wird gesichert, wenn die Qualifikations- und Leistungsprofile mit den aktuellen und zukünftigen Arbeitsmöglichkeiten im Unternehmen abgeglichen werden. Dazu stehen Unternehmen verschiedene Werkzeuge der Personalentwicklung zur Verfügung.

Grundlegende Methode sind die Mitarbeiterbeurteilung und das Mitarbeitergespräch, in dem Qualifizierungsziele und eine alternsgerechte Laufbahngestaltung einfließen. Im Ergebnis wird ein Entwicklungs-

Werkzeuge der Personalentwicklung

plan erstellt, der die individuellen beruflichen Entwicklungsmöglichkeiten aufzeigt und so Mitarbeiter- und Unternehmensziele effizient kombiniert. Diese „Zukunftsgespräche" dienen dem Schutz des Unternehmens vor dem abrupten Ausscheiden des Mitarbeiters, gleichzeitig verhindern sie den Motivationsverlust älterer Mitarbeiter. Der Mitarbeiter muss die Möglichkeit haben, seine individuellen Wünsche hinsichtlich seiner beruflichen Karriere im Betrieb einzubringen. Im Ergebnis kann ein interner Arbeitsplatzwechsel vereinbart werden.

> **Beispiel eines Arbeitsplatzwechsels**
>
> *Ausgangslage:* Ein älterer Außendienstmitarbeiter (Herr Knopf) hat einen festen Kundenstamm, ist aber, da er bald das Renteneintrittsalter erreicht hat, nicht mehr bemüht, Neukunden zu gewinnen. Ergebnis des Zukunftsgesprächs: schrittweiser Wechsel in den Innendienst.
>
> Schritte:
> Herr Knopf übergibt seine Kunden schrittweise an einen jüngeren Mitarbeiter (Herrn Bauch), der derzeit noch im Innendienst tätig, aber am Außendienst interessiert ist. Dafür übernimmt Herr Knopf peu à peu die Aufgaben im Innendienst. Herrn Bauch bietet sich die Chance, neue Kunden zu akquirieren.
> Beide arbeiten sich gegenseitig in die für sie neue Aufgabe ein. Die Qualifizierung am Arbeitsplatz ist gesichert, die gegenseitige Wertschätzung im altersgemischten Team vorhanden.

In größeren Unternehmen sind solche Arbeitsplatzwechsel auf Grund der Anzahl der Arbeitsplätze leichter möglich als in kleinen oder Handwerksbetrieben. Hier können andere Instrumente der Personalpolitik eingesetzt werden. Flexible Arbeitszeitsysteme können die Produktivität älterer Mitarbeiter erhalten. Reduzierung schwerer körperlicher Arbeiten für Ältere, Veränderung der Arbeitsaufgaben oder der generationsübergreifenden Zusammenstellung der Teams helfen mit, die Arbeitsfähigkeit zu erhalten.

Coaching zur Arbeitsbewältigung ist zielführend

Neben dem alternsgerechten Personaleinsatz haben sich Coachings zur Arbeitsbewältigung bewährt. Die Fähigkeit zur Arbeitsbewältigung ist das Potential des Mitarbeiters, eine Arbeitsaufgabe zu einem vorgegebenen Zeitpunkt zu erfüllen. Im Rahmen der betrieblichen Gesundheitsförderung werden durch externe Coachs individuelle vertrauliche Gespräche mit den Mitarbeitern geführt. Die daraus abgeleitete Analyse bildet die Grundlage für Beratungen zwischen Unternehmensleitung, Führungskräften und Mitarbeitern, um so anhand des ermittelten Arbeitsbewältigungsstatus und der Förderbedarfe Maßnahmen zu erarbeiten. Die Vorschläge beinhalten die Ebenen der Qualifikation, des sozialen Miteinanders, der Arbeitsanforderungen und des Gesundheitsschutzes mit dem Ziel, die Wahrscheinlichkeit von Arbeits- und Erwerbsunfähigkeit zu verringern.

3.2 Arbeitsmotivation älterer Beschäftigter: eine Frage des Profils!

Arbeitsmotivation entsteht vor allem durch Wertschätzung und Anerkennung. Für die Personalentwicklung bedeutet dies zunächst, ältere Mitarbeiter in die Unternehmensprozesse aktiv mit einzubinden. Hierzu gehört auch und gerade die Einbeziehung älterer Mitarbeiter in die berufliche Weiterbildung. Verschiedene Studien kommen zu dem Ergebnis: Ältere Mitarbeiter partizipieren seltener an Weiterbildungsmaßnahmen als jüngere. Bedarf an weiterqualifizierten älteren Beschäftigten ist allerdings vorhanden und wird in Zukunft noch weiter steigen.

Lernen im Alter – Ältere lernen anders

Ein kleines Experiment: Häkeln
Benötigt werden 4 Freiwillige.
Stellen Sie sich bitte an die markierte Startlinie mit Blickrichtung nach vorn nebeneinander auf. Ich stelle Ihnen nun ein paar Fragen zum Häkeln. Wenn die Aussage auf Sie zutrifft, dann dürfen Sie einen Schritt nach vorn treten.
1) Ich kenne jemanden, der häkeln kann.
2) Ich habe schon einmal eine Häkelnadel gesehen.
3) Ich kann einen gestrickten von einem gehäkelten Topflappen unterscheiden.
4) Ich weiß, was eine Luftmasche (beim Häkeln) ist.
5) Ich habe schon selber eine Luftmasche gehäkelt.
6) Ich weiß, was eine feste Masche (beim Häkeln) ist.
7) Ich habe schon selber eine feste Masche gehäkelt.
8) Ich weiß, was ein Stäbchen (beim Häkeln) ist.
9) Ich habe schon selbst ein Stäbchen gehäkelt.
10) Ich habe schon ein komplettes Teil nach Anleitung gehäkelt.
11) Ich habe schon ein komplettes Teil ohne Anleitung gehäkelt (und es ist trotzdem was daraus geworden).
12) Ich habe mir schon selber weitere Häkelmaschen ausgedacht.

Quelle: Aus dem Redebeitrag Dorothees Reiners „Altes Hirn – was heißt das schon?", Dokumentation der Tagung „Gesundheit, Qualifikation und Motivation älterer Arbeitnehmer"..., Becker Stiftung, 01./02.10.2009 in Bonn

Dieses kleine Experiment wird dazu führen, dass die Freiwilligen unterschiedlich weit nach vorn treten werden – je nach Geschlecht, Alter, Erfahrungswerten. Es entsteht ein großes Spektrum. Wenn also die Freiwilligen sich zu einem Häkel-Kurs angemeldet hätten, dann wären einige Teilnehmer überfordert, andere unterfordert. Es ist typisch, dass gerade Ältere sich sehr viel mehr voneinander unterscheiden als Jüngere. Auf den Punkt gebracht: „Das kalendarische Alter sagt mit zunehmendem Alter weniger über den einzelnen Menschen aus" (D. Reiners). Das bedeutet auch: Ältere Lernende bilden als Teilnehmer eine heterogene Gruppe.

Die Lern- und Leistungsfähigkeit kann sich bei älteren Mitarbeitern verändern. Auf Grund ihres Vorwissens und ihres Erfahrungsschatzes entwickeln sich altersspezifische Stärken, die es in den Unternehmen zu nutzen gilt. Die kognitiven Fähigkeiten sind im Alter anders gewichtet. So haben empirische Forschungen ergeben, dass auf Grund der Erfahrungen oftmals eine vorausschauende Perspektive bei Älteren anzutreffen ist.

Ältere lernen anders, aber nicht schlechter

Ein weiterer Aspekt ist die Sinnhaftigkeit des Lernens. Jüngere lernen meist noch aus purem Interesse, ältere Mitarbeiter erst dann, wenn sie auch den Sinn erkennen.

Eine präventiv ausgerichtete Personalentwicklung muss den Grundsatz des lebenslangen Lernens verfolgen und verwirklichen. Für die Zielgruppe der älteren Mitarbeiter gilt dabei:

Im Vorfeld einer Weiterbildungsmaßnahme ist zu beachten, dass die Teilnehmer relativ homogen sind, d. h., dass ein ähnliches Ausgangswissen bei allen Teilnehmern vorhanden ist. Dies ermöglicht u. a. ein analoges Lerntempo. Von Bedeutung sind darüber hinaus auch einige organisatorische Aspekte. So sollten die Weiterbildungsmaßnahmen in den Arbeitsalltag integriert sein und nicht etwa am Wochenende und auch nicht abends stattfinden, da am Abend die Konzentrationsfähigkeit deutlich abnimmt. Wenn Weiterbildungsmaßnahmen für ältere Beschäftigte häufiger stattfinden, dafür aber von kürzerer Dauer sind, versprechen sie ebenfalls wesentlich mehr Erfolg.

Betriebliche Weiterbildung für alle Mitarbeiter

Die Inhalte, die eine solche Qualifizierung für ältere Beschäftigte vermitteln will, sollen sich eindeutig an der betrieblichen Praxis orientieren. Bedeutsam hierbei ist vor allem das Erlebbarmachen für die Teilnehmer. Der Lerninhalt sollte primär auf relevante Praxisfälle Bezug nehmen, die im Rahmen der beruflichen Tätigkeit angewendet und umgesetzt werden können.

Vorteilhaft ist neben der formalen Weiterbildung die selbst gesteuerte Wissensaneignung am Arbeitsplatz. Hierbei sind Praxisbezug und unmittelbare Umsetzung in die eigene Tätigkeit sehr von Vorteil. So sind auch ältere Mitarbeiter gefordert, sich permanent Wissen anzueignen. Denn letztlich gilt: Die Fähigkeit unseres Gehirns nimmt nur dann im Alter nicht ab, wenn wir es gebrauchen und immer wieder herausfordern.

4. Fazit: Ältere Mitarbeiter als Herausforderung für Führungskräfte

Führungskräfte sind auf komplexe Art gefordert, die generationenübergreifende Personalentwicklung in ihren Unternehmen zu begleiten und im Unternehmensalltag umzusetzen. Die aktive Mitgestaltung der Unternehmenskultur durch ältere Mitarbeiter ist Herausforderung und Chance zugleich. Ältere wollen spüren, dass sie gebraucht werden. Die Verantwortung der Führungskräfte liegt darin, die Potentiale der älteren Mitarbeiter zu erkennen und für die Erreichung der Unternehmensziele einzusetzen.

---

1 Quelle: wirtschaft + bildung 04-2011, Prof. Dr. Peter Schettgen: Ältere Mitarbeiter besser fördern
2 Ebenda

Ziele neu gedacht und formuliert
von Gudrun Windisch

Da Zielorientierung bei COOPETITION eines der wichtigen Wirkungsfelder ist, gilt es, den Umgang mit Zielen auf eine breite Basis zu stellen. Die Autorin eröffnet zusätzliche Alternativen zum bewährten, aber manchmal überstrapazierten S.M.A.R.T-Gedanken.

Gudrun Windisch

Ziele neu gedacht und formuliert

1. Welche Art von Ziel hat die höchste Erfolgsrate?

Das Zürcher Ressourcen Modell „ZRM®" ist ein Selbstmanagement-Training und wurde von Dr. Frank Krause und Dr. Maja Storch für die Universität Zürich entwickelt.
Es wird laufend durch wissenschaftliche Begleitung auf seine nachhaltige Wirkung hin überprüft. „ZRM®" beruht auf neuesten neurowissenschaftlichen Erkenntnissen zum menschlichen Lernen und Handeln. Die Zielpsychologie untersucht, wie Ziele gesetzt werden können, wie Zielrealisierung stattfindet und welche selbstregulatorischen Prozesse durch Ziele aktiviert werden. Das Interesse der Zielpsychologie läuft letztendlich immer auf eine Frage hinaus:

Welche Art von Ziel hat die höchste Erfolgsrate?
Deshalb lohnt es sich, die gängige „Findungspraxis" von Zielen in Unternehmen genauer zu beleuchten und „Ziele neu zu denken".

Zwei Forschungsrichtungen lassen sich beobachten, wenn es um die Beantwortung der Frage nach der höchsten Erfolgsrate geht: Die eine Forschungsrichtung fokussiert darauf, wie konkret und spezifisch ein Ziel geplant sein muss, um optimal umgesetzt zu werden.
Am Beispiel eines spezifischen und konkreten Zieltyps – in der Praxis **S.M.A.R.T.-Ziele** genannt – und eines neuen Zieltyps, der auf die innere Haltung abzielt und in der Praxis als **„Motto-Ziel"** bezeichnet

wird, soll die Diskussion über die beiden Komponenten erfolgreicher Zielerreichung im Folgenden gefächert werden.

> **Ein Beispiel führt in die Thematik ein:**
> Herr M., ein 47-jähriger mittelständischer Unternehmer im ZRM-Seminar.
> Auf die Frage nach dem Grund seines Hierseins antwortet er: „Beim letzten Check-up hat meine Ärztin mir geraten, kürzer zu treten und auf meine Work-Life-Balance zu achten. Auf diesem Weg brauche ich Coaching, denn ich arbeite 26 Stunden am Tag und meine Frau sagt von mir, ich sei ein Adrenalinjunkie. Ich muss einfach lernen, mir öfter eine Auszeit zu nehmen. Das ist mir selber vom Kopf her völlig klar, ich habe aber große Probleme mit der Umsetzung." Wie sieht die nächste Intervention aus? In aller Regel wird daran gearbeitet, dass Herr M. sich Ziele setzt.
> Die Art und Weise, wie diese Ziele vorgegeben werden, folgt den Vorgaben von S.M.A.R.T.
> Ein erstrebenswertes Ziel mit optimaler Erfolgsaussicht muss folgende Kriterien erfüllen:
> **S** pecific, **M** easurable, **A** ttractive, **R** ealistic, **T** erminated.[1]

Im Geschäftsleben dagegen sind die Ziele, die Mitarbeitende erreichen sollen, oft unklar formuliert: „Sie müssen mehr Power bringen", „Ich will einfach, dass das Backoffice reibungslos funktioniert" oder „Ich will heute Euer Bestes sehen" sind gängige Sprüche, mit denen Führungskräfte ihre Mitarbeitenden dazu bringen wollen, ihre Arbeit optimal zu erledigen. Der entscheidende Nachteil dieser so genannten „Do your best"-Ziele liegt auf der Hand: Der Adressat dieser Anweisung bleibt oftmals völlig im Unklaren darüber, was er denn nun konkret zu tun hat. Geht es darum, dass die Ablage besser organisiert wird? Oder soll mit Reklamationen kundenorientierter umgegangen werden?
Vielleicht bezieht sich die Anweisung ja auch auf den Informationsfluss zwischen den einzelnen Abteilungen? Alles Fragen, die bei der Instruktion mit einem „Do your best"-Ziel offen bleiben.
Wen wundert es da noch, dass sich ein messbarer Erfolg sehr viel schneller einstellt, wenn die Führungskraft präzise fordert:
„Ich möchte vier aktive Kundenkontakte pro Woche." Mit einem solchen Ziel wird den Buchstaben S.M. und R.T. in S.M.A.R.T. entsprochen. Ob das Ziel für den Mitarbeitenden auch attraktiv ist – somit dem A. entspräche – kann anhand eines so formulierten Zielsatzes zunächst noch nicht beurteilt werden.

Ein junger Psychologe berichtet über ein Projekt bei der „American Pulpwood Association". Seine Aufgabe war es, dafür zu sorgen, dass Tag für Tag mehr Bäume gefällt wurden. Er gab den Holzfällern eine hoch angesetzte, konkrete Anzahl von Bäumen vor, die sie jeden Tag zu fällen hätten. Hohe und spezifische Ziele, so sein Ergebnis, erhöhten die Anzahl der gefällten Bäume. Der Aufgabentyp ist einfach strukturiert, das Ziel benennt ein klares Ergebnis. Aufgrund der bestechend einfachen Intervention wurde seine Untersuchung auf viele andere Leistungsbereiche übertragen. Hohe und spezifische Ziele erhöhen die Leistung, vorausgesetzt es handelt sich um einfach strukturierte, ergebnisbezogene Aufgaben.

„Mach' 4 Kundenanrufe täglich", „Gehe 3-mal 30 Minuten Joggen in der Woche", „Lies jeden Tag ein Kapitel Mikroökonomie". Das sind Anweisungen in einem Setting, das klar ansagt, was zu tun ist.

Der Anwendung dieses Zieltypus sind jedoch enge Grenzen gesetzt. Er funktioniert nicht mehr, sobald der Anwender sich in einem komplexen, dynamischen Umfeld bewegt, in dem nicht von vornherein festgelegt werden kann, wie „richtiges Handeln" konkret auszusehen hat.[2] Ein spezifisches Ziel hat nur dann Aussicht auf Erfolg, wenn Strategien bekannt sind, die auch sinnvoll angewendet werden können. Ansonsten kann es sogar erfolgversprechender sein, in Situationen mit einem hohen Grad an Ungewissheit nur ein allgemeines Ziel etwa in der Form „Gib dein Bestes" zu vereinbaren.

Dessen ungeachtet setzt man Verkaufspersonen, deren Kundenorientierung gesteigert werden soll, in der Praxis oft weiterhin unverdrossen konkrete Ziele etwa in der Art: „Begrüße jeden Kunden, der deinen Bereich betritt." Solch ein Ziel ist zwar spezifisch, aber für diesen Aufgabentyp falsch. Warum?

Eine Verkaufssituation ist viel zu komplex, als dass sie nur mit einem konkreten Ziel wirklich optimiert werden könnte.

Ein konkretes Ziel ist für komplexe Situationen zu wenig

Für Servicepersonal in der Gastronomie existieren Untersuchungen, die zeigen, dass spezifische Ziele in einer komplexen Service-Situation („Schaue jedem Kunden 3 Sekunden in die Augen") die Job-Autonomie der Mitarbeitenden einschränkt und Stress erzeugt.[3]

Eine Führungskraft kann diesem Dilemma zweifach ausgesetzt sein: Entweder muss sie einen Mitarbeiter beraten, der solch eine nicht-adäquate Aufgabe in seiner jährlichen und lohnwirksamen Zielvereinbarung stehen hat. Oder er sieht sich mit einer anderen Führungskraft konfrontiert, die ihren Mitarbeitenden spezifische Ziele verordnet und sich nicht erklären kann, warum die Umsetzung dieser Ziele so sehr zu wünschen übrig lässt.

2. S.M.A.R.T.-Ziele in der Praxis

Wer mit einem S.M.A.R.T.-Ziel als Führungskraft Erfolge erzielen will, sollte, bevor er ein solches Ziel festlegt, sicherstellen, dass:
- die Art der Aufgabe für diesen Zieltyp geeignet ist; d. h., es handelt sich um eine einfach strukturierte, ergebnisorientierte Aufgabe.
- die beauftragte Person für dieses Ziel intrinsisch motiviert ist, will heißen: Die Motivation kommt aus ihr selbst heraus; sie leistet etwas, weil sie es gerne tut, es interessant oder sinnvoll findet. Und weil sie darin einen Sinn sieht und sich diesem Ziel innerlich verpflichtet fühlt.
- bei der Person keine Zielkonflikte bestehen, weder bewusste noch unbewusste.

3. 1. Haltungsziel – 2. Handlungsziele

Um „Ziele neu zu denken", widmen wir uns im Folgenden einem neuen Typus von Ziel, mit dem intrinsische Motivation sichergestellt, Sinnerleben erzeugt und Einstellungsänderung angeregt werden kann. Dieser Zieltyp wurde im Rahmen der theoretischen Überlegungen und praktischen Erfahrungen mit dem Selbstmanagement-Training nach dem Zürcher Ressourcen Modell ZRM entwickelt.

Erst das Haltungsziel, dann die Handlungsziele

Die so genannten Motto-Ziele sind Zieltypen, die weniger auf konkret beobachtbares und messbares Verhalten abzielen, sondern sich vielmehr auf eine innere Verfassung des Zielsetzenden beziehen; sie beschreiben innere Einstellungen und persönliche Haltungen.

Dieser Zieltyp steuert motiviertes Geschehen grundlegend; er bestimmt die innere Haltung, mit der psychisches Geschehen organisiert wird.

Denn gerade die innere Haltung, mit der ein Mensch eine Leistungssituation angeht, beeinflusst das konkrete Ergebnis massiv.

Wenn der mittelständische Unternehmer Herr M., von dem eingangs die Rede war, sich das Motto zum Ziel setzt, „Ich nehme mir Auszeiten", dann gibt es zahlreiche Varianten von Handlungen, die ihn diesem Ziel näher bringen: eine Tasse Tee zwischendurch, ein kurzes In-die-Sonne-Blinzeln bei der Computerarbeit, ein Aus-dem-Fenster-Schauen im Zug oder länger ausschlafen am Wochenende.

Ein spezifisches Ziel hingegen „Ich laufe jeden Morgen 3 km auf dem Laufband" ist nur durch eine einzige Handlung zu erfüllen.

Ein Student kann für sich ein Ziel entwickeln für die situationsspezifische Thematik „30 Minuten mündliche Prüfung in Anatomie" oder für

Ziele neu gedacht und formuliert

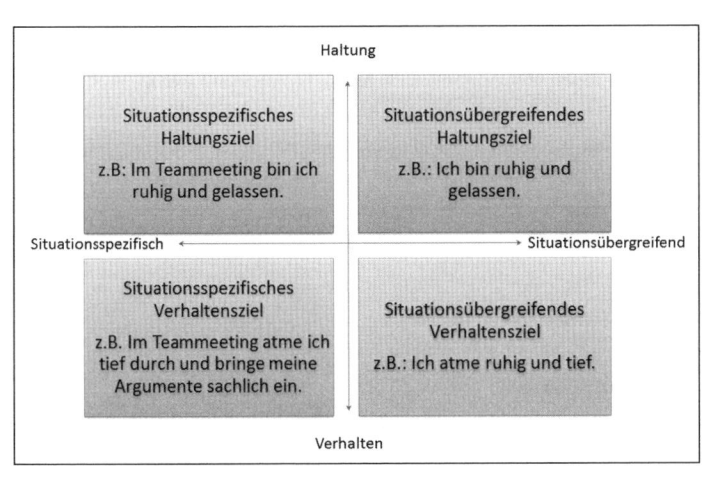

Abbildung 1:
Die vier Möglichkeiten der Zielformulierung: Situationsübergreifende oder spezifische Verhaltens- oder Haltensziele (nach Storch & Krause, 2007, S. 93)

Quadrant oben links (Situationsspezifisch / Haltung):
Situationsspezifisches Haltungsziel
z.B: Im Teammeeting bin ich ruhig und gelassen.

Quadrant oben rechts (Situationsübergreifend / Haltung):
Situationsübergreifendes Haltungsziel
z.B.: Ich bin ruhig und gelassen.

Quadrant unten links (Situationsspezifisch / Verhalten):
Situationsspezifisches Verhaltensziel
z.B. Im Teammeeting atme ich tief durch und bringe meine Argumente sachlich ein.

Quadrant unten rechts (Situationsübergreifend / Verhalten):
Situationsübergreifendes Verhaltensziel
z.B.: Ich atme ruhig und tief.

die situationsübergreifende Thematik „Bei Referaten nicht nervös sein". In beiden Fällen kann dann jeweils auf der Haltungs- und auf der Verhaltensebene angesetzt werden.

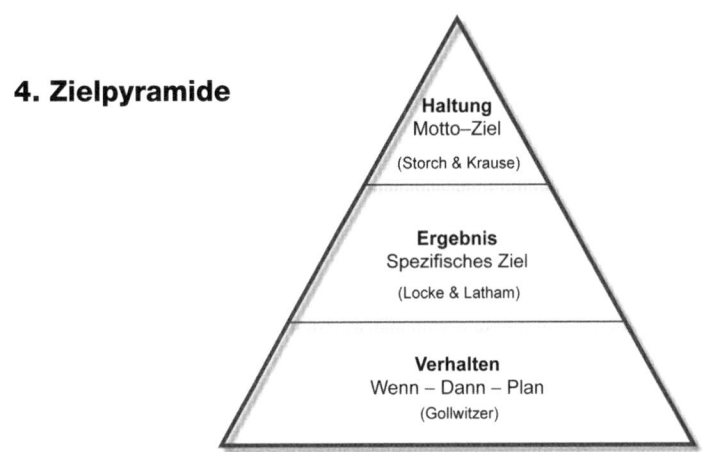

4. Zielpyramide

Zielpyramide (von oben nach unten):
- **Haltung** — Motto–Ziel (Storch & Krause)
- **Ergebnis** — Spezifisches Ziel (Locke & Latham)
- **Verhalten** — Wenn – Dann – Plan (Gollwitzer)

Abbildung 2:
Die Zielpyramide

Haltung, Ergebnis und Verhalten: Für sie wurde der Begriff *Zielpyramide* geprägt.

Die Haltungsebene beschreibt die generelle Einstellung, mit der sich ein Mensch einer Aufgabe stellt: „Ich möchte ein guter Mensch sein", „Ich möchte Freude an der Arbeit haben" oder „Ich möchte ein erfülltes Leben führen" wären Ziele, die auf der Haltungsebene angesiedelt sind.

Die Ergebnisebene der Zielpyramide: Auf dieser Ebene geht es um Aussagen, die spezifizieren, was erreicht werden soll: „Ich möchte mein Abitur machen", „Ich möchte 7 Bäume fällen", „Ich möchte

Englisch lernen" – solche Willensäußerungen beziehen sich auf diese Ergebnisebene. Die unterste Ebene beschreibt dann das genaue Verhalten, das erforderlich ist, um ein bestimmtes Haltungs- oder Ergebnisziel konkret umzusetzen. Hier befinden sich präzise Pläne, die extrem kontextgebunden und aufs Genaueste ausgearbeitet sind.

5. Wenn-dann-Pläne

Wenn-dann-Pläne

Unterstützung für die Handlungsoptionen! Manchen Menschen genügt es völlig, sich ein gutes Motto zu setzen. Sie spüren dann so viel Energie in sich, dass es von ganz alleine gelingt, das Leben ab sofort unter das neue Motto zu stellen und so die erwünschte Handlung auch in die Tat umzusetzen. Manchen Menschen genügt es aber nicht, nur ein Motto zu haben, um erfolgreich zu sein. Woran das liegt? Nicht etwa an mangelnder Selbstdisziplin oder am inneren Schweinehund. Sondern am ganz normalen Alltag. Der steckt nämlich voller Ablenkungen, die Sie ganz automatisch auf die falsche Spur bringen. Das ist ganz normal, so funktioniert eben das menschliche Gehirn. Zum Glück hat der Psychologie-Professor Peter Gollwitzer[4] von der Universität Konstanz und New York herausgefunden, wie hier Abhilfe geschaffen werden kann. Wobei das Geniale an seiner Erfindung ist: Sie ist ganz einfach anzuwenden und funktioniert absolut zuverlässig! Das haben auch über 200 wissenschaftliche Untersuchungen zu diesem Thema belegt.

Wie baut man einen Wenn-dann-Plan?

Mit Hilfe von Wenn-dann-Plänen werden Absichten in den ganz normalen Alltag eingebaut, und zwar so, dass Ihr Gehirn den Plan ganz automatisch ausführt.

Ihre Handlung

Mit welcher Handlung können Sie dieses Hindernis erfolgreich überwinden, wenn es auftaucht?

Wenn _____ (Situation) _____ auftaucht,

dann werde ich (Handlung positiv) _____ .
(3x mental wiederholen)

Was braucht das Gehirn jetzt noch, damit der Wenn-dann-Plan sich automatisiert? Es ist so einfach, dass man es kaum glauben mag: Man muss den Plan nur ein einziges Mal schriftlich niederlegen. Das ist alles.

6. Motto-Ziele in der Praxis

Wie steht es nun mit Herrn M., der seine Lebensführung verändern will? Die besprochenen drei Kriterien, die erfüllt sein müssen, damit ein S.M.A.R.T.-Ziel Erfolg zeitigt, sind alle drei fraglich. Auf keinen Fall handelt es sich bei dem Vorsatz, mehr Work-Life-Balance ins eigene Leben zu bringen, um eine einfache ergebnisbezogene Aufgabe. Alle Themen, die eine Veränderung der Lebensführung betreffen, sind zunächst einmal typisch komplexe Aufgaben. Von einer starken Zielverpflichtung und damit einhergehender intrinsischer Motivation sollte man bei Herrn M. besser auch nicht ausgehen, da die Empfehlung zur Veränderung von außen kommt (Arzt und Ehefrau).

Unser „Steinzeitgehirn" denkt in Bildern!

Ob Zielkonflikte vorliegen, ist zwar nicht ganz klar, wohl aber zu vermuten. Als erster Schritt wird bei Herrn M auf der Haltungsebene gearbeitet, erst wenn für die Haltungsebene ein positiv affektiv besetztes Ziel vorliegt, wird das Verhalten konkretisiert.

7. Gefühlsbilanz

Auf zwei visuellen Analog-Skalen, eine für negative Gefühle und eine für positive Gefühle, schätzt Herr M. das Thema „Work-Life-Balance" für sich ein. Er gibt diesem Thema auf der Plus-Skala einen Wert von 40, auf der Minus-Skala einen Wert von 70, verzeichnet also mittlere positive und starke negative Affekte. Wir erkennen etwa Assoziationen von „etwas nur für Frauen" (Minus 70) und auf der Plus-Skala deswegen nur Plus 40, weil er das Balanciert-Sein als zu ruhig für sich und die Aufgaben, die in seinem Job auf ihn warten, empfindet. „Ich bin doch noch kein Rentner", sagt er, „ich kann jetzt nicht in der Hängematte liegen."

Die Kraft starker positiver Affekte!

Als Nächstes wird die Gefühlsbilanz des Themas „Auszeit" überprüft. Sie fällt verheerend aus. „Auszeit" hat für Herrn M. Minus 85 und Plus 0. Warum? „Dazu fällt mir ein kompletter Loser ein, der es einfach nicht

**Abbildung 3:
Gefühlsbilanz
von Work-Life-
Balance, Auszeit
und Boxenstopp**

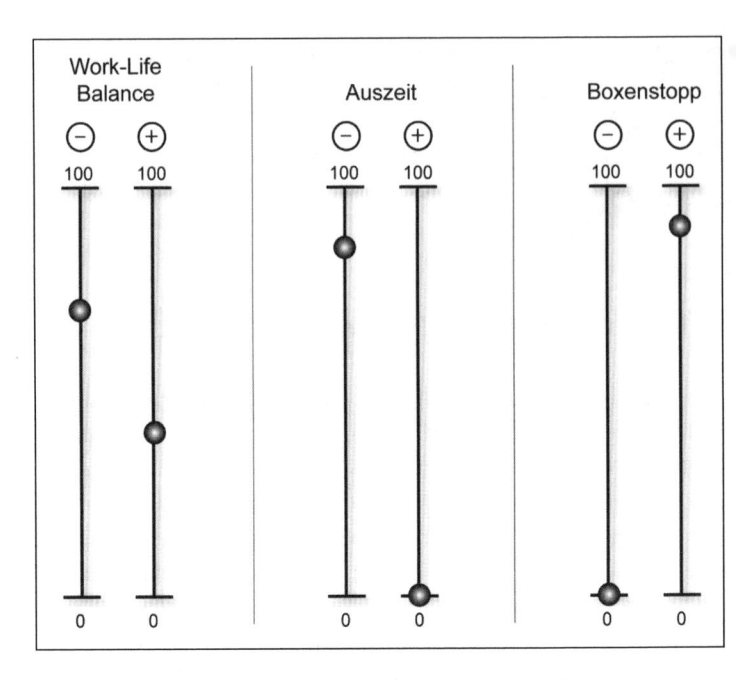

schafft und aufgegeben hat." Mit dieser Gefühlsbilanz nützen noch so präzise geplante spezifische Ziele auf Dauer gar nichts.

Herr M. muss seine Haltung ändern, bevor er sein Verhalten nachhaltig verändern kann. Die Suche nach einer neuen Haltung findet auf der Bilder-Ebene statt, da nach der Theorie die Arbeit mit Bildern den Zugang zum emotionalen Gedächtnis vereinfacht.

Herr M. nimmt das Bild von Michael Schumacher.

„Er bringt Höchstleistung und wenn er merkt, sein Auto hat eine Störung, macht er einen Boxenstopp. Dass er aufmerksam für Störungen ist und sie ernst nimmt, ist bei ihm ja die Grundbedingung für seine Siege."

Das Thema „Boxenstopp" zeigt eine völlig andere Gefühlsbilanz als die Themen „Work-Life-Balance" und „Auszeit": Ein Plus von 90 und Minus 0.

Aus dieser neuen Haltung heraus wird in einem nächsten Schritt ein Motto-Ziel erarbeitet, das die neue Haltung von Herrn M. in einem Zielsatz wiedergibt.

Das Motto-Ziel von Herrn M. lautet:
Ich achte auf meinen Motor und mache Boxenstopps.
Oft genügt es, ein Motto-Ziel zu erarbeiten, um zielwirksames Handeln in die Wege zu leiten. Typische Motto-Ziele, die mit der Methode des Zürcher Ressourcen Modells gebildet wurden, lauten zum Beispiel:

Motto-Ziele

„Ich erlaube mir Macht", „Ich fülle meinen Entspannungskorb", „Mutig schreite ich in meine Freiheit"

Wenn Ziele auf der Haltungsebene formuliert werden, können Motto-Ziele sofort nach ihrer Nennung spontan zu situativ adäquatem und zielrealisierendem Handeln führen. In den Fällen jedoch, in denen außer dem Erlernen eines neuen Handlungsmusters auch noch ein altes Muster verlernt werden muss, bedarf es, zusätzlich zum Motto-Ziel, noch weiterer Maßnahmen.

8. Wirksamkeits-Studie

Zu der Wirksamkeit von Motto-Zielen existiert eine Studie von Bruggmann (2003), in der eine Gruppe von 23 Personen, die Motto-Ziele gebildet hatte, verglichen wurde mit einer Gruppe von 24 Personen, die S.M.A.R.T.-Ziele gebildet hatte. 1 1/2 Jahre nach erfolgter Zielbildung wurden die beiden Gruppen hinsichtlich verschiedener zielrelevanter Parameter befragt.

Theoretische Hintergründe

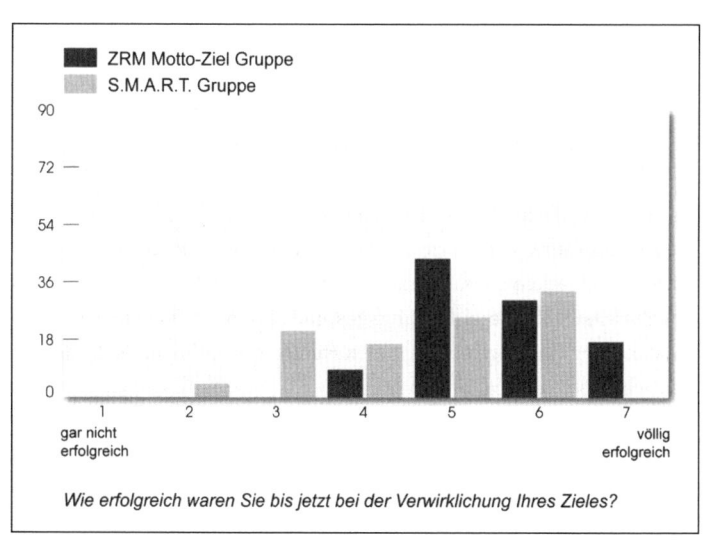

Abbildung 4: Wirksamkeits-Studie – Zielerreichung

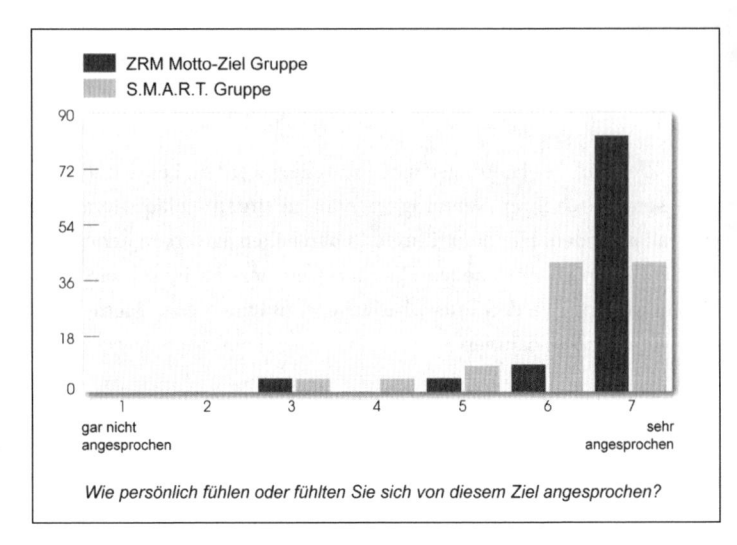

Abbildung 5:
Wirksamkeit-Studie –
persönliche Identifikation mit dem Ziel

Wie persönlich fühlen oder fühlten Sie sich von diesem Ziel angesprochen?

9. Ausblick

Ein Motto-Ziel erzeugt Goal-Commitment und intrinsische Motivation, wenn:
- es von Unbewusstem und Bewusstem positiv bewertet wird
- es die Haltungsebene anspricht
- es eine starke positive und minimal negative Gefühlsbilanz aufweist
- es in einer Bildsprache abgefasst ist

Ein wichtiges Thema bezieht sich auf den Ursprung eines Zieles.
Die Aufforderung zur Auszeit hat der Unternehmer Herr M. vom Arzt bekommen, vielleicht noch assistiert von seiner Ehefrau.
Auch in einem Zielvereinbarungsgespräch kommen die Ziele, die Gegenstand der Planung sind, in vielen Fällen von der Firmenleitung und nicht von den Mitarbeitenden selbst.

Für die erfolgreiche Umsetzung eines Ziels ist es nicht so wichtig, welchen Ursprung ein Ziel hat.
Wichtig ist, ob es eine Person als persönliches Ziel akzeptiert.

Erstmals in der Geschichte der Zielpsychologie existiert mit den Motto-Zielen ein Verfahren zur Zielbildung, das effektiv und direkt die Synchronisierung von bewusster und unbewusster Bewertung erlaubt. Durch die zielgerichtete Veränderung der Gefühlsbilanz und die damit einhergehende systematisch aufgebaute intrinsische Motivation eröffnen sich neue und lustvolle Möglichkeiten, mit der Menschen bei ihrer Zielfindung unterstützt werden – sei es bei privaten Themen oder bei beruflichen Zielen.

Ein Motiv somit zu finden, das so stark ist, dass es einen Menschen dazu bringt, 10.000 und mehr Stunden zu üben! Das ihn dazu bringt, trotz der Hürden und Frustschwellen, die bei jeder Weiterentwicklung normal sind, durchzuhalten!

Wie eingangs erwähnt, sollten Motto-Ziele und S.M.A.R.T.-Ziele nicht als Gegensätze aufgefasst werden. Sie sind vielmehr zwei Elemente erfolgreicher Zielsetzung, die sich ergänzen. Optimal verläuft die Zielerreichung, wenn beide Zieltypen noch über Wenn-dann-Pläne abgesichert sind. Eine Führungskraft, die auf allen drei Ebenen der Zielpyramide zu Hause ist, ermöglicht es ihren Mitarbeitern, gesund und mit Lust eigene Handlungen durch Ziele zu steuern.

Zum Abschluss möchte ich in Interview-Form nochmals der Begründerin des ZRM, Frau Dr. Maja Storch, das Wort geben, die sich zu ihrer Methode „ZRM" gegenüber meiner Kollegin Hemma Spreitzhofer (komunariko) geäußert hat.

Bei Frau Dr. Maja Storch habe ich das Zürcher Ressourcen Modell (ZRM) gelernt und arbeite seit 2006 erfolgreich mit dieser Methode in Unternehmen und mit Einzel-Personen.

10. Interview

Weil unser Verstand so störungsanfällig ist …
… funktioniert Selbstmanagement mit Disziplin auf Dauer nicht,
sagt Maja Storch, Psychologin und Universitätsprofessorin an der Uni Zürich.

Was ist am ZRM anders als bei anderen Selbstmanagementmethoden?
Der Hauptunterschied besteht in der klaren theoretischen Systematik und in der wissenschaftlichen Fundierung jedes einzelnen Arbeitsschritts. Es ist ein hochintegratives Modell und es bietet einen theoretisch und wissenschaftlich abgesicherten und klar begründeten Rahmen.

Bei welchen Themen ist das ZRM anwendbar?
Immer (lacht). Wir haben das Modell schon mit unterschiedlichsten Zielgruppen ausprobiert: Manager-Coaching, Teamentwicklung, Ziel-

vereinbarungsgespräche, Beschwerdegespräche, Verkaufsgespräche, beim Umsetzen von Gesundheitszielen usw. Es ist einfach wahnsinnig breit und dazu gibt es schon viele Wirksamkeitsstudien. Das Modell ist so universell, weil es die neurobiologische Basis psychischen Funktionierens abbildet, und das ist bei allen Themen gleich.

Viele Menschen tun sich schwer, Entscheidungen zu treffen. Woran erkennt man, dass man eine „gute" Entscheidung getroffen hat?
Daran, dass man ein gutes Gefühl dabei hat. Wenn man gemischte Gefühle dabei hat, dann ist es keine gute Entscheidung. Und um das zu erkennen, ist es so wichtig, die eigenen somatischen Marker gut zu kennen – also wie reagiere ich körperlich/gefühlsmäßig auf einen Gedanken, eine Vorstellung? Die sind sehr klar und eindeutig.

Dann geht es darum, die getroffene Entscheidung auch durchzuziehen. Die meisten Selbstmanagement-Ansätze arbeiten mit Disziplin. Sie sagen, dass Selbstmanagement mit Disziplin auf Dauer nicht funktioniert. Warum nicht?
Weil unser Verstand extrem störungsanfällig ist. Ist er überfordert, funktioniert er nicht mehr. Ist er unterfordert, funktioniert er auch nicht mehr. Und weil unser Verstand so störanfällig ist, greifen im Alltag so schnell die gelernten Muster, die nicht auf Basis des Verstandes, sondern mit Hilfe des emotionalen Erfahrungsgedächtnisses funktionieren. Mit bloßer Disziplin kann man einmalige Vorhaben realisieren, z. B. ein Mal im Jahr zum Zahnarzt gehen, aber nicht langfristige Verhaltensänderungen bewirken. Daher kann man über bloße bewusste Verstandesleistungen seine Ziele nicht erreichen, sondern man muss seine bewussten und unbewussten Bedürfnisse koordinieren. Genau das macht das Zürcher Ressourcen Modell.
Es gibt schon Menschen, die sich so stark über den Verstand disziplinieren können, dass sie auch so ihr Verhalten rein über den Verstand steuern. Aber diese leiden dann nachgewiesenermaßen mehr an Burnout, Depressionen, Essstörungen etc.

Stichwort Ziele: Sie werden im Coaching und in der Führung intensiv eingesetzt, denn sie richten aus und mobilisieren Energie. Kaum ein Mitarbeitergespräch ohne S.M.A.R.T.- Zielvereinbarungen, also nach der Regel spezifisch, messbar, anspruchsvoll, realistisch, mit Termin. Im ZRM haben Sie einen neuen Zieltyp entwickelt – die Motto-Ziele. Was ist der Unterschied und wann macht welcher Zieltyp Sinn?
S.M.A.R.T.E Ziele machen dann Sinn, wenn Motivation schon vorhanden ist und es sich um ganz einfache, klar strukturierte Aufgaben

handelt, wie z. B.: Mache täglich fünf Neukundenanrufe. Dann funktioniert dieser Zieltyp. Wenn aber das Ziel z.B. im Verkauf lautet: Begrüße jeden Kunden mit einem Lächeln! Dann ist das aus Sicht des ZRM völliger Unsinn.
Denn Kundenorientierung funktioniert nicht auf der Ebene des Verhaltens, sondern man braucht Haltungsziele, wir nennen sie auch Motto-Ziele. Das heißt dann z. B. „Ich lasse meine Sonne scheinen".
Oder ein anderes Beispiel: Ein Manager kam in ein Training mit dem Ziel, jeden Abend einen aufgeräumten Schreibtisch im Büro zu hinterlassen.
Nach dem ZRM-Training formulierte der Manager ein ganz anderes Ziel, nämlich **„Mañana"**, also mit einem guten Gefühl abends Schluss zu machen, nach Hause zu gehen, obwohl der Schreibtisch nicht aufgeräumt und nicht alles erledigt ist. Motto-Ziele brauchen wir immer dann, wenn es um komplexere Ziele geht, die langfristig für uns handlungsleitend sein sollen.

Wie stellen Sie aber sicher, dass man auch Durststrecken überwindet, z. B. auf die wunderbare Torte beim Besuch der Tante zu verzichten, obwohl man weiß, wie gut sie schmeckt? Oder im Beruf: doch eine lästige Arbeit zu beginnen, die man schon seit Wochen hinausschiebt?
Hier arbeiten wir auf zwei Ebenen: mit so genanntem Priming und auf der anderen Seite mit der genauen Planung von Situationstypen. Priming bedeutet, dass wir bereits im Training das Motto-Ziel mit Gegenständen aus dem Alltag verknüpfen.
Das hat nichts mit Esoterik zu tun, sondern es ist nachgewiesen, dass durch diese Verknüpfung mit wichtigen Alltagsgegenständen das Ziel immer wieder unbewusst aufgerufen und damit im Alltag verankert wird, z. B. mit Bildschirmschonern oder bestimmten Handyklingeltönen. Das hat den Vorteil, dass man danach nichts mehr bewusst tun muss. Denn durch das einmalige Priming der Gegenstände läuft das Programm im Alltag automatisch ab. Und das andere sind A/B/C-Situationstypen. Die Teilnehmenden im Training bereiten bereits vorhersehbare schwierige Situationen vor und planen, wie sie darauf reagieren und wie sie sich dann für das Meistern der schwierigen Situation belohnen werden.

Wie würde sich Personalentwicklung aus Ihrer Sicht verändern, würde man die Erkenntnisse aus dem ZRM umsetzen?
Nach Teamentwicklungen mit ZRM sagen uns alle danach, dass einfach die Stimmung besser ist, es gehe kooperativer zu, man sei offener

zueinander. Und das liegt aus meiner Sicht daran, dass sie gelernt haben, klarer zu spüren, was sie wollen, und das auch im Team zu artikulieren. Nur dann kann man ja auch ein guter Verhandlungspartner für andere sein. Und das kann man mit ZRM lernen.

Quelle
Motto-Ziele, S.M.A.R.T.-Ziele und Motivation
In: Birgmeier, Bernd (Hrsg.): Coachingwissen. Denn sie wissen nicht, was sie tun?
1. Hinter dem Akronym S.M.A.R.T. verbergen sich empirisch gut abgesicherte Ergebnisse der Goal-Setting-Theory (Zielsetzungstheorie), die von den Arbeitspsychologen Locke und Latham (1990) entwickelt wurde.
2. Kanfer et al,1994
3. Grandey et al, 2005
4. Professor Peter Gollwitzer von der Universität Konstanz und New York: Wenn-Dann-Pläne

Texten und Formulieren – der unterschätzte Faktor
von Irmgard Theobald

Sich richtig ausdrücken zu können hilft in allen Lebenslagen. Für Manager ist dies in ihren Aufgabenbereichen elementar. Dennoch wird dieser Faktor meist unterschätzt. Er ist eine zweifelsohne originäre Basis für das Führungsprinzip COOPETITION. In der Führung kommt es immer wieder auf präzise, maßgeschneiderte Formulierungen an.

Irmgard Theobald

Texten und Formulieren – der unterschätzte Faktor

Einleitung

Führungskräfte sollten tailor-made texten. Maßgeschneiderte Texte heben sich von allgegenwärtiger, oft trister Text-Konfektion ab. Führungskräfte, die gleichermaßen mit ihrem Wissen, ihrer Persönlichkeit und ihrem Führungsstil überzeugen müssen, wissen dies besonders zu schätzen. Weil sie oft immer wieder überrascht feststellen: Formulierungen, über die sie selbst beim stummen Lesen stolpern, entbehren meist auch der erwünschten luziden, auf den Punkt gebrachten Klarheit. Umgekehrt wird ein Schuh draus: Beim stummen Lesen entscheidet sich, ob ein Text Klang und Rhythmus hat, ob ihm Musik innewohnt und er so auf Resonanz hoffen darf – oder eben nicht! Nur Sätze, die bereits beim stummen Lesen stimmig klingen, erreichen laut gesprochen ihre Adressaten.

Klang und Rhythmus eines Textes entscheiden über seine Resonanz

1. Texten als Handwerkskunst des Wörterwebens

Verblüffend, wie eng ein vermeintlich alter Begriff wie „Text" mit einem scheinbaren Emporkömmling der letzten 20 Jahre, nämlich World Wide Web, rein sprachlich zusammenhängt. Texten kommt vom lateinischen texere und heißt? Weben. Das „textum" – abgekürzt: der Text – ist das Gewebte oder Gewobene. Und auch World Wide Web

Texten heißt weben: Wörter weben

oder international Net heißt ja übersetzt nichts anderes als weltweites Ge„web"e – oder eben Netz; ein Netz aus Worten, das sich weltweit ausbreiten kann – vorausgesetzt, Sie beherrschen Ihr Handwerkszeug.

1.1 Handwerkszeug

Alphabet, Grammatik, Orthographie: Das Handwerkszeug des Tailor-made-Texters

Meine Empfehlung als Textcoach für Führungskräfte lautet deshalb: Handhaben Sie zunächst Ihren Webstuhl, das Alphabet, handwerklich korrekt! Dann kreuzen Sie Kett- und Schussfäden – will heißen: Sie kennen sich aus mit Grammatik und Orthographie – und verknüpfen alles nach den Regeln der Bindungslehre – das ist Ihr ganz persönlicher Stil.

Ein Tailor-made-Text ist gelungen, wenn Ihr Gewebe genau so aussieht, wie Sie es sich vor Beginn der Arbeit vorgestellt haben. Wenn Ihr Sprachmuster so farbig oder dezent vor Ihnen liegt, wie es dem Anlass entspricht. Wenn Stimmungen so wiedergegeben werden, dass sie – je nach Wunsch – animieren oder besänftigen. Wenn Ihre Satzmuster genau die Aufmerksamkeit erlangen, die Ihnen in Gedanken vorschwebte.

1.1.1 Was heißt „Gebrauchstext"?

Tailor-made-Texte sind Gebrauchstexte. Gebrauchstexte für Menschen, die etwas zu sagen haben, und dies punktgenau. Nicht mehr! Große Literatur kann und soll das nicht werden – aber eben auch nicht weniger. Dabei ist es völlig einerlei, ob dieser Text hinterher gelesen wird, oder ob Sie ihn vor Publikum zu Gehör bringen. An diesen Regeln ändert sich nichts. Jeder Text hat ein Recht auf Sorgfalt bei der Erstellung. Online schützt erst recht nicht vor korrektem Deutsch. Im Gegenteil! Fürs flüchtige, häufig eher diagonale Lesen am Bildschirm ist die Präzision des Tailor-made-Textens unabdingbares „must".

1.2 ABC-Analyse in Sachen Tailor-made-Texten

ABC-Analyse und Rhetorik

Wichtiges von Unwichtigem unterscheiden. Sauber Fokussieren. Weniger Wichtiges auch an weniger wichtiger Stelle erwähnen. Das ist Tailor-made-Texten für Führungskräfte. Es unterscheidet sich somit nicht von erprobter ABC-Analyse und landet dennoch exakt bei der klassischen Rhetorik.

1.3 Rhetorik für Führungskräfte – Essenz statt Schaumschlägerei

Headline – Teaser – Text: Dem Journalismus abgeguckt, hat sich diese Methode auch als Ordnungsprinzip beim Tailor-made-Texten bewährt.

1.3.1 Die Headline

Texte und Reden von Führungskräften werden ja einerseits besonders kritisch beäugt; andererseits erreichen sie oft ein großes Publikum und können im besten Fall enorme Resonanz erzeugen. Wer als Führungskraft das Tailor-made-Texten beherrschen will, muss deshalb unbedingt verinnerlichen: Headlines sind immer „Hingucker", die entscheiden, ob der Leser auch den weiteren Text zur Kenntnis nimmt. Oder ob der Hörer weiterhin zuhört. Captatio benevolentiae nannten es die antiken Rhetoriker: geschicktes Werben um Aufmerksamkeit; Leser und Hörer hineinnehmen ins Geschehen, ihre Neugier aufs Kommende wecken, dafür sorgen, dass Gedanken weder beim Lesen noch beim Zuhören abschweifen. Kurz, knapp und treffend sollen Headlines den inhaltlichen Bezug zum Text und zur Rede herstellen – am besten nur 6, auf keinen Fall mehr als 10 Wörter. Und ganz wichtig fürs Tailor-made-Texten: Der Wortlaut der Headline muss sich später, im Haupttext, wiederholen. Nicht inflationär, aber so, dass Lesende und Hörende ihn als roten Faden im Labyrinth der Worte und Gedanken als Orientierungspunkt erkennen.

1.3.2 Der Teaser

Danach hat der Teaser seinen großen Auftritt: To tease heißt „locken, necken". Ein Teaser soll Lust auf mehr machen. Eine These formulieren, ein Produkt umreißen, eine Rede vorstrukturieren. Kurz und knapp ins Thema einführen, aber noch keine Informationen vorwegnehmen. Sondern ganz im Gegenteil den Leser oder Hörer quasi automatisch in den eigentlichen Text, in den Fokus der Rede hineingleiten lassen. Wie auf einer Wasserrutsche ... In der Rhetorik heißt diese Form des Leser- und Hörerbezugs „Tua res agitur" – „Du bist gemeint!" „Was jetzt kommt, geht dich als Lesenden oder als Hörenden – auch innerhalb einer großen Gruppe – ganz persönlich an!" Denn jetzt kommt der Höhepunkt des Textes oder der Rede: der Haupttext, die Quintessenz des Gesagten.

Da für meine Arbeit mit Führungskräften ganz unbedingt gilt: Nur was sprachlich richtig ist, kann richtig klingen, beschränke ich mich im Folgenden auf den Begriff Text. Denn vor jeder Rede, vor jedem Lautwerden von Gedanken steht nun mal – das Tailor-made-Texten!

2. Der Tailor-made-Text

Headline, Teaser, Text: Wie fesselnde Tailor-made-Texte entstehen

Auch wenn der eigentliche Text seiner Natur nach ausführlicher ist: Gliedern Sie ihn in kurze, überschaubare Abschnitte. Ganz wichtig: Vor dem Schreiben Wort- und Inhaltsfelder auflisten. Und Grenzen setzen: Welcher Begriff soll im Text noch vorkommen bzw. abgehandelt werden, welcher sprengt bereits den Rahmen? Wo und wie häufig verwende ich den Wortlaut der Headline als Orientierungspunkt?

2.1 Gliederung des Fließtextes

Alle Aspekte, die für den eigentlichen Text nicht essentiell sind, aber vielleicht spannende, weiterführende Informationen enthalten, werden in gesonderte so genannte Textmodule ausgegliedert. Das geht online natürlich einfacher, ist aber auch bei Print-Texten machbar: Was den eigentlichen Rahmen sprengt, aber vertiefende Informationen liefert, muss deutlich sicht- und lesbar! ausgegrenzt werden. Entweder als Exkurs im Text – dann am besten in einem anderen Schriftbild – oder als Anhang, auf den dann jederzeit verwiesen werden kann.

2.2 Was das Lesen erleichtert

Klar strukturierte Sätze. Wann immer es geht: Vermeiden Sie den Nominalstil, auch wenn es auf Anhieb so aussieht, als könne man damit Platz sparen.

Also nicht: Unter Zuhilfenahme weiterer Beschreibungen liegt die Zielerreichung im Bereich des Möglichen; sondern: Lesen Sie gründlich nach und es wird gelingen!

Kleine Kniffe fürs korrekte Tailor-made-Texten

Wenn der Platz knapp und der Text eher sachlich ist: Lieber schmückende Adjektive weglassen als lesefreundliche Verben.
Nach jedem zu Ende geführten Gedanken kommt ein neuer Absatz. Das lockert das Ganze auch optisch auf.
Wenn die Materie allzu kompliziert wird, können auch Zwischenüberschriften helfen. Hier können z. B. schwierige Fremd- oder Fachwörter schon vorab erklärt werden, sodass im eigentlichen Abschnitt der Lesefluss nicht gehemmt wird.

Exkurs: Stil und Stilfiguren

Obwohl es eine Vielzahl von Stilfiguren gibt, reichen fürs Tailor-made-Texten eigentlich zwei: Symbol und Metapher. Weshalb das so ist?
Weil Tailor-made-Texten im mittleren Stil – im genus mediocre, wie die alten Rhetoriker sagen – erfolgt. Das heißt: korrekt, grammatikalisch wie orthographisch, kein Jargon – aber eben auch nicht mit dem theatralischen Gestus eines Volkstribuns.
Um einen Text lebendig zu gestalten, bedienen wir uns gerne der Metapher. Sie heißt nichts anderes als: Übertragung. Etwas aus einem Bereich in einen anderen übertragen. Wenn man etwa von einem Menschen sagt, er sei ein „schlauer Fuchs" oder ein „dummes Huhn"; dann handelt es sich eben um Übertragungen vom Tier- ins Menschenreich. Oder wenn ein Adler als „Segler der Lüfte" bezeichnet wird, dann wird ein Begriff aus der Seefahrt in die Tierwelt übertragen. Das Wörtchen „wie" lässt die Metapher zum Vergleich werden: Er blickt dich an „wie" ein schlauer Fuchs ist ein Vergleich – formuliert mit Hilfe einer Metapher.
Das Symbol dient dazu, einen abstrakten Sachverhalt zu konkretisieren: „Das Schwert mit dem Pflug vertauschen" für „Frieden statt Krieg", „Schnitter" oder „Sensenmann" für „Tod", „Schornsteinfeger" für „Glück", „rotes Herz" für die Liebe
Bei Sachtexten, wozu das Tailor-made-Texten ja gehört, hat die klare und verständliche Aussage immer Vorrang. Weder Metaphern noch Symbole sollen um jeden Preis – oder aus reiner Sprachverliebtheit – verwendet werden.
Metaphern haben aber immer dann ihre Berechtigung, wenn sie helfen, Wiederholungen zu vermeiden, oder wenn der Text insgesamt eher farbig und emotional daherkommen soll.
Symbole sind Verständnishilfen. Keinesfalls dürfen sie das Lesen erschweren. Deshalb müssen Sie auch sicher sein, dass Ihre Leserschaft Ihre „Konkretisierung" versteht: „Ziehen wir hier einen Schlussstrich" darf nur schreiben, wer weiß, dass seine geneigte Leserschaft jetzt nicht zum Stift greifen wird – sondern höchstens nochmals von vorne zu lesen beginnt ... ☺

Symbol und Metapher – Stilistik fürs Tailor-made-Texten

3. Text, Rhythmus, Klang – s(w)ingende Tailor-made-Texte

Lateinisch „lingua" heißt sowohl Zunge als auch Sprache. Nur mit Hilfe der Zunge können Worte zu Sprache werden; sonst bleiben sie stumm. Worte, die zu Sprache werden, brauchen deshalb Klang und Rhythmus. Das ist wichtig beim Texten, weil klangvolle, rhythmisierte Sätze sehr einprägsam sind. Holperige Texte, über die man beim Lesen immer wieder stolpert, beeinträchtigen dagegen die Leselust. Deshalb gilt ja auch umgekehrt: Nur Sätze, die bereits beim stummen Lesen stimmig klingen, erfahren Resonanz.

Beispiel: Eine Bank bietet eine Alterssicherung an, die durch monatliche Beiträge über Jahre hinweg dynamisch angespart werden kann. Da diese Beiträge unterschiedlich ausfallen können, heißt es am Schluss. „Es gibt keinen monatlich festgelegten Betrag. Wie viel, bestimmen Sie!" Korrekt, aber komisch und klanglos – genau! Viel besser wäre: Sie bestimmen, wie viel! Dann wäre die Ansprache auch gleich viel persönlicher: „Sie" sind gemeint.

3.1 Vorsicht: Sprachverliebtheit!

Präzision, Rhythmus, Klang – oder wie Tailor-made-Texte entstehen

Vorsicht aber auch bei Formulierungen, die auf Anhieb so elegant und schön klingen, dass man richtig stolz auf sich ist und den Inhalt – neudeutsch: content – völlig vernachlässigt.

Ein gutes Beispiel hierfür ist eine Radionachricht, die im Zusammenhang mit Absatzschwierigkeiten aus dem Porsche-Werk in Stuttgart zu hören war. Der Autobauer will mit einem Sparprogramm in Höhe von 100 Millionen Euro der Krise entgegensteuern.

Na dann viel Erfolg beim Mitten-Hineinsteuern in die Krise – kann man da nur sagen. Gemeint ist natürlich: ... gegen die Krise ansteuern, oder ... der Krise gestärkt entgegentreten. Mit der gewählten Formulierung ist jedenfalls ein ganz anderer, absolut nicht erwünschter Sinn entstanden – nur weil jemand sprachverliebt von seinem gefundenen Begriff „entgegensteuern" nicht mehr lassen konnte.

3.2 Die neue Rechtschreibung – alles halb so wild!

Bei meiner Arbeit mit Führungskräften werde ich immer wieder damit konfrontiert: Wenn nur diese Schwierigkeiten mit der neuen Rechtschreibung nicht wären. Dann wäre das Texten viel, viel einfacher!

Dass ich selbst mich über die Tücken der neuen Rechtschreibung allerdings nie wirklich aufregte, liegt daran, dass ich lange Jahre im Bibliographischen Institut in Mannheim arbeitete, wozu auch die DUDEN-Redaktion gehört.
Lange bevor die Rechtschreibreform in der Öffentlichkeit erbittert diskutiert wurde, hatten wir sie schon verinnerlicht. Seit 1996 durfte – alles eine Frage der Corporate Identity – kein offizieller Brief, später keine Mail mehr in „alter Rechtschreibung" den Verlag verlassen, weil auch die Werke sukzessive umgestellt wurden.
Und bis heute behaupte ich: Wer die Hauptregel beherrscht: Nach kurzem Vokal oder Selbstlaut wird kein „ß" mehr geschrieben, sondern „ss", wohingegen nach langem Vokal das „ß" erhalten bleibt – der hat mehr als 90% der neuen Rechtschreibung verstanden – über die Frage, ob es nun sinnvoll ist, Gemse mit „ä" zu schreiben, weil es mit Gams verwandt ist, kann man dann immer noch bei einem gepflegten Glas Rotwein diskutieren ...
Das Hauptproblem, dass nämlich viele Menschen auch schon vorher nicht wussten, wann es nun „das" oder heute eben „dass" heißen muss, ist von der Rechtschreibreform unabhängig.
Dafür hat sie uns aber die unsägliche Variante „Mit freundlichen Grüssen" eingebracht. So dürfen nur die Deutschschweizer schreiben, die das ß überhaupt nicht kennen. Dort gibt es ja auch keine Unterscheidung zwischen „Busse" und „Buße". Bei uns aber heißt es: Mit freundlichen Grüßen – denn: Nach langem Vokal oder Doppellauten, so genannten Diphthongen (au, ei, eu) bleibt das „ß" erhalten.

3.3 Kurz, knapp und präzise – das ist unsere Devise!

„Fasse dich kurz" – insbesondere Führungskräfte fordern mit diesem Imperativ ihre Mitarbeiter gerne zu mehr Präzision und Effizienz auf. Und doch tappen wir alle stattdessen oft in die Falle der weniger exakten Beliebigkeit. Ein Beispiel, ein recht bildkräftiges sogar:
Daraufhin kündigte sie an, den Stier jetzt gleich bei den Hörnern packen zu wollen.
Klingt auf Anhieb gar nicht falsch – aber irgendetwas passt nicht, oder? Der erweiterte Infinitiv ist es, der das eigentlich sprachmächtige Beispiel in die Beliebigkeit entlässt. Das „zu wollen" am Schluss nimmt jegliche wirkliche Verpflichtung raus und dadurch auch die gesamte Spannung.
Sie kündigte an, jetzt gleich den Stier bei den Hörnern zu packen – klingt ganz anders, vorwärtsstrebend, drängend, wollend ... – entschieden! Fordert aber natürlich auch sofortige Konsequenzen.

Beim Schreiben ziehen wir uns – oft unbewusst, aber gerne – in diesen vermeintlichen Schutzraum der Beliebigkeit zurück. Weil wir instinktiv merken, dass hier etwas Brisantes zur Sprache kommt, wovon wir nicht wissen, ob es Widerspruch weckt.

Wobei speziell für Führungskräfte gilt: Solchen Widerspruch müssen Sie aushalten – auch sprachlich, indem Sie einfach das überzeugendere Argument anführen. Entschieden – ohne „zu wollen"! Denn wer nur mit seinem Willen droht, ist ineffizient. Niemand traut ihm zu, seine Drohung auch wahr zu machen. Dies gilt übrigens auch für Konstruktionen mit „zu können" und „zu dürfen" – probieren Sie es aus und lassen Sie diese Erweiterungen künftig weg; danach dürfen Sie sich gerne darüber wundern, wie viel an sprachlicher Präzision Sie dadurch gewinnen.

3. 4 Prä-Positionen haben es (auch) in sich!

Wer stimmig schreiben will, muss große Sorgfalt walten lassen, wenn es um Präpositionen geht; nirgends werden mehr Fehler gemacht. Meistens, wenn es darum geht zu entscheiden, ob „durch", „von" oder „für" stehen muss. Oder – nicht weniger tückisch, ob „um" oder „über" korrekt ist. Dies gilt ganz besonders fürs Tailor-made-Texten.

Einige Beispiele:
Eine Stadt wurde durch Bomben getroffen – falsch: Sie wurde von Bomben getroffen.
Weniger Tote durch Autounfälle – ebenfalls falsch. Das würde ja heißen: Eben wegen der Autounfälle gibt es weniger Tote. Gemeint ist: Weniger Tote bei Autounfällen.
Betreten durch Unbefugte verboten – auch falsch. Baustellen werden nicht durch Menschen, sondern von Menschen betreten. Betreten von Unbefugten ist aber auch doppeldeutig: Ich will ja schließlich nicht auf Unbefugten rumtreten. Also ganz schlicht: Betreten für Unbefugte verboten. Die „tageszeitung" aus Berlin über eine Rede des früheren deutschen Bundespräsidenten Wulff: „Dass er es außerdem vor dem türkischen Parlament gewagt hat, sowohl die Probleme bei der Integration anzusprechen wie den immer noch schäbigen Umgang des türkischen Staats mit den so harmlosen Forderungen der winzigen christlichen Minorität in der Türkei – beides zollt einem dann doch Respekt ab." Tut es mitnichten: Beidem wird Respekt gezollt oder: Beides nötigt einem Respekt ab.

Die Faulenzerpräposition „um"

„Um" dagegen ist oft eine reine „Faulenzer"-Präposition, weil es scheinbar zu viel Mühe macht, sich die passende zu überlegen. Die Volksabstimmung um den Beitritt zur EU ... ist selbstverständlich falsch! Hier muss es „über" heißen. Es gibt auch kein Rätselraten um etwas, schon gar nicht um die richtige Präposition; sondern nur „über" dieselbe!"

Ich freue mich auf zahlreiche Beteiligung! Wie oft haben wir diesen Satz schon als freundliche Aufforderung am Ende eines Anmeldeformulars gelesen. Und doch ist auch diese Formulierung falsch; muss es doch heißen: Ich freue mich über eine rege Beteiligung oder auf zahlreiche Anmeldungen.

4. Schluss und Fazit

Korrektes und zielgerichtetes Tailor-made-Texten hält die Spannung bis zum Ende eines Textes. Ein Erfolg, dessen sich ebenfalls bereits die antike Rhetorik rühmte: „Attentum parare" – sich der Aufmerksamkeit des Lesers bis zum Schluss sicher sein. Garantieren, dass Gelesenes im Kopf mitgenommen und weiterbedacht wird: Das ist das erklärte – und am Ende eines sauber durchstrukturierten Textes auch erreichte – Ziel des Tailor-made-Textens.

Aufmerksamkeit als Hauptziel des Tailor-made-Textens

Motivation durch Verlässlichkeit
von Rainer Schröder

Sich auf den Vorgesetzten verlassen zu können ist für Mitarbeiter eminent wichtig. Der Autor beschreibt die verschiedenen Ausprägungen von Verlässlichkeit und deren positiven Einfluss auf Beziehungen in Teams. COOPETITION lebt in allen Wirkungsfeldern von der Verlässlichkeit der Führungskraft.

Rainer Schröder

Motivation durch Verlässlichkeit

Einführung

Motivation rührt zunächst von Handlungszielen her. Dahinter steht das Streben der Menschen, bestimmte, entweder selbst gesteckte oder vorgegebene Ziele zu erreichen. Von der intrinsischen Motivation wissen wir, dass ein Ziel um seiner selbst willen angestrebt wird, weil es einem Menschen etwa Befriedigung oder Genugtuung verschafft – das kann ein feines Essen für einen Sinnenmenschen sein oder aber die Bestätigung der eigenen Ansicht durch anerkannte Fachleute für einen eher kopflastigen Denker. Die extrinsische Motivation hingegen soll Vorteile erbringen oder Nachteile vermeiden. Sie ist Teil der sozialen Kommunikation und kommt daher nur durch Interaktion mit anderen Menschen zustande. Das führt uns mitten hinein in das Thema dieses Kapitels; denn neben der Frage, welche Ziele das Handeln bestimmen, ist zu untersuchen, mit welchen Methoden es zu einem Handlungsantrieb kommt. Besonders geht es hier um die sozialen Beziehungsstrukturen in der Arbeitswelt – fokussiert auf die Aufgaben von Führungskräften.

1. Motivation als Aufgabe von Führungskräften

Unbestritten ist Mitarbeiter-Motivation eine der Hauptaufgaben einer modernen Führungskraft. Doch das Motivieren ist eine subtile Angelegenheit. Sicherlich kann man Menschen mit vertraglichen Zielen mo-

Motivation ohne große Gesten und Worte

tivieren, etwa mit Vergütungsvereinbarungen. In Frage kommen auch Statusveränderungen wie zum Beispiel Beförderungen, insbesondere wenn sie mit einer Titulatur verbunden sind. Aber das sind einfache Instrumente, das ist Motivation zum Anfassen und beides ist eher selten. Entscheidender im Arbeitsalltag ist die unterschwellige Motivation; eine Motivation somit, die ohne große Gesten und Worte auskommen muss. Eine Motivation, die durch Reflexion entsteht, wobei das Objekt der Reflexion die Führungskraft selbst ist. Mit anderen Worten ist es die Wirkung einer Führungskraft, woraus die Mitarbeiter-Motivation erwächst. Das bedeutet aber für die einzelne Führungskraft, sich zunächst mit sich selbst auseinanderzusetzen und die eigene Wirkung auf andere zu erforschen.

2. Die Reflexion

Wirkung der eigenen Person auf Mitarbeiter analysieren

Viele Führungskräfte unterschätzen, wie wichtig es ist, die Wirkung der eigenen Person auf andere zu kennen. Gerade in unserem Kulturkreis glauben viele Menschen, es reiche aus, auf Basis überzeugender Fachkenntnisse, gemischt mit einiger Praxiserfahrung, Führungsverantwortung zu übernehmen. Junge Leute denken außerdem, im Laufe der Zeit werde sich alles Weitere schon ergeben und die Mitarbeiter werden sich an einen gewöhnen. Letzteres mag ja so sein, ob die Mitarbeiter aber deswegen besonders motiviert sind, bleibt fraglich. Oft sind auch die Gremien in einem Unternehmen, die bestimmen, wer denn nun Führungskraft wird, nicht gerade hilfreich. Traditionell wird sich an der fachlichen Qualifikation orientiert. Gerne werden auch betrieblich hierarchische Aspekte herangezogen, wenn mehrere Kandidaten zur Auswahl stehen. So etwa die Frage nach der Dauer der Betriebszugehörigkeit (Seniorität) bei ansonsten gleicher Qualifikation. Die Wirkung einer Person auf ihre Mitarbeiter spielt dagegen bedauerlicherweise nur selten eine entscheidende Rolle. Da wundert es dann auch nicht, wenn besonders junge Führungskräfte hinter vorgehaltener Hand schnell als Greenhorn abgestempelt werden, selbst wenn ihre fachlichen Fähigkeiten ansonsten unbestritten sind. Die einzelne Führungskraft wird mit der Frage nach ihrer Eigenwirkung oft alleine gelassen und muss nun selbst eine Lösung finden.

Das Instrument der Wahl ist die Reflexion – ausgeübt sowohl als Selbst- wie auch als Fremdreflexion. Darunter versteht man die systematische Auseinandersetzung mit sich selbst, indem man sich methodisch Fragen stellt.

Motivation durch Verlässlichkeit

Ereignis	Stärken	Schwächen	Lust	Frust	Risiken	Kompetenzen	Potenziale	Eigenbeobachtung	Fremdbeobachtung
A									
B									
C									
D									
E									
usw.									

Abbildung Selbstanalyse

2.1 Die Selbstreflexion

Die Vorgehensweise ist immer die Gleiche. Man setzt sich in einer ruhigen Stunde hin, nimmt ein Blatt Papier zur Hand und macht sich Schritt für Schritt Notizen. Ein Anfang ist zunächst die eigene Biografie. Dazu kann man auch den Lebenslauf heranziehen. Dann stellen Sie sich selbst die Fragen: In welchen Schulen habe ich was gelernt? Welche Tätigkeiten habe ich bisher praktiziert? Welche Interessen habe ich privat und wie sind diese eigentlich entstanden? Welche Erfolge habe ich bisher für mich verbuchen können, aber auch welche Misserfolge musste ich bislang einstecken, sowohl beruflich wie auch privat? Es geht hier darum, zunächst eine Übersicht über das bisher Geleistete zu erhalten. Dabei bekommt man auch schon eine erste Idee davon, wo die eigenen Stärken, aber auch die eigenen Schwächen liegen. Es empfiehlt sich bereits an dieser Stelle in Stichwörtern zu notieren, wie oder wodurch man wozu motiviert wurde.

Untersuchung eigener Stärken und Schwächen

In einem nächsten Schritt wird aufgeschrieben, wo die eigenen Stärken und Schwächen nun tatsächlich liegen. Daraus werden dann auch eigene Kompetenzen abgeleitet, die man im Laufe der Zeit erworben hat. Das kann beispielsweise ein einfacher kommunikativer Zugang zu Menschen sein oder ein ausgeprägtes Analysevermögen. Auch händische Fertigkeiten spielen eine wichtige Rolle. Weiterhin sollte man sich nicht scheuen, einmal schriftlich festzuhalten, was einem Lust und Frust beschert. Gemeint ist damit die emotionale Seite, wie man auf Dinge und Ereignisse gefühlsmäßig reagiert. Beispielsweise die Frage: Wie reagiere ich eigentlich, wenn ich bei einer Peinlichkeit erwischt werde? Diese Erkenntnissammlung ist allerdings erst der Grundstock für den eigentlichen Schritt in die Selbstreflexion. Ausgestattet mit dem Bewusstsein eigener Stärken und Schwächen, der Grenzen und Möglichkeiten bisherigen Handelns und Denkens und deren Gründe soll jetzt zunächst eine Reihe bestimmter Fragen ehrlich beantwortet werden.

- Warum tue ich eigentlich Dinge und andere eben nicht?
- Stimmen meine persönlichen Motive mit externen Anforderungen überein?
- Was erwarte ich – und was erwarten andere von mir und meinem Tun?
- Stimmen die Folgen meiner Handlungsweisen mit meinen Vorstellungen von diesen Folgen überein?
- Sind die Interessen anderer an meinem Tun deckungsgleich mit meinen eigenen Interessen?
- Welche Risiken nehme ich auf mich, wenn mein Tun einen Konflikt auslöst?
- Welche Dinge, Ansichten oder Themen sind aus meiner Sicht im Alltag unantastbar?

Größtmögliche Ehrlichkeit ist bei der Beantwortung dieser Fragen oberstes Gebot. Auch wenn Sie diese Fragen natürlich subjektiv beantworten werden – zwingen Sie sich zu weitestgehender Objektivität sich selbst gegenüber. Denn nur so erlangen Sie am Schluss eine Vorstellung dessen, was Sie durch eigene Vorstellungs-, Denk- und Handlungsweise bewirken können und wollen.

2.2 Die Fremdreflexion

Stärken und Schwächen aus der Sicht der anderen

Im letzten Schritt geht es dann um die Fremdreflexion. Es gibt zwei Herangehensweisen an die Fremdreflexion, eine direkte und eine indirekte, und beide sollte man tunlichst nutzen. Bei der direkten geht man ähnlich vor wie bei der Selbstreflexion: Sie schaffen sich eine Ihnen genehme Umgebung in Zeit und Raum und suchen sich einen Gesprächspartner, dessen Urteil Sie vertrauen. Über eines müssen Sie sich dabei im Klaren sein: Jeder Gesprächspartner gibt nur seine subjektiven Eindrücke wieder und diese sind wiederum von seinem persönlichen Wertesystem abhängig. Es empfiehlt sich also, die Fremdreflexion mit mehreren Gesprächspartnern durchzugehen, damit sich aus der Gesamtmenge der Antworten ein objektiveres Bild herausschält. Das gelingt umso besser, je systematischer man bei der Fremdreflexion den Gesprächspartnern die immer gleichen Fragen stellt. Was die Inhalte der Fragen angeht, kann man sich an der obigen Auflistung orientieren.

Für die indirekte Fremdreflexion dagegen sind zwei Dinge unerlässlich: ein offenes Ohr und Gespür für die Reaktionen anderer – bezogen auf sich selbst. Und die Bereitschaft, diese Erkenntnisse schnell systematisch zu notieren und auszuwerten. Letzteres kann rein organisatorisch leicht gelöst werden. Gewöhnen Sie es sich an, mit Zettel und Bleistift – oder mit Ihrem Handy als Diktiergerät – unterwegs zu sein. Das Beobachten ist schon schwieriger. Setzt es doch die Bereitschaft voraus, überhaupt wahrzunehmen, wie andere auf uns reagieren. Dabei begegnen uns ständig Reaktionen von Menschen aus unserer Umgebung – immer und überall. Das kann eine Bemerkung eines Kunden oder Mitarbeiters sein; aber auch eine Äußerung unserer Lebenspartner, Freunde oder Verwandten. Dabei kann es sich um Gesten, Blicke oder auch um einen Ausdruck von Missachtung handeln. Was auch immer Sie wahrnehmen: Für die Auswertung sollten Sie sich schnell auch die Rahmenbedingungen notieren, worunter diese Reaktionen auf Ihr Verhalten stattgefunden haben.

Zweck der ganzen Übungen ist es, Gewissheit über sich selbst und die eigenen Beweggründe zu erlangen, auf deren Basis allein man dann wiederum in der Lage ist, andere Menschen zu motivieren, zu überzeugen und letztlich gemeinsam vereinbarte und angestrebte Ziele auch zu erreichen.

3. Die Verbindlichkeit

Es ist in der modernen Arbeitswelt sehr wichtig, dass Klarheit über die Ziele eines Einsatzes herrscht und dass diese Ziele verbindlich festgelegt sind. Fehlen dagegen Klarheit und Verbindlichkeit, so ist jeder Versuch der Mitarbeiter-Motivation von vornherein zum Scheitern verurteilt. Unter Verbindlichkeit ist dabei nicht nur die große jährliche oder halbjährliche Zielvereinbarung zu verstehen. Hier geht es vor allem um die Verbindlichkeit des alltäglichen Geschäfts. Es sind kleine Fragen – häufige Rückfragen vor allem –, die immer auch als frühes Warnsignal wahrgenommen werden sollten. Es kann sein, dass hier etwas schiefläuft in Sachen Kommunikation. Manchmal sind es auch nur Gesten oder eine bestimmte Mimik, mit denen Arbeitsschritte erledigt oder Arbeitsziele, manchmal ganz unbewusst, kommentiert werden. Es muss hier hervorgehoben werden, dass im Arbeitsalltag alle, wirklich alle kommunikativen Elemente bewusst und unbewusst Beachtung finden. Eine Führungskraft muss sich jederzeit bewusst sein, dass nicht nur jedes Wort, sondern auch jede Gestik und Mimik von den Mitarbeitern wahrgenommen und interpretiert wird. Kommunikativ und inhaltlich dürfen diese Kanäle somit nicht auseinanderlaufen. Entscheidend wird deshalb die Verbindlichkeit einer Aussage sein. Das

Verbindlichkeit ist Vorbedingung für Verlässlichkeit

bedeutet allerdings nicht, dass eine einmal getroffene Entscheidung oder Vereinbarung über eine Zielerreichung auf ewig in Beton gegossen wäre. Mit sich verändernden Rahmenbedingungen kann und muss sich eine einmal eingeschlagene Richtung auch wieder ändern können. Damit dies gelingt, kommt es wesentlich auf eines an: Sie müssen diese Entscheidung Ihren Mitarbeitern verständlich begründen. Vereinbart man mit Mitarbeitern ein gemeinsames Ziel, ist es wichtig, dass auf beiden Seiten Klarheit darüber herrscht, unter welchen Voraussetzungen und Rahmenbedingungen diese Vereinbarung zustande gekommen ist. Mit dieser Grundlage lassen sich dann jegliche Arten von Änderungen, Anpassungen und sogar Verwerfungen einmal getroffener Ziele erklären und es können neue Schritte verabredet werden. Ohne diese Grundlagen kann Verlässlichkeit als Motivation nicht funktionieren.

4. Die Verlässlichkeit

Verantwortung für das Wohl der anderen übernehmen

Wenn man sich einem scheinbar allgemein bekannten Begriff analytisch nähert, lohnt es sich zunächst einmal, das Wort von seiner Herkunft und Bedeutungsentwicklung her zu untersuchen, also sich mit der so genannten Etymologie auseinanderzusetzen. In dem Wort „Verlässlichkeit" steckt der Grundbegriff „lassen" und dieser hat zunächst etwas mit „dulden" und „erlauben" zu tun oder auch damit, „dass etwas geschieht". Außerhalb der deutschen Sprache gibt es beispielsweise im Griechischen die Entsprechung „ledein" für „träge" und im Lateinischen „lassus" für „müde oder abgespannt". In jedem Fall bedeutet der Begriff „sich auf jemanden oder etwas zu verlassen" „auf jemanden oder etwas zu vertrauen". Diese Betrachtung ist insofern interessant, als sich aus dem Wortsinn von Verlässlichkeit, im übertragenen Sinn, ein Ermüden der eigenen Anstrengung und Wachsamkeit ergibt, wenn man einem anderen vertraut. Dieser Aspekt ist besonders wichtig. Man kann etwas überspitzt sagen, dass der Einzelne (hier die Führungskraft) durch Verlässlichkeit die Verantwortung für das Wohl der anderen (hier der Mitarbeiter) übernimmt, diese ihm quasi das (Arbeits-)Leben anvertrauen. Hierzu passen Alltagssätze wie etwa: „Das ist ein zuverlässiger Fahrer." Diese Bedeutung so herauszuarbeiten macht deutlich, wie schwer ein Verstoß gegen die Verlässlichkeit wiegt, wie groß der Vertrauensverlust ist. Das Gegenteil von Verlässlichkeit ist heute umgangssprachlich natürlich „Unzuverlässigkeit". Sinnvoller in diesem Zusammenhang ist aber das ältere Wort „Wankelmut". In der modernen Arbeitswelt beschreibt der Wankelmut eindeutig die demotivierende Wirkung einer unzuverlässigen Führungskraft. Verlässlichkeit als motivierendem Führungsinstrument kommt somit deshalb so große Bedeutung zu, weil sie ganz viel mit Vertrauen zu tun hat. Eine Führungskraft muss sich stets darüber im Klaren sein, dass eine ihrer Kernaufgaben das Entscheiden ist. Mitarbeiter vertrauen darauf, dass eine Führungskraft nicht nur eine Entscheidung trifft, sondern eben auch die richtige Entscheidung fällt. Entscheidungen haben so immer auch mit Verantwortung zu tun. Genau das aber wollen oder können viele Menschen nicht: Verantwortung für selbst getroffene Entscheidungen übernehmen. Was auch immer die Gründe hierfür bei einzelnen Mitarbeitern sein mögen: Wer das Risiko der Entscheidungsverantwortung scheut, braucht eine Führungskraft, die dieses Risiko auf sich nimmt. Wenn ein Mitarbeiter einer Führungskraft nun vertraut, insbesondere wenn diese verlässlich agiert, dann ergibt sich die Möglichkeit einer Motivation durch Verlässlichkeit wie von selbst.

4.1 Die Folgen von Wankelmütigkeit

Betrachten wir zunächst die negativen Auswirkungen der Wankelmütigkeit an einem Beispiel. In einem Betrieb soll im Rahmen einer Auftragsarbeit ein individuelles Produkt hergestellt werden. Keine Massenproduktion, sondern eine Einzelfertigung. Das kann eine bestimmte Maschine sein, aber auch ein Computerprogramm, ein handwerkliches Werkstück eines Möbels nach den Vorstellungen eines Kunden bis hin zu einer bestimmten Hochzeitstorte. In jedem Fall sind mit der Herstellung des Produkts mehrere Mitarbeiter eine Zeitlang beschäftigt und für den Weg bis zur Fertigstellung gibt es bei den verschiedenen Arbeitsschritten immer wieder alternative Vorgehensweisen. Was wann wie im Einzelnen gemacht wird, das zu entscheiden ist Aufgabe der zuständigen Führungskraft. Die Mitarbeiter, jeder für sich hochgradig qualifiziert und spezialisiert, wollen gerne den Auftrag erledigen, aber jemand muss ihnen sagen, was zu tun ist. Wann immer es bei der Herstellung zu möglichen Alternativen kommt, ist die Führungskraft gefragt. Hat man es nun mit einer wankelmütigen Führungskraft zu tun, die erst so, dann wieder andersherum entscheidet, werden die Mitarbeiter schnell und zu Recht närrisch und demotiviert. Es geht vielleicht nur vordergründig darum, dass man einen Arbeitsschritt zweimal machen muss und so Zeit verschwendet. In Wirklichkeit geht es aber auch und vor allem darum, dass die Mitarbeiter den Entscheidungen des Vorgesetzten nicht mehr vertrauen können und sich gegebenenfalls

Wankelmut erodiert Vertrauen

gezwungen sehen, selbst eine Entscheidung zu treffen. Aber genau das scheuen viele – wie der Teufel das Weihwasser. An diesem Beispiel lässt sich sehr gut der Zusammenhang zwischen Verlässlichkeit und Vertrauen erkennen.

Es gibt einen bestimmten Aufgabenbereich, in dem die Verlässlichkeit tatsächlich etwas mit dem Anvertrauen des eigenen Lebens zu tun hat. Die Rede ist vom Militär. Kampftruppen, in denen sich die Mitglieder nicht aufeinander verlassen können, befinden sich im Kampfeinsatz in akuter Lebensgefahr. Deswegen werden beim Militär bestimmte Abläufe und Regeln instinktiv und motorisch eingeübt. Deswegen gibt es dort streng hierarchische Befehlslinien und klar bestimmte Verantwortlichkeiten. Jeder Soldat muss für sich in seinem Aufgabenbereich gleichermaßen zuverlässig agieren, sonst funktioniert die Kampfeinheit als Ganzes nicht. Natürlich lassen sich die extremen Bedingungen aus dem Militärbereich nicht eins zu eins etwa in eine Büroarbeitswelt übertragen. Zum Verständnis der Sensibilität von Verlässlichkeit können solche Beispiele aber durchaus beitragen. Zur Abrundung noch ein weiteres Bild. Die Rede ist von der Situation in einem medizinischen Operationssaal. Auch hier spielt die unbedingte Verlässlichkeit – das Sich-verlassen-Können auf die richtige Handlungsweise und die richtigen Entscheidungen aller beteiligten Personen – für den betroffenen Patienten eine lebenswichtige Rolle.

4.2 Verlässlichkeit als Führungsinstrument – Identifikation mit dem Unternehmen

Vertrauen als Basis der Unternehmenskultur

Verlässlichkeit – verstanden als Angebot, sich auf das Wort und auf die Taten einer Führungskraft zu verlassen – trägt somit wesentlich zum Vertrauen zwischen Mitarbeiter und Vorgesetzten bei. Verlässlichkeit gibt auch Sicherheit, setzt Maßstäbe und dient der Identifikation der Mitarbeiter mit ihrer Tätigkeit und dem Unternehmen. Natürlich gibt es Firmen, die einen solchen Ruf genießen, dass es Mitarbeiter von vornherein stolz macht, in einem solchen Betrieb angestellt zu sein. Das ist und bleibt allerdings eine eher abstrakte Form der Anbindung an ein Unternehmen. Wie Mitarbeiter ihren Arbeitgeber tatsächlich im Alltag erleben, das hängt von ihren unmittelbaren Vorgesetzten ab. Dieser repräsentiert im Arbeitsalltag wie kein anderer die Firma und übernimmt damit eine Vorbildfunktion. Auftritt und Verhalten der vorgesetzten Führungskraft werden unbewusst von den Mitarbeitern als Unternehmenskultur wahrgenommen. Man verlässt sich darauf, dass der Umgang im Unternehmen miteinander so ist, wie es nun mal ist, weil „die da oben" so sind, wie sie nun mal sind. Auch das wirkt sich auf die Grundmotivation von Mitarbeitern aus. Können sie sich mit dem Chef identifizieren, dann ist die Wahrscheinlichkeit umso größer, dass sie sich mit dem Unternehmen als Ganzem identifizieren können. Verändert sich das Verhalten des Vorgesetzten jedoch abrupt und wesentlich, dann kann sich auch die Einstellung der Mitarbeiter zum Unternehmen als Ganzem verändern. Das funktioniert übrigens in beide Richtungen, also vom Guten zum Schlechten hin wie auch vom Schlechten zum Guten. Diese Botschaft ist an jene gerichtet, die es in Bereichen ihres Unternehmens, oder schlimmstenfalls im ganzen Unternehmen, mit einer schwierigen Kultur und Arbeitsatmosphäre zu tun haben. Man wird feststellen, dass eine schwach ausgeprägte oder kaum vorhandene Motivation nur schwer mit extrinsischen Anreizen belebt werden kann. Gelingt es dagegen, eine Vertrauensbasis zwischen Mitarbeitern und deren unmittelbaren Vorgesetzten herzustellen, so werden sich die betriebliche Stimmung und die Unternehmenskultur langsam positiv wandeln. Hier geht es übrigens nicht vordergründig darum, ob ein Vorgesetzter persönlich als besonders sympathisch wahrgenommen wird oder nicht. Wichtiger ist hier vielmehr der Aspekt der Verlässlichkeit in betrieblichen Belangen!

4.3 Personalführungsinstrumente und Authentizität

Doch bei der Frage nach vertrauensbildender Verlässlichkeit kommt es nicht nur auf die Lösung der täglichen Aufgabenstellung und aufs Tagesgeschäft an. Moderne Betriebe nutzen allesamt verschiedene Personalführungssysteme zur Mitarbeitersteuerung und -entwicklung. Dahinter stehen unterschiedliche Ziele. Je größer ein Unternehmen ist, desto weniger kann und will es sich in Personalfragen allein auf das Bauchgefühl eines Vorgesetzten verlassen, so wie das in Kleinbetrieben in der Regel der Fall ist. Man will die Personalarbeit von Führungskräften steuern und auch überwachen können. Je mehr Führungsebenen ein Unternehmen hat, desto dringlicher, aber auch notwendiger wird dies für ein Unternehmen. Dazu kommen, besonders in der deutschsprachigen Arbeitswelt, Rechtsvorschriften und Mitbestimmungsrechte von Arbeitnehmervertretungen, deren formale Aufgabe es ist, sich um die Situation und Entwicklung der durch sie vertretenen Arbeitnehmer zu kümmern. All das benötigt entsprechend Strukturierung und Dokumentation. Mit der Zeit haben sich so die bekannten Führungssysteme des systematischen Beurteilungswesens und der Zielvereinbarung entwickelt. Leider werden in der Praxis in vielen

Authentizität wichtig für den Erfolg von Zielvereinbarungen

Fällen diese Instrumente der Personalführung und -entwicklung nur als lästige Formsache wahrgenommen, oft sogar von beiden beteiligten Parteien, der Führungskraft und dem Mitarbeiter. Doch wenn es zum Konflikt kommt, dann beruft man sich gerne auf die Inhalte dessen, was da manchmal nur so nebenbei auf einem Formblatt entstanden ist. Gerade hier kann eine Führungskraft in Sachen Verlässlichkeit besonders viele Punkte sammeln. Das setzt allerdings einen gewissenhaften Umgang mit dem Thema voraus und damit einher geht natürlich die entsprechende Zeitinvestition. An dieser Stelle kann auch das voll ausgeschöpft werden, was am Anfang dieses Kapitels über die Reflexion gesagt worden ist. Eine Mitarbeiterbeurteilung und eine Zielvereinbarung werden nämlich umso erfolgreicher sein, je deutlicher die Führungskraft über sich selbst reflektiert hat, das heißt, je besser sie sich selbst und ihre eigenen Wertmaßstäbe kennt. Denn nur so lassen sich die persönlichen Eindrücke über eine andere Person erfolgreich übermitteln. Nur so kann man einen Mitarbeiter vom eigenen Standpunkt überzeugen und nur so gelingt es, selbst eine sehr kritische Beurteilung erfolgreich zu begründen. Hier kommt ein anderer Begriff ins Spiel, der im Zusammenhang mit der Verlässlichkeit genannt werden muss, die Authentizität. Man kann in der Sache jede denkbare Kritik anwenden, solange sie drei Bedingungen erfüllt:

- Sie darf nicht persönlich verletzend formuliert sein.
- Sie muss konstruktiv dargestellt werden.
- Sie muss in Bezug auf die Person des Kritisierenden authentisch sein.

Sind diese drei Bedingungen erfüllt, kann sogar ein kleines kommunikatives Wunder geschehen. Der Betroffene, und eventuell ein dritter Zuhörer, werden für sich zu dem Schluss kommen, dass die Kritik berechtigt ist, weil man sich darauf verlassen kann, dass das Gesagte stimmt.

4.4 Verlässlichkeit eröffnet neue Möglichkeiten

Verlässlichkeit motiviert

So entsteht eine Basis für viele neue Entwicklungen. Ist das Problem erst einmal an- und ausgesprochen, kann man sich daranmachen, es zu beseitigen. Hier wirkt die Erkenntnis wie eine Erlösung. Sie befreit alle Beteiligten von dem dumpfen Druck eines bislang wabernden Hindernisses und eröffnet neue Wege. Die Betroffenen schöpfen frischen Mut und nutzen neue Freiräume konstruktiv. Das allein bringt eine Welle von Motivation mit sich, ohne dass es dazu eines besonderen extrinsischen Ansporns bedürfte.

Ein Beispiel zur Veranschaulichung: Ein Mitarbeiter ist eigentlich sehr interessiert an den Aufgaben seines Betriebes und hat in der Vergangenheit auch seine Qualität bei der Erledigung von Routinearbeiten ausreichend unter Beweis gestellt. Er hat aber das Gefühl, dass er mehr leisten kann. Insbesondere reizt es ihn, nicht nur Routineaufgaben abzuwickeln, sondern auch unerwartete Probleme in seine Aufgabenstellung mit einzubeziehen und zu lösen. Mehrmals hat der Mitarbeiter seinen Vorgesetzten bereits von sich aus auf diese Entwicklungsmöglichkeiten angesprochen, und dieser hatte, insbesondere im Rahmen von Zielvereinbarungen, wiederholt die Fortentwicklung seines Mitarbeiters in Aussicht gestellt. Insgeheim wünscht sich dieser Vorgesetzte jedoch, dass der Mitarbeiter bei seiner jetzigen Tätigkeit bleiben soll, auch und gerade, weil er dort zuverlässig gute Ergebnisse abliefert. Auf seine Fragen bekam der Mitarbeiter deshalb bisher nur ausweichende Antworten. Einmal gab es sogar eine unerwartete Gehaltserhöhung. Fakt ist: Der Vorgesetzte sagt dem Mitarbeiter zwar verbal eine Fortentwicklung zu, es folgen aber keine Taten. Wie dem auch sei, in den Augen des Mitarbeiters ist der Vorgesetzte wankelmütig geworden und damit unzuverlässig, die Vertrauensbasis schwindet. Im Laufe der Zeit wird der Mitarbeiter immer demotivierter und damit lässt auch die Qualität seiner allgemeinen Leistung nach. In dieser Situation findet ein Wechsel des Vorgesetzten statt. Allein aus dem Aktenstudium erkennt die neue Führungskraft die Ursache für das gestörte Verhältnis zwischen Mitarbeiter und Unternehmen. In mehreren Gesprächen lernt der neue Vorgesetzte seinen Mitarbeiter richtig einzuschätzen. Dann macht er bei einem nächsten ordentlichen Zielvereinbarungsgespräch dem Mitarbeiter folgende Offerte: Sobald es im Verantwortungsbereich des neuen Vorgesetzten ein Projekt gibt, soll dieser Mitarbeiter aus dem Alltagsgeschäft herausgenommen und dieser Projektarbeit zugewiesen werden. Allein die Ankündigung bewirkt bereits einen Motivationsschub. Weil dann tatsächlich die besagte Veränderung eintrifft und der Mitarbeiter in eine Projektaufgabe wechselt, gewinnt er zu seinem Vorgesetzten, und indirekt zu dem Unternehmen, aufgrund der Verlässlichkeit der Aussagen der Führungskraft so viel Vertrauen, dass er wieder motiviert, präzise und gewohnt zuverlässig für seine Firma arbeitet.

Zusammenfassung

Verlässlichkeit ist Vertrauenssache. Anders aber als die abstrakte rechtliche Verlässlichkeit spielen im Unternehmen emotionale Faktoren eine große Rolle. Die Betroffenen müssen das „Gefühl" haben, sich aufeinander verlassen zu können. Emotionen aber sind Teil der zwischenmenschlichen verbalen und nonverbalen Kommunikation. Beweise für die Verlässlichkeit einer Person entstehen immer dann, wenn Worten auch entsprechende Taten folgen. Besonders für Führungskräfte gilt: Sie können den Eindruck persönlicher Verlässlichkeit nur untermauern, wenn sie auch in ihren Aussagen authentisch wirken. Das wiederum setzt einen gefestigten Standpunkt in vielen unterschiedlichen Fragen voraus. Ein solcher kann systematisch durch Selbst- und Fremdreflexion erarbeitet werden, zumal diese im Übrigen auch für andere kommunikative Führungsaufgaben immer wieder hilfreiche Erkenntnisse liefern. Wichtig ist aber auch, dass Vorgesetzte alle Entscheidungen, die sie treffen, für den Adressaten nachvollziehbar begründen. Das heißt nicht notwendigerweise, dass man mit seinen Begründungen Konsens sucht. Nachvollziehbare Begründungen helfen aber dabei, im Arbeitsalltag rasch auf Veränderungen zu reagieren. Im Extremfall auch dabei, selbst getroffene Entscheidungen in Frage zu stellen und gegebenenfalls eine Kehrtwendung anzuordnen – ohne dabei an Glaubwürdigkeit zu verlieren. So bewahrt man sich das Vertrauen seiner Mitstreiter, selbst wenn man sich gezwungen sieht, heute etwas ganz anderes zu tun als das, wonach es noch gestern aussah. Die Besinnung Angela Merkels auf eine gänzlich andere Atomenergiepolitik nach der Katastrophe von Fukushima ist ein sehr populäres Beispiel für diese Haltung aus der jüngsten Vergangenheit. Die Menschen spüren in der Regel sehr deutlich, ob eine Persönlichkeit schwach und wankelmütig ist oder stark und ein verlässlicher Partner für die Zukunft. Mit Nibelungentreue zum einmal gesprochenen Wort, selbst bis in den Untergang, hat Verlässlichkeit allerdings nichts zu tun!

Konstruktive Nachsichtigkeit

von Volker Höhmann

Nachsichtigkeit ist nicht Schwäche, sondern eine Kraftquelle. Sowohl für die Führungskraft als auch für die Mitarbeiter. Wirksame Führung auf Basis von COOPETITION braucht auch die Fähigkeit zur Nachsichtigkeit, um Energien und Kraft für neue Anstrengungen freizusetzen.

Volker Höhmann

Konstruktive Nachsichtigkeit

1. Eine Betrachtung

Mitarbeiterführung und Nachsichtigkeit – Begriffe, die sich auf den ersten Blick auszuschließen scheinen. Denn das Bild, das uns vor Augen schwebt, wenn wir das Wort Nachsichtigkeit hören, dürfte eher infantil sein. Wir stellen uns ein Kind vor, das etwas angestellt hat und dem wir – statt mit Sanktionen oder gar Strafe – eben mit Milde und Rücksichtnahme begegnen. Gerne sehen wir dabei Oma und Opa als solche, die Nachsicht üben, anstelle der drohenden Eltern. Doch was genau ist eigentlich Nachsichtigkeit? Blinde Rücksichtnahme oder gar übertriebene Toleranz? Wer tiefer über die Nachsichtigkeit forscht, stößt unweigerlich auf ein Wort, das uns heute eher seltsam oder altbacken vorkommt: Barmherzigkeit.

Dabei ist Barmherzigkeit eine der wichtigsten menschlichen Charaktereigenschaften überhaupt. Sie erst macht den Menschen zum Menschen; sie ist das Gegenteil von Egoismus und von dessen schlimmster Ausprägung, dem Narzissmus. Barmherzigkeit öffnet das Herz des Menschen für die Nöte und Bedürfnisse anderer. Vor allem die Buchreligionen weisen Barmherzigkeit als Fähigkeit zunächst Gott selbst zu. Von ihm aus gelangt sie zu den Menschen. Dem Christentum gilt sie als eine der Haupttugenden. Wie immer man auch persönlich, religiös oder philosophisch dazu stehen mag – Tatsache ist: Die moderne Gesellschaft könnte ohne Barmherzigkeit nicht existieren. Die Ideen des Sozialstaats, der freiwilligen Spende und der ehrenamtlichen Tätigkeit wären ohne eine konkrete Vorstellung von Barmherzigkeit nicht denkbar. In einer immer menschenreicheren Welt, in der die Menschen auch immer enger zusammenrücken müssen, ist ein dauerhaft zufriedenstellendes Zusammenleben ohne den Blick auf – und das Verständnis für – die Lage des jeweils anderen nicht realisierbar.

Die gleiche Situation findet sich auch im Mikrokosmos der täglichen Arbeitswelt wieder. Hier ist das Zusammenarbeiten und Miteinanderauskommen nur dann möglich, wenn alle Beteiligten nicht nur höflich Rücksicht aufeinander nehmen, sondern auch Mitgefühl für die Nöte der Kollegen aufbringen und mitunter auch selbstlos helfen. Das ist täglich praktizierte Barmherzigkeit am Arbeitsplatz, auch wenn viele sie selbstverständlich leben und keine religiös-philosophischen Betrachtungen dazu anstellen.

Eine Führungskraft muss allerdings noch sehr viel mehr Aspekte im Auge behalten; denn sie ist im Tagesgeschäft auch dafür verantwortlich, dass die Mannschaft als Gruppe funktioniert. Wie selbstverständlich wird hierbei von der Führungskraft vor allem eines verlangt: Ganz gleich, wie schwierig die Bedingungen des Arbeitsalltags auch sein mögen – unter dem Strich muss immer etwas für den Betrieb Konstruktives herauskommen. Ein Spagat, der nicht leicht zu bewältigen ist. Kommen sich doch nur allzu oft die geschäftlichen Erfordernisse auf der einen Seite und die berechtigten Anliegen der Mitarbeiter auf der anderen Seite hierbei in die Quere. Nimmt man noch die vielen individuellen Schwächen eines jeden Einzelnen hinzu, so entsteht eine Gemengelage sich scheinbar ausschließender Entwicklungen, die für jede Führungskraft eine immer neue Herausforderung darstellt. In dieser Situation ist jede Idee hilfreich, die Erfordernisse und Störanfälligkeiten ausbalanciert und so konstruktives Arbeiten erst ermöglicht. Im Weiteren soll deshalb die Frage beantwortet werden: Wie kann ich als Führungskraft diesen Spagat meistern und gleichzeitig meine Mitarbeiter nachhaltig motivieren?

2. Entwicklung einer konstruktiven Fehlerkultur

In unserer arbeitsteiligen Welt sind in den Produktionsprozessen viel zu oft die Herstellung von Waren bzw. die Bereitstellung von Dienstleistungen organisatorisch von den Abteilungen getrennt, die Fehler und Mängel beheben oder aufarbeiten. Dahinter steckt Absicht: Die Zuständigkeiten für die Fehlerbearbeitung werden in standardisierten Unternehmensstrukturen sehr bewusst in einem anderen Verantwortungsbereich angesiedelt. Das hat nur zum Teil mit rein praktischen

Erwägungen zu tun. Sicher ist es bei Akkord- oder Fließbandarbeit fast unmöglich, parallel Fehler zu beheben. Oft genug aber steht hinter der organisatorischen Trennung auch ein investigativer Gedanke bei der Fehlerbehebung. Das heißt konkret: Die entsprechende Abteilung soll nicht nur den Fehler korrigieren und wenn möglich verhindern, das sich ein solcher Fehler in Zukunft wiederholt. Sie soll vielmehr auch den Verursacher dingfest machen und gegebenenfalls zur Rechenschaft ziehen. Ganz im Stil einer archaischen Abstrafung. In den Rechtssystemen der westlichen Welt eskalieren solche Praktiken dann bis hin zur Abmahnung und Kündigung.

Stellen wir uns einen Mitarbeiter vor, der so mit einem verursachten Fehler konfrontiert wird: Eine andere Abteilung zieht ihn zur Rechenschaft; er sieht sich einer Atmosphäre kalter Anklage und somit sofortigem Rechtfertigungsdruck ausgesetzt. Einem Druck, dem er meist schon deshalb nicht gewachsen ist, weil die Anklage überraschend und „von außen" erfolgt. Findet diese Auseinandersetzung vielleicht sogar vor den Augen und Ohren der Kollegen statt, dann verbindet sich das Eingeständnis, einen Fehler gemacht zu haben, auch gleich noch mit Demütigung und Scham. Anklage, Demütigung, Scham – damit werden die empfindlichsten Gefühlsbereiche eines Menschen verletzt. Kein Wunder, dass eine solche Vorgehensweise zum Verlust jeglicher Motivation führt, alle Kreativität im Keim erstickt und darüber hinaus die betriebliche Atmosphäre von Angst geprägt und nachhaltig vergiftet wird.

Anklage der „Fehlerverursacher" tötet Motivation!

Dabei steht doch fest: Kaum ein Mitarbeiter macht mit Absicht Fehler. Bei Mitarbeitern, deren Fehlerquote weit über dem Durchschnitt liegt, sollte sich eine Führungskraft fragen, ob die Person gut genug qualifiziert ist oder ob einfach Arbeitsplatz und Mitarbeiter nicht zueinander passen. Von ganz wenigen Ausnahmen bewusst böswilliger oder gar mit krimineller Energie begangener Fehler ist vielmehr davon auszugehen, dass prinzipiell jeder Arbeitnehmer bereit ist sein Bestes zu geben und darüber hinaus auch durchaus willens, einen kreativen Beitrag zu leisten.

2.1 Eine konstruktive Fehlerkultur etablieren

Eine konstruktive Fehlerkultur beschränkt sich aber nicht auf den Umgang mit den gemachten Fehlern. Sie lässt sich nur etablieren als Teil einer Unternehmensphilosophie, die bereit ist, die Eigeninitiative ihrer Mitarbeiter zu fördern. Dazu gehört: Kleine Innovationen und Verbesserungsvorschläge sind genauso wichtig wie der hoch geschätzte große

Sehen Sie Fehler als Potentiale!

Wurf. Und: Kreative Teamarbeit ist eine Leistungsvoraussetzung, die auch mit entsprechenden sozialen Standards einhergehen muss. Mit anderen Worten: Fehler dürfen nicht als Missstand verteufelt werden, die es mit allen Mitteln zu unterdrücken gilt. Es gilt vielmehr, ihr schöpferisches Potenzial zu erkennen und so konkret aus ihnen zu lernen – und zwar in allen Bereichen des Unternehmens.

Fehler zu vertuschen ist anerzogenes Verhalten!

Aber auch das Bewusstsein der Mitarbeiter in Sachen Fehlerbehebungskultur muss sich ändern; denn bisher gilt: Upps – mir ist ein Fehler passiert. Hat das jemand bemerkt? Nein? Prima. Dann kann ich ja versuchen, es unter den Teppich zu kehren. Verheimlichung und Vertuschung von Fehlern aber sind das größte Hindernis, wenn es darum geht, eine konstruktive Fehlerkultur zu etablieren. Leider wird dieses Verhalten aber schon in den meisten Elternhäusern von Kindesbeinen an vermittelt und eingeübt. Die Menschen sind so sehr daran gewöhnt, einen Fehler erst einmal zu verheimlichen, am besten sogar vor sich selbst, dass sie dieses Verhalten vom Elternhaus auf die Schule und später auf die Arbeitswelt übertragen. Das liegt an den gängigen Sanktionsmechanismen, die seit Generationen nach dem gleichen Grundmuster greifen: Fehler gemacht – dabei erwischt – dafür bestraft. Gelingt es, den Fehler zu vertuschen, gibt es auch keine Bestrafung. Darüber hinaus spielt dabei aber auch mangelndes Vertrauen eine große Rolle. Wem als Kleinkind schon mit empfindlichen Strafen gedroht wird, dessen Vertrauensbasis nimmt immer weiter ab – insbesondere gegenüber den Erziehenden. Es ist dieser Mangel an Vertrauen, der Menschen daran hindert, begangene Fehler einfach nur zuzugeben.

2.1.1 Vertrauensbildende Maßnahmen in der Arbeitswelt

Für die Arbeitswelt bedeutet dies, dass vor allem an der Vertrauensbasis zwischen Mitarbeiter und Vorgesetztem gearbeitet werden muss. Dabei sollte von Vorgesetztenseite aus zunächst eines klar kommuniziert werden: Das Unternehmen ist bereit, eine konstruktive Fehlerkultur aufzubauen. Konsequenterweise muss es dann auch bereit sein, Mitarbeiter, die von sich aus Fehler eingestehen, mit Nachsicht zu behandeln. Dabei geht es um nicht weniger als um die Veränderung des innerbetrieblichen Wertesystems. Nicht mehr das de facto unmögliche völlige Vermeiden von Fehlern wird belohnt. Stattdessen werden eingestandene Fehler mit Nachsicht behandelt und auf ihre konstruktiven Potenziale für die Zukunft hin untersucht. Wohingegen das Verheimlichen und Vertuschen von Fehlern mit harten Sanktionen belegt wird.

Zugegebene Fehler mit Nachsicht behandeln, Vertuschungsversuche hart sanktionieren!

2.2 Die Vorbildfunktion des Vorgesetzten

Wie kann eine solche Vertrauensbasis aber hergestellt werden, wenn wir wissen, dass Vertrauensverluste meist bis in die frühe Kindheit zurückreichen? Ein Unternehmensleitfaden, in dem eine konstruktive Fehlerkultur proklamiert wird, ist zunächst sicher ein schönes Stück Papier. Aber wie immer müssen den Worten Taten folgen.

Und dabei ist ganz besonders die Vorbildfunktion des Vorgesetzten gefragt. Nur er kann als Führungskraft durch sein Verhalten verdeutlichen, was er von seinen Mitarbeitern erwartet. Dazu muss zunächst mit dem Dogma von der Unfehlbarkeit einer Führungskraft radikal aufgeräumt werden. Auch Vorgesetzte müssen in konkreten Situationen Fehler zugeben und im Gespräch mit dem Team gemeinsam nach Lösungen suchen und diese dann auch entsprechend umsetzen. Wem es an dieser Stelle als Vorgesetztem gelingt, über seinen eigenen Schatten zu springen, wird in seiner Gruppe bislang nie gekannte Potenziale freisetzen. Denn erstens kann ein Vorgesetzter so seine Authentizität unter Beweis stellen; er gewinnt an Autorität, weil seine Mitarbeiter es schätzen, wie ihr Vorgesetzter mit eigenen Fehlern umgeht. Hätten zum richtigen Zeitpunkt ein deutscher Verteidigungsminister zu Guttenberg und ein deutscher Bundespräsident Wulff die persönliche Größe besessen, so zu handeln – dann säßen beide heute noch unangefochten in ihren Ämtern.

Auch Vorgesetzte machen Fehler – konstruktive Fehlerkultur beginnt mit dem Eingeständnis der eigenen!

Als Nächstes werden Sie als Führungskraft feststellen: Ihre Mitarbeiter orientieren sich an Ihnen als Vorbild. Sicherlich wird es nicht zu einer Massenbeichte kommen, bei der alle Mitarbeiter in der betrieblichen Öffentlichkeit gleichzeitig alle begangenen Fehler eingestehen und um Nachsicht bitten. Aber sicherlich wird einer den Anfang machen. Sofern er im Kollegenkreis positiv über den Umgang mit eingestandenen Fehler berichtet, werden andere nach und nach folgen. Verschließt sich jemand partout dieser konstruktiven Fehlerkultur, besteht für eine Führungskraft ohnehin dringender Gesprächs- und Handlungsbedarf, was aber nicht Gegenstand dieser Erörterungen sein kann und soll.

3. Die Anwendung einer konstruktiven Fehlerkultur

Wie soll nun mit begangenen – und eingestandenen – Fehlern konstruktiv umgegangen werden? Schließlich kosten Fehler meistens Geld und richten oft nicht unbeträchtlichen Schaden an. Bei Handelsgeschäf-

Konstruktive Fehlerkultur senkt Kosten!

ten gibt es einen guten Grundsatz, der da lautet: Der erste Verlust ist in der Regel der geringste. Dieser bleibt unveränderlich. Das ist zwar bedauerlich, sollte aber kein Grund zum Lamentieren sein. Konstruktive Fehlerkultur blickt vor allem nach vorne. Deshalb ist es wichtig, durch gründliche Analyse die Ursachen des Fehlers aufzudecken. Ziel muss es sein, die Wiederholung eines solchen Fehlers in Zukunft zu vermeiden. Teil der Analyse wird deshalb ein Gespräch mit dem Mitarbeiter sein, der für den Fehler verantwortlich ist. Dieses Gespräch muss aber grundsätzlich konstruktiv geführt werden; darf somit nicht von Vorwürfen geprägt sein. Sie können davon ausgehen, dass sich die betroffenen Mitarbeiter selbst die größten Vorwürfe machen. Aufgrund der in Aussicht gestellten Nachsicht können aber Mitarbeiter grundsätzlich davon ausgehen, dass ihnen keine Sanktionen drohen. Deshalb werden sie auch bereit sein, an einer konstruktiven Lösung mitzuarbeiten. Häufig wissen nämlich die Fehlerverursacher am besten, wie der einmal begangene Fehler in Zukunft vermeidbar ist. Aber Obacht! In vielen Fällen ist der Fehler eines Mitarbeiters nur die letzte Fehlschaltung in einer Kette von falschen Abläufen. Da nutzt es gar nichts, allein das letzte Glied in die Pflicht zu nehmen. Vielmehr muss der ganze Prozessablauf untersucht werden. Das kann diverse weitere Schwachstellen aufdecken. Handelt es sich um sehr komplexe Arbeitsabläufe, kann es sinnvoll sein, eine neutrale Stelle mit der Untersuchung des Gesamtprozesses zu betrauen.

Aber auch die Führungskraft selbst muss sich freiwillig auf den Prüfstand begeben: Sie muss sich auf jeden Fall fragen, ob der Mitarbeiter möglicherweise falsch unterwiesen wurde, ob seine Kompetenzen richtig eingeschätzt sind und ob der Mitarbeiter überhaupt die Möglichkeit hatte, die Führungskraft zu einem kritischen Zeitpunkt zu informieren und einzubinden. Auch das lässt sich nur im Gespräch mit dem Mitarbeiter selbst feststellen.

Wann immer möglich, sollte der Fehlerverursacher die Fehlerbereinigung selbst als zusätzliche Aufgabe in die Hand nehmen. Nichts wird die Motivation – und die Qualität seiner Arbeit – mehr steigern, als wenn er seinen Fehler selbst korrigiert. Drei wichtige Gründe sprechen für diese Vorgehensweise:

- Fehlerkorrekturen sind meist sehr zeitaufwändig. Schon aus eigenem Interesse wird ein Mitarbeiter deshalb in Zukunft alles dafür tun, dass sich dieser Fehler nicht wiederholt – weder bei ihm noch bei den Kollegen. Seine Selbstmotivation schützt ihn so wirkungsvoll vor einer Wiederholung des gleichen Fehlers.

- Eigene Fehler zu korrigieren ist der effektivste Lernprozess, den ein Betroffener durchlaufen kann. Diese konkrete Erfahrung verknüpft sich viel intensiver in seinem Gehirn als jeder abstrakte Lernprozess.

- Einen Fehler zu bearbeiten setzt viel mehr Verständnis für den Gesamtablauf voraus als der eigentliche routinierte Teil des Herstellungsprozesses.

Insgesamt wirkt die eigenständige Fehlerbearbeitung also nicht nur motivierend in die Zukunft hinein, sondern vor allem enorm qualitätssteigernd. So führt konstruktive Nachsicht aller Voraussicht nach auch zu einer nachhaltigen Verbesserung des Gesamtergebnisses.

3.1 Ein Beispiel aus der Praxis

In der Auslandsabteilung einer Bank arbeitet ein junger Geschäftsabwickler, der dafür Sorge tragen muss, die Devisengeschäfte des Bankhauses in konkrete Zahlungen umzusetzen. Wie bei diesen Geschäften üblich, geht es pro Kontrakt meistens um ein- bis dreistellige Millionenbeträge. Zusätzlich steht der Mitarbeiter dadurch unter Druck, dass die Geschäfte in einer fremden Währung abgewickelt werden sowie wegen der Beachtung anderer Zeitzonen und Geschäfts-Usancen. An einem Mittwochnachmittag hat er für seinen Arbeitgeber aus einem Devisengeschäft einen Betrag von 200 Millionen US-Dollar, fällig per kommenden Freitag, zu Gunsten einer britischen Bank mit Sitz in London zu zahlen. Auch wenn der Empfänger in London sitzt, fließt das konkrete Geld in diesem Fall jedoch in New York, weil es sich um Dollar handelt. Der Mitarbeiter leitet aber das Geld in New York an eine falsche Bank, weil er sich über die aktuelle Dollarverbindung des Londoner Kontrahenten nicht richtig informiert hat. Wegen der Zeitverschiebung merkt der Empfänger am Freitag zu spät, dass das Geld fehlt. So schlummert die Sache bis zum kommenden Montag. Übers Wochenende kostet die Bank der Fehler, trotz eines relativ niedrigen Zinssatzes von einem Prozent, für die drei Tage gleich 16.666,67 Dollar – allein an Verzugszinsen. Der junge Mann, der bislang außer der mechanischen Abwicklung von Zahlungen in der Praxis noch nichts anderes gemacht hat, wird mit der Fehlerabwicklung beauftragt. Abgesehen davon, dass er selber weiß, wie hoch die Zinskosten waren, erfährt er nun, wie wichtig es ist, die richtige Bankverbindung seines Kunden, der Londoner Bank, für Geschäfte im Vorfeld in Erfahrung zu bringen, notfalls dort erst einmal kurz anzurufen. Im weiteren Verlauf muss er eine Menge Telefonate führen und Korrespondenz erledigen, damit die Bank, bei der das Geld fälschlicherweise angekommen ist, es überhaupt erst wieder rausrückt. Schließlich hat er nun ein Gespür dafür bekommen, dass man mit Geschäften, die freitags fällig sind, besonders sorgfältig umgehen muss, weil ansonsten die Sache nicht gleichtägig bearbeitet werden kann und sich so wegen des geschäftsfreien Wochenendes der Schaden verdreifacht. Seine ganze Fehlerbereinigungsarbeit muss er zudem noch innerhalb kürzester Zeit erledigen, weil jede Verzögerung nochmals viel Geld kostet. Abgesehen davon, dass der Mitarbeiter nunmehr ein klares Bild davon hat, wie die von ihm veranlassten Geldtransfers im Ausland weiter bearbeitet werden und wo dort überall Fallen lauern, hat er nunmehr gelernt, wie er solche Probleme künftig vermeiden kann, und er wird das Risiko eines Wiederholungsfalls schon wegen des damit verbundenen Arbeitsaufwands scheuen. Und noch ein Effekt wird eintreten: Weil der Mitarbeiter diese Erfahrung gemacht hat, kann man davon ausgehen, dass er in seinem Arbeitsumfeld durchaus Acht geben wird, dass andere nicht in die gleiche Falle tappen. Für die Zukunft haben alle Beteiligten, trotz der Kosten, gewonnen – dank konstruktiver Nachsichtigkeit auch der Betrieb der Bank ein Stück weit mehr an Qualität.

4. Institutionalisierung konstruktiver Nachsichtigkeit

Bislang ging es vor allem darum, in einer Unternehmenskultur überhaupt die Voraussetzungen für ein Umdenken hin zu konstruktiver Nachsichtigkeit zu schaffen und über die Darstellung des Instruments der konstruktiven Fehlerkultur die Potenziale einer solchen Personalpolitik zu erkennen.

Wenn sich ein Unternehmen allerdings dazu entschließt, diesen Weg einzuschlagen, ist es unbedingt empfehlenswert, die Methode und die dadurch in Gang gesetzten Prozesse zu institutionalisieren. Das funktioniert dann am besten, wenn die entsprechenden Strukturen, von der Geschäftsleitung abwärts bis in die unterste Stufe der Unternehmenshierarchie etabliert werden. Dadurch sind die Voraussetzungen in allen Bereichen des Unternehmens gleich und sie werden damit auch für analytische Zwecke vergleichbar. Konstruktive Nachsichtigkeit wird dauerhaft dann erfolgreich sein, wenn es sich nicht nur um ein Personalführungsinstrument unter anderen handelt, sondern wenn es möglichst planvoll und auswertbar angewandt wird.

4.1 Balanced Score Card nach Norten/Kaplan

Die Methode, die hier zur Verfügung steht, lehnt sich an die bekannten Prinzipien der Balanced Score Card (BSC) nach Norten/Kaplan an. Dieses Instrumentarium, das sich in der Betriebswirtschaft seit seiner Erfindung Anfang der 1990er Jahre an der Harvard Universität in vielfältigen Forschungsarbeiten und konkreten Anwendungen hervorragend etabliert hat, bietet die notwendigen Mittel, konstruktive Nachsichtigkeit erfolgreich durchzuführen. Wichtigste Ausgangsbasis dabei ist die gemeinsame Erarbeitung der unternehmerischen Ziele und deren Überwachung. Von den Methoden der BSC wissen wir, dass die Zielsetzung bei der Geschäftsführung beginnt und dann top-down in die hierarchisch nachgeordneten Einheiten heruntergebrochen wird. Das bedeutet dann natürlich, dass für jeden einzelnen Mitarbeiter eben eine solch individuelle Zielsetzung erarbeitet werden muss. Das ist im Prinzip nichts Neues. Zielvereinbarungen gibt es in den meisten modernen Unternehmen ab einer gewissen Größenordnung sowieso schon. Was hier ergänzend hinzukommt, ist die individuelle Definition des konkreten Anteils eines Mitarbeiters an den unternehmerischen Gesamtzielen.

Das BSC-Prinzip – konstruktive Nachsichtigkeit, ohne das Ziel aus den Augen zu verlieren!

Unternehmens-bereich	Ziel	Objekt	Funktion	Soll	Ist	Maßnahme	Wer	Wann	Status	Kommentar
Einkauf										
Herstellung										
IT										
Auslieferung										
Marketing										
Vertrieb										
Buchhaltung										

Abbildung Balanced Score Card

Entscheidet beispielsweise die Geschäftsleitung, nach gründlicher Analyse der zu bedienenden Märkte ein bestehendes Produkt in einer bestimmten Weise der aktuellen Nachfrage temporär anzupassen, dann splittet sich dieser Beschluss in Aktivitäten verschiedener Unternehmensbereiche auf. Da hat der Materialeinkauf sich neu zu orientieren. Produktionsprozesse müssen umgestellt werden. Software ist neu zu entwickeln. Die Distribution ist logistisch anzupassen. Marketing und Vertrieb haben ihre entsprechenden Trommeln zu rühren. Aber auch im Rechnungswesen sind Änderungen vorzunehmen usw. Das alles klingt sehr nach einer Projektarbeit und das ist es auch. Begleitet wird alles durch Absprachen und deren Dokumentation in Zielvereinbarungen.

Das klingt zunächst nach Verkaufsdruck oder Akkordfestlegung. Erschöpft sich eine Zielvereinbarung nur in der diktierten Bestimmung von Umsatzerlösen und Stückzahlherstellung, wird diese Befürchtung auch berechtigt sein. Konstruktive Nachsichtigkeit verlangt an dieser

Offenheit und Klarheit sind Voraussetzung dafür, Rahmenbedingungen zu vereinbaren, die den Spielraum für strategische Führung geben!

Stelle etwas anderes. Schon bei der Betrachtung der konstruktiven Fehlerkultur wurde darauf aufmerksam gemacht, dass dies nur dann funktionieren wird, wenn es gelingt, bei aufgetretenen Fehlern das Verschweigen und Vertuschen zu Gunsten einer offenen Umgangsweise abzuschaffen. Dieser offene Umgang mit der Sache ist nun umgekehrt bei den Zielvereinbarungen von den Führungskräften selbst gefordert. Die Festlegung der Leistungs- und Entwicklungsziele für einen Mitarbeiter darf keine Black Box für Letzteren sein. Vielmehr muss in den entsprechenden Gesprächen die unternehmerische Erwartungshaltung klar offengelegt werden. Dagegen muss der Arbeitnehmer die reelle Chance haben, sein Leistungsvermögen aus eigenem Antrieb heraus einzubringen. Erfolgreich wird das Zielvereinbarungsgespräch dann sein, wenn beide Seiten aus Überzeugung – und nicht aus einseitiger Überredung – in den festgelegten Zielen übereinstimmen. Jetzt kommt das, was die Methoden der BSC wesentlich von anderen betriebswirtschaftlichen Steuerungsinstrumenten unterscheidet. Nicht nur die Ziele werden unter den Beteiligten ausgehandelt, sondern auch die Maßstäbe und Methoden, nach denen der Grad der Zielerreichung gemessen wird. Das ist der wesentliche Erfolgsfaktor bei der Vorgehensweise nach BSC. Von Anfang an ist klar, wie der Leistungsverlauf überwacht wird. Das bedeutet, dass beide Seiten und jeder für sich zu jedem gewünschten Zeitpunkt eine Zwischenbilanz ziehen können, um zu sehen, wie es um die Ziele steht. Das ist ein wichtiger Punkt für die Führungskräfte. Sie haben ein Instrument in der Hand, mit dem sie im Verlauf des Zeitraums, für den die Zielvereinbarung gültig ist, die Leistungsentwicklung ihrer Mitarbeiter beobachten und messen können. Selbstverständlich muss im Falle erheblicher Abweichungen im persönlichen Gespräch Ursachenforschung betrieben werden. So kann eine Führungskraft unterjährig gegensteuern und böse Überraschungen am Ende des Zielvereinbarungszeitraums werden vermieden.

4.2 Konstruktive Nachsichtigkeit und Arbeitnehmervertretungen

Holen Sie den Betriebsrat mit ins Boot!

Gerade in Deutschland stellt sich vor dem Hintergrund der besonderen Mitbestimmungsrechte von Arbeitnehmervertretungen hierzulande die Frage, wie ein Unternehmen überhaupt solch ein instrumentalisiertes System etablieren kann. Tatsache ist: Gegen den Willen eines Betriebsrats überhaupt nicht! Legt sich allerdings eine Arbeitnehmervertretung bei der Einführung dieses Systems völlig quer, so ist es ein sehr deutlicher Hinweis darauf, dass die Idee einer institutionalisierten konstruktiven Nachsichtigkeit nur sehr mangelhaft präsentiert und erläutert wurde. Tatsache ist auch, dass Betriebsräte in vielen Unternehmen ein klar vereinbartes Monitoring nach BSC sogar begrüßen. Denn die nachhaltige Beschäftigung damit, die notwendige Dokumentation und das verstärkte Kommunikationsbedürfnis zwischen Führungskraft und Mitarbeiter verbessern auch eindeutig die Arbeitsmöglichkeiten von Betriebsräten. Vieles, was bis dahin im Verhältnis und Verständnis zwischen Unternehmen und Arbeitnehmern unklar war, wird jetzt offenbar und damit Gegenstand von Lenkungs- und Unterstützungmaßnahmen. Dass die hier beschriebenen Vorgehensweisen aber in vielen Unternehmen nicht zur Anwendung kommen, liegt nur allzu oft an den Geschäftsleitungen der Unternehmen selbst. Dort sind die Vorbehalte gegen ein institutionalisiertes Zieldefinitions- und Monitoringsystem noch am allergrößten. Der Vorteil, dass wirklich alle Unternehmenseinheiten, bis hinauf in die Geschäftsführung, planmäßig in ihrem Lassen und Tun überwachbar sind, gefällt vielen Topmanagern überhaupt nicht. Andererseits wird das System nur schwerlich funktionieren, wenn es nicht durchgehend auf allen Unternehmensebenen zur Anwendung kommt.

4.3 Die schöpferischen Elemente konstruktiver Nachsichtigkeit

In vielen Unternehmen schlummern nicht gehobene Potenziale. Das sind Schätze, für deren Hebung man zunächst keine monetären Investitionen tätigen muss. Solche Potenziale sind schon hinreichend bekannt. Ein Beispiel ist der unternehmensinterne Ideenwettbewerb zur Verbesserung vorhandener Arbeitsabläufe oder zur Kosteneinsparung. Hiermit kann schon sehr viel zur Effizienz in einer Firma beigetragen werden. Aber die richtigen Potenziale sind damit noch nicht unbedingt ausgeschöpft. Gemeint ist der kreative Gestaltungswille vieler Arbeitnehmer, vorausgesetzt sie finden Rahmenbedingungen vor, die ihnen das Gefühl vermitteln, mit ihren kreativen Ideen auch willkommen zu sein. Erstaunlicherweise ist dabei nicht die Aussicht auf eine angemessene Sonderentlohnung das tragende Motiv. Vielmehr geht es den meisten Menschen darum, sich selbst und ihrer Umgebung ihre Fähigkeiten auch zu beweisen. Man könnte es etwas salopp so ausdrücken, dass Ruhm und Ehre noch vor dem Profit stehen.

Doch Kreativität ist ein empfindliches Pflänzchen. Es braucht im wahrsten Sinne des Wortes Luft, Licht und Nahrung, damit es auskömmlich ge-

Nachsicht üben heißt, vertrauen, zutrauen und Kreativität Raum geben!

deihen kann. Im übertragenen Sinn bedeutet das, die Menschen in einem Betrieb benötigen gewisse gestalterische Freiräume, in denen sie kreativ frei atmen können. Sie benötigen die Möglichkeit, ausreichend über ihre Ideen zu kommunizieren, damit das Licht der geistigen Erhellung in die Dunkelkammer ihrer Gehirne eindringt. Was aber die Nahrung betrifft, so geht es hier um das entsprechende Vertrauen, welches in sie gesetzt wird. Ein Vertrauen, das auch als Zutrauen beschrieben werden kann. Dieses Zutrauen muss von der Führungskraft ausgehen. Es ist ihr wichtigster Part, wenn es darum geht, die Potenziale von Mitarbeitern zu heben. Sie muss ihren Leuten das sichere Gefühl vermitteln, dass ihnen vertraut wird bei dem, was sie vorhaben. Erreicht werden kann das Vertrauen nur über entsprechend klare, offene und ausführliche Gespräche. Ist eine Führungskraft von der Philosophie, den Methoden und den Instrumenten konstruktiver Nachsichtigkeit selbst überzeugt und wird günstigstenfalls im ganzen Unternehmen diese Vorgehensweise zur Anwendung gebracht, dürfte es über kurz oder lang nicht schwer sein, unter den Mitarbeitern diejenigen zu erkennen und dann auch zu motivieren, bei denen entsprechende Potenziale vorhanden sind. Das soll allerdings auch verdeutlichen, dass eben nicht jeder Mensch gleich ein Thomas Alva Edison oder Albert Einstein ist. Doch ist im Unternehmensalltag schon sehr viel erreicht, wenn die Mehrzahl der Mitarbeiter mit dem, was sie tun, das Beste für ihr Unternehmen tun und alle Seiten damit zufrieden sind.

5. Schlussbetrachtung

Es hat sich gezeigt: Konstruktive Nachsichtigkeit kann die Effektivität eines Unternehmens deutlich und nachhaltig verbessern. Günstigstenfalls ist ein Unternehmen auch noch in der Lage, sich mit der Bergung vorhandener kreativer Potenziale den ständig wechselnden Anforderungen sehr beweglicher Märkte erfolgreich zu stellen. Doch es bedarf einer entsprechenden Philosophie und Kultur innerhalb eines Unternehmens, um mit den hier vorgestellten Instrumentarien die Ziele der Firma zu erreichen. Nachsichtigkeit darf nicht als Laschheit oder Laisser-faire missverstanden werden. Als ein traditionell wichtiger Bestandteil unseres sozialen Umgangs miteinander begründet sich Nachsichtigkeit aus der Vorstellung einer Gesellschaft, in der Menschen an der Entwicklung anderer Interesse haben und selbst auch dieses Interesses teilhaftig werden wollen. Für den unternehmerischen Arbeitsalltag kann Nachsichtigkeit dann produktiv funktionieren, wenn sie in einer konstruktiven Anwendungsweise bei entsprechenden Rahmenbedingungen institutionalisiert ist und auch von allen gelebt wird. Konstruktive Nachsichtigkeit ist eben nicht eine Erklärung oder gar Entschuldigung für unterschiedliches Fehlverhalten. Sie soll vielmehr für jeden ein Ansporn sein, über sich selbst hinauszuwachsen.

Quellenangaben und Literaturverzeichnis

Alexander Dürr	**Dahm, Dr. Johanna,** Talent Management, Books on Demand, 2007 **Harvard Business Manager,** Talentmanagement, Ausgabe 09/2009 **Harvard Business Manager,** Personalführung, Ausgabe 07/2010 **Harvard Business Manager,** Faktor Talent, Ausgabe 12/2011 **Herz,** Nachwuchskräfte fördern, Bertelsmann, 2009 **Meifert,** Strategisches Talent-Management, Haufe, 2011 **Papmehl / Walsh,** Personalentwicklung im Wandel, Gabler,1991 **Parment, Anders,** Die Generation Y – Mitarbeiter der Zukunft, Gabler, 2009 **Rüttinger Rolf,** Talent Management, Windmühle, 2010 **Senner, Peter Josef (Hrsg.):** Chefsache Kompetenzentwicklung, Gabal, 2009 **Thom, Norbert (Hrsg.),** Talent Management, Gabler, 2010
Gerald Fichtner	**Dokumentation der Tagung der Marie-Luise und Ernst Becker Stiftung** „Gesundheit, Qualifikation und Motivation älterer Arbeitnehmer – messen und beeinflussen, Bonn, 01./02.10.2009 **Bertelsmann Stiftung; Bundesvereinigung der deutschen Arbeitgeberverbände (Hrsg.),** Demografie-bewusstes Personalmanagement. Strategien und Beispiele für die betriebliche Praxis, Gütersloh 2008 **Modellprogramm zur Bekämpfung arbeitsbedingter Erkrankungen:** Menschen in altersgerechter Ar-beitskultur, IFGP. Institut für gesundheitliche Prävention, Münster 2009 **Köchling, A.,** Leitfaden zur Selbstanalyse altersstruktureller Probleme in Unternehmen, Dortmund 2006 **Köchling, A.; Deimel, M.,** Ältere Beschäftigte und altersausgewogene Personalpolitik, Berlin 2006 **Bundesministerium für Bildung und Forschung (Hrsg.):** Demografischer Wandel – (k)ein Problem! Werkzeuge für Praktiker – von Betrieben für Betriebe, Bonn 2010 **Bundesvereinigung der Deutschen Arbeitgeberverbände (Hrsg.):** Ältere Mitarbeiter im Betrieb – Ein Leitfaden für Unternehmer, Berlin 2003 **wirtschaft + bildung 04-2011, Prof. Dr. Peter Schettgen:** Ältere Mitarbeiter besser fördern **Annegret Köchling,** www.demowerkzeuge.de
Beate Hagedorn	**Ruth C. Cohn,** Von der Psychoanalyse zur themenzentrierten Interaktion. Von der Behandlung einzelner zu einer Pädagogik für alle **Mina Schneider-Landolf, Jochen Spielmann und Walter Zitterbarth (Hrsg.),** Handbuch Themenzentrierte Interaktion. Göttingen 2009 **Fredmund Malik,** Führen, Leisten, Leben: Wirksames Management für eine neue Zeit. Frankfurt/Main 2006 **Peter F. Drucker,** The Essential Drucker. The Best of Sixty Years of Peter Drucker's Essential Writings on Management. New York 2008 **Malte W. Wilkes,** Marketing ist mausetot. Der Meinungsnewsletter. Absatzwirtschaft. de. 10. Februar 2012

Quellenangaben und Literaturverzeichnis

Beate Hagedorn	**Fredmund Malik,** Führen, Leisten, Leben: Wirksames Management für eine neue Zeit. Frankfurt/Main 2006 **Reinhard K. Sprenger,** Mythos Motivation. Wege aus einer Sackgasse. 19., aktualisierte und erweiterte Auflage. Frankfurt/Main 2010 **Stephen R. Covey,** Führen unter neuen Bedingungen. Sichere Strategien für unsichere Zeiten. 2. Auflage 2010 **Daniel F. Pinnow,** Unternehmensorganisationen der Zukunft. Erfolgreich durch systemische Führung. Frankfurt am Main 2012 **Walter Simon (Hrsg.),** Persönlichkeitsmodelle und Persönlichkeitstests. 15 Persönlichkeitsmodelle für Personalauswahl, Personalentwicklung, Training und Coaching. Offenbach 2006 **Friedemann Schulz von Thun,** Miteinander reden 1-3. Hamburg 2008 **Eric Berne,** Was sagen Sie, nachdem Sie Guten Tag gesagt haben? Psychologie des menschlichen Verhaltens **Flexible Leadership. Die moderne Führungskompetenz.** Sonderdruck in: Wirtschaft und Weiterbildung. Ausgabe 1/2002 **s. hierzu auch,** Reinhard K. Sprenger: Das Prinzip Selbstverantwortung. Wege zur Motivation. Frankfurt 1997
Volker Höhmann	**Karin Mager,** Faires Streiten – lebendige Partnerschaft Wie Sie Konflikte besser lösen Gräfe und Unzer, München 1998 **Renate Rogall – Hannelore Joskus – Gottfried Adam – Gottfried Schleinitz,** Professionelle Kommunikation in Pflege und Management Schlütersche Verlagsgesellschaft mbH & Co. KG, Hannover 2005 **Die 7 Bausteine einer konstruktiven Fehlerkultur,** Simplify, organisiert Februar 2012
Matthias Lux	**Wikipedia,** 2012 **SAAMAN.** Briefe (2010, Ausgabe 29)
Michael Maier	**Bents, Richard & Blank, Reiner,** „Typisch Mensch – Einführung in die Typentheorie", 3. Auflage, Beltz Test GmbH, Göttingen 2005 **Dobelli, Rolf,** „Die Kunst des klaren Denkens – 52 Denkfehler die Sie besser anderen überlassen", Carl Hanser Verlag, München 2011 **Eagleman, David,** „Incognito: The Secret Lives of the Brain", Pantheon, New York 2011 **Goleman, Daniel,** „Emotional Intelligence: Why can it matter more than IQ" Bantam Books, New York 1995 **Hodgson, Philip & White, Randall P.,** „Relax – it's only uncertainty: Lead the Way When the Way Is Changing", Pearson Education Limited, London 2001 **http://sueddeutsche.de/karriere/stress-und-burn-out-in-der-ruhe-liegt-die-kraft-1.31270** sueddeutsche.de, Süddeutsche Zeitung GmbH, Quelle: SZ vom 19.9.2009/bön **Hüther, Gerald,** „Was wir sind und was wir sein könnten: Ein neurobiologischer Mutmacher" Fischer (S.), Frankfurt 2011

Quellenangaben und Literaturverzeichnis

Michael Maier	**Jungermann, H., Pfister, H.-R., Fischer, K.,** „Die Psychologie der Entscheidung. Eine Einführung", Elsevier Spektrum Akademischer Verlag, München 2005 **Koulopoulos, Thomas M.,** „Die Innovations-Zone – Wie sich Firmen neu erfinden" Midas Management Verlag AG, Zürich 2010 **Knight, Frank,** „Risk, Uncertainty, and Profit", Mifflin, Boston, New York 1921 **Lantermann, Ernst-Dieter / Döring-Seipel, Elke,** Schlussbericht Projekt „Selbstverantwortliches Lernen in der Auseinandersetzung mit Unsicherheit und Risiko unter den Bedingungen des globalen Wandels", Universität Kassel, Bundesministerium für Bildung und Forschung, 2009 **Mitchell, Sandra / Streeck, Wolfgang,** „Complex, Historical, Self-reflexive: Expect the Unexpected!" MPIfG Working Paper 09/15, Max-Planck-Institut für Gesellschaftsforschung, Köln 2009 **Neumer, Judith,** Expertise „Neue Forschungsansätze im Umgang mit Unsicherheit und Ungewißheit in Arbeit und Organisation" im Forschungs- und Entwicklungsprogramm „Arbeiten – Lernen – Kompetenzen entwickeln. Innovationsfähigkeit in einer modernen Arbeitswelt" innerhalb des Projektes „Internationales Monitoring" (IMO), RWTH Aachen, München 2009 **Sahtouris, Elisabet,** „A New Renaissance: Transforming Science, Spirit & Society", Floris Books, London 2010 **Taleb, Nassim Nicholas,** „Der Schwarze Schwan: Die Macht höchst unwahrscheinlicher Ereignisse", Deutscher Taschenbuch Verlag, 2010 **Tetlock, Philip E.,** „Expert Political Judgment: How Good Is It? How Can We Know?" Princeton Univ. Press, 2005
Ulrich Rauterberg	**Vester, Frederic,** „Die Kunst vernetzt zu denken". dtw Wissen 8. Auflage 2011 **Seiwert, L.J; Gay F.,** „Das 1x1 der Persönlichkeit" persolog 2010 **Richter, M.,** „Mit vernetztem Denken die Zukunft gestalten" **Dörner, Dietrich,** „Die Logik des Misslingens". rororo 10. Auflage 2011
Rainer Schröder	**André Roth,** Motivation und Führung von Mitarbeitern, Diplomarbeit an der Hochschule für Technik Esslingen (Ausgabe Januar 2000) **Jutta Heckhausen und Heinz Heckhausen,** Motivation und Handeln 4. Auflage, Springer Verlag, Berlin **Motivation. Was Manager und Mitarbeiter antreibt** Harvard Businessmanager, Frankfurt Redline Wirtschaft bei ueberreuter 2004 **Rainer Niermeyer und Manuel Seyffert,** Motivation. 4. Auflage, Rudolf Haufe Verlag Planegg 2009 **Etymologisches Wörterbuch des Deutschen 4. Auflage** Deutscher Taschenbuchverlag, München
Peter Senner	**Brandenburger, Nalebuff – COOPETITION, Kooperativ konkurrieren,** 3. Auflage 2012 **Gudrun Happich,** Konkurrieren oder kooperieren, managerSeminare 03/11
Sabine Wagner	**Gallup Engagement Index 2010** - eu.gallup.com/berlin/118645/ **gallupengagement-index**.aspx **Gabriele Lindemann & Vera Heim,** Erfolgsfaktor Menschlichkeit. Wertschätzend führen – wirksam kommunizieren. Junfermann 2011 **Eigene Gedanken und Erfahrungen**
Michael Weber	**Hans Leyendecker,** Die große Gier – Warum unsere Wirtschaft eine neue Moral braucht, Rowohlt Verlag, Berlin 2007

Quellenangaben und Literaturverzeichnis

Michael Weber	**Adam Smith,** Der Wohlstand der Nationen, dtv Verlag, München 1999
	Paschen/Dihsmaier, Macht Macht krank – Psychopathische Manager, aus: managerSeminare 112, Heft 7-2007
	Bucksteeg/Hattendorf, Führungskräftebefragung 2012, Hrsg. Wertekommission – Initiative Werte Bewusste Führung, Bonn 2012
	Quelle: http://www.snohomishtimes.com/snohomishNEWS. cfm?inc=story&newsID=230, Information Strategies Inc.
	Quelle: http://actrav.itcilo.org/atrav-english/telearn/global/ilo/code/audit.htm, **International Society of Business, Economics and Ethics**
	Fredmund Malik, Management – Das A und O des Handwerks, Campus Verlag, Frankfurt/M. 2007
	Fredmund Malik, Führen Leisten Leben, Deutsche Verlagsanstalt, Stuttgart München 2000
	Stephen R. Covey, Die effektive Führungspersönlichkeit, Campus Verlag, Frankfurt/M. 1993
	Katja Unkel, Sozialkompetenz – ein Manager-Märchen?, Campus Verlag, Frankfurt/M. 2011
	Gen Ronald R. Fogleman, The Leadership-Integrity Link, AU-24, Concepts for Air Force Leadership
	Duden – Deutsches Universallexikon, Mannheim 2001
	Bernd Klauer, Was ist Nachhaltigkeit und wie kann man eine nachhaltige Entwicklung erreichen?, in: Zeitschrift für angewandte Umweltforschung, Jg. 12 (1999), Heft 1
	Hans-Georg Hauser, Wie führt man nachhaltig?, erschienen in AGOGIK Vol. 27 Heft 01/2004 Verlag Paul Haupt, Bern
	Schulz von Thun, Miteinander reden Bd. 2, Rowohlt Taschenbuch Verlag, Reinbek b. Hamburg, 23. Aufl. 1989
	R. Niermeyer, Mythos Authentizität. Die Kunst, die richtigen Führungsrollen zu spielen, Campus Verlag, Frankfurt/M., New York 2010
	Walter Simon, Führung und Zusammenarbeit, Gabal Verlag GmbH, Offenbach 2006
	Steven R. Covey, Die sieben Wege der Effektivität, Campus Verlag, Frankfurt/M., 11. Aufl. 1992
	Victor E. Frankl, Der Mensch vor der Frage nach dem Sinn, Piper Verlag, München, Neuausgabe 2010
	Antoine de Saint-Exupéry, Die Stadt in der Wüste (Citadelle), Karl Rauch Verlag, Düsseldorf 1969
	Anselm Grün, Menschen führen Leben wecken, Vier-Türme-Verlag, Münsterschwarzach Abtei, 7. Aufl. 2004
Gudrun Windisch	**Motto-Ziele, S.M.A.R.T.-Ziele und Motivation, in: Birgmeier, Bernd (Hrsg.): Coachingwissen.** Denn sie wissen nicht, was sie tun? VS Verlag für Sozialwissenschaften / GWV Fachverlage GmbH, Wiesbaden 2009, Interview Hemma Spreitzhofer Komunariko mit Frau Dr. Maja Storch
	Hinter dem Akronym S.M.A.R.T. verbergen sich empirisch gut abgesicherte Ergebnisse der Goal-Setting-Theory (Zielsetzungstheorie), die von den Arbeitspsychologen Locke und Latham (1990) entwickelt wurde.
	Kanfer et al,1994
	Grandey et al, 2005
	Professor Peter Gollwitzer von der Universität Konstanz und New York, Wenn-Dann-Pläne

Autorenverzeichnis

Beate Hagedorn
Am Urberg 9a
49186 Bad Iburg
beatehagedorn@
coaching-concepts.de
Tel.: 0 54 03/7 24 48 87

Sabine Wagner
Große Straße 48
49565 Bramsche
sabinewagner@
coaching-concepts.de
Tel.: 0 54 61/7 07 92 40

Kai Pörschke
Dorfstraße 9c
17509 Kemnitz
kaipoerschke@
coaching-concepts.de
Tel.: 03 83 52/66 20 52

Alexander Dürr
Marconistr. 18
75417 Mühlacker
alexanderduerr@
coaching-concepts.de
Tel.: 0 70 41/81 24 30

Georg Kühler
In Het Veld 3
47608 Geldern
georgkuehler@
coaching-concepts.de
Tel.: 0 28 31/9 82 94

Michael Weber
An der Hege 1c
21465 Wentorf bei Hamburg
michaelweber@
coaching-concepts.de
Tel.: 0 40/76 90 50 47

Autorenverzeichnis

Michael W. Maier
Martlbauerfeld 19
82065 Baierbrunn
michaelwmaier@
coaching-concepts.de
Tel.: 0 89/74 44 39 56

Ulrich Rauterberg
Immelmannstr. 21
89312 Günzburg
ulrichrauterberg@
coaching-concepts.de
Tel.: 0 82 21/2 54 90 05

Matthias Lux
Sylvanerweg 6
71691 Freiberg
matthiaslux@
coaching-concepts.de
Tel.: 0 71 41/4 87 35 42

Gerald Fichtner
Hofgasse 10
98529 Suhl
geraldfichtner@
coaching-concepts.de
Tel.: 0 36 81/80 60 64

WIN!
Gudrun Windisch
Am Bahnhof 1
82393 Iffeldorf/Osterseen
gudrunwindisch@
coaching-concepts.de
Tel.: 0 88 56/9 10 82 90

Text-Coaching
Irmgard Theobald
Im Schnepfengrund 6
69123 Heidelberg
theobald.heidelberg@
t-online.de
Tel.: 0 62 21/77 91 00

Rainer Schröder
An den Schindbirken 5
35579 Wetzlar
rainerschroeder@
coaching-concepts.de
Tel.: 0 64 41/9 82 92 54

Volker Höhmann
An der Siebertmühle 2
34246 Vellmar
volkerhoehmann@
coaching-concepts.de
Tel.: 05 61/5 85 53 58

Coaching Concepts
GmbH + Co. KG
Peter Josef Senner
Hochvogelstraße 3
86842 Türkheim
petersenner@
coaching-concepts.de
Tel.: 0 82 45/90 46 50

Zum Autoren-Team

Zum vorliegenden Buch „Führungsprinzip COOPETITION" tragen insgesamt 15 Autorinnen und Autoren mit ihrem Wissen und ihrem Rat bei. Als ausgewiesene Führungsexperten können sie durchweg auf umfassende praktische Erfahrung in Führungspositionen zurückgreifen. Da die aufgeführten Basisfaktoren für COOPETITION thematisch in sich auch selbständig große Bedeutung für den Erfolg im Management haben, wurde bei ihnen bewusst die neutrale Darstellung gewählt, unabhängig von Einzelbezügen zu COOPETITION. Die meisten Autorinnen und Autoren sind als Partner der Trainergruppe Coaching Concepts mit unterschiedlichen Schwerpunkten in Unternehmen verschiedenster Größen und Branchen erfolgreich als Trainer und Coaches tätig.

COACHING CONCEPTS